Hrsg. von Guido Meyer und Norbert Wichard

# SPRACHEN DER KIRCHE

Über Vielfalt und Verständlichkeit
kirchlichen Sprechens

dkv – Fachverband für
religiöse Bildung und Erziehung

Bestellnummer: 74628
ISBN: 978-3-88207-462-8
Bestelladresse: dkv Buchservice
Preysingstraße 97
81667 München
Tel.: 089/48092-1245
Fax: 089/48092-1237
E-Mail: buchservice@katecheten-verein.de

 dkv – Fachverband für religiöse Bildung und Erziehung
Preysingstraße 97
81667 München

Gedruckt auf umweltbewusst gefertigtem, chlorfrei gebleichtem
und alterungsbeständigem Papier.

Diese Publikation ist gefördert durch die Pax-Bank eG, Filiale Aachen, und das Bischöfliche Generalvikariat Aachen.

© Deutscher Katecheten-Verein e. V. 2018
Alle Rechte vorbehalten
Das Werk und seine Teile sind urheberrechtlich geschützt. Jede Nutzung in anderen als den gesetzlich zugelassenen Fällen bedarf der vorherigen schriftlichen Einwilligung des Verlages.

Hinweis zu § 52 a UrhG: Weder das Werk noch seine Teile dürfen ohne eine solche Einwilligung eingescannt und in ein Netzwerk eingestellt werden. Dies gilt auch für intrancts von Schulen und sonstigen Bildungseinrichtungen.

# INHALTSVERZEICHNIS

Vorwort des Bischofs von Aachen . . . . . . . . . . . . . . . . . . . . . . . . 4
Vorbemerkungen der Herausgeber. . . . . . . . . . . . . . . . . . . . . . . . 7

## I. Einblicke
Joachim Frank: Zur gegenwärtigen Sprachfähigkeit der Kirche. . . . . . . .12
Norbert Wichard: Sprache, Kirche, Welt: Perspektiven
auf religiöse und kirchliche Kommunikation . . . . . . . . . . . . . . . .19

## II. Bilden – Begleiten – Einmischen: Zur Sprache in Schule, Seelsorge und Theologie
Guido Meyer: Die Sprachen des Religionsunterrichts . . . . . . . . . . . .34
Georg Langenhorst: In der Schule der Literaten:
Sprachfähig werden in Sachen Religion . . . . . . . . . . . . . . . . . . .51
Sonja Schüller: Gedichte hallen nach – Lyrik im Religions-
unterricht als Möglichkeit einer veränderten Wirklichkeits-
wahr-nehmung und (religiösen) Sprachschulung . . . . . . . . . . . . .67
Andrea Kett: „Nicht Postbote des Glaubens, sondern Geburtshelferin
sein" – Ermutigung zu einem Perspektivwechsel in der Seelsorgesprache . .84
Matthias Scharer: Die Sprache und Sprachprobleme „der Theologie" . . . 107

## III. Feiern – Ordnen: Zur Sprache in heiligen Texten, Ritus und Kirchenrecht
Peter Dückers: Geordnete Vielstimmigkeit: Die Sprachen der Liturgie . . 122
Christiane Bongartz: Liturgische Sprache –
kritisch betrachtet mithilfe der „Poesie". . . . . . . . . . . . . . . . . . . 135
Christina Kumpmann: Die Sprache der Bibel.
Die Revision der Einheitsübersetzung . . . . . . . . . . . . . . . . . . . 156
Martin Zumbült: Ordnen – Sprache von Lehramt und Kirchenrecht . . . 173

## IV. Ausblicke
Guido Meyer: Perspektiven auf einen vielstimmigen Chor . . . . . . . . . 196
Andreas Maier: Vom einfachen Sprechen . . . . . . . . . . . . . . . . . . 200
Autorinnen und Autoren . . . . . . . . . . . . . . . . . . . . . . . . . . . 208

# VORWORT

Lieber Leserinnen und Leser,

„Es gibt wer weiß wie viele Sprachen in der Welt und nichts ist ohne Sprache. Wenn ich nun den Sinn der Laute nicht kenne, bin ich für den Sprecher ein Fremder, wie der Sprecher für mich" (1 Kor 14,10 f.). Mit viel Einsatz versucht der Apostel Paulus im Ersten Korintherbrief das Bewusstsein dafür zu wecken, dass die Sprache des Glaubens für alle in der Gemeinde zuallererst verständlich sein muss. Damals gab es das Phänomen der Zungenrede: ekstatisches Äußern von Lauten, das nicht auf Verstehbarkeit hin angelegt war, sondern mehr auf ein freies Ausdrücken von Ergriffenheit und emotionaler Reaktionsfreude auf den Gott, der das Herz des Menschen anrührt. Heute ist dieses Phänomen in unseren Gemeinden weitgehend unbekannt, dafür aber ein anderes Problem sehr akut: Die Weise, wie im Gottesdienst, in der Katechese und in der Verkündigung gesprochen wird, wirkt oft fremd, verschlossen, ohne dass sie das Herz der Menschen erreicht und zu Reaktionen zu bewegen vermag. Dies umso mehr, als in unserer heutigen Gesellschaft eine religiöse und kirchliche Sozialisation keine Selbstverständlichkeit mehr ist. Die Gefahr ist also groß, dass die Kirche eine Sprache pflegt, die bestenfalls nur nach innen wirkt. Die Außenwahrnehmung ist tatsächlich oft von einer gewissen Verständnislosigkeit geprägt.

Das darf uns in der Kirche nicht egal sein: Wir müssen immer neu lernen, die verschiedenen Sprachstile und Sprechsituationen zu erkennen und zu unterscheiden. Die Sprache der Gottesdiensttexte ist eine andere als die des Seelsorgegesprächs. Die Predigt im Jugendgottesdienst greift auf andere Sprachbilder zurück als die im Seniorenkreis. Vordergründig ist das eine schiere Selbstverständlichkeit. Das Problem wird aber erst dann richtig ansichtig, wenn sowohl im Jugendgottesdienst als auch bei den Senioren das Sprechen der Kirche innerhalb der jeweils auf die Zielgruppe gewählten Plausibilität des Gewöhnlichen, Bekannten, Vertrauten bleibt, ohne sie durchbrechen zu können, ohne dem Wort Gottes die Wucht zu belassen, mit der es den Horizont diesseitiger Plausibilität glaubwürdig und herausfordernd übersteigen will. Dann wird die Sprache der Kirche langweilig, belanglos, gut gemeint, aber nichts sagend. Sie ist unverständlich aus mehrfachem Grund: Sie sagt unnötig umständlich Sachen, die man schon kennt. Oder sie sagt das schon Bekannte in hippen, aber sich schnell wieder abnutzenden Formulierungen. Sie will vom Leben sprechen und ins Leben hinein, ohne dem Leben aber eine Tür ins Unabsehbare, ins Göttliche öffnen zu können. Das Problem ist längst noch nicht erkannt, wenn es nur auf der Ebene verhandelt wird, bestimmte traditionell innerkirchlich geprägte Vokabeln durch vorläufig modernere zu ersetzen!

In seinem Apostolischen Schreiben *Evangelii gaudium* erinnert Papst Franziskus an die Wechselwirkung von geteiltem Leben und geteilter Sprache: „Die größte Gefahr für einen Prediger besteht darin, sich an die eigene Sprache zu gewöhnen und zu meinen, dass alle anderen sie gebrauchen und von selbst verstehen. Wenn man sich an die Sprache der anderen anpassen will, um sie mit dem Wort Gottes zu erreichen, muss man viel zuhören, das Leben der Leute teilen und ihm gerne Aufmerksamkeit widmen." (EG 158) Für alle, die in der Kirche dazu beitragen sollen, dass das Wort Gottes andere erreicht, ist es darum wichtig, denselben Weg zu gehen, den das Wort Gottes selbst eingeschlagen hat: Es geht ins Menschliche ein – so sehr, dass es schließlich selber Mensch wird in Jesus Christus, um so das Menschenleben ganz und gar mit uns zu teilen. Dabei bleibt es aber das Wort Gottes und verliert nichts von seiner durchdringenden, herausrufenden und übersteigenden Kraft: „Noch nie hat ein Mensch so gesprochen" (Joh 7,46), müssen sogar seine Gegner zugeben! Das Wort, das als Mensch die Sprache der Menschen selber spricht, bleibt in allem das Wort des Vaters, das nichts anderes will, als den Vater selbst bekannt zu machen (vgl. Joh 17,6–8). So erst wird Jesus richtig verstanden, und die, die ihn erkennen, fangen an zu verstehen: Nie komme ich mit ihm an ein Ende, er weiß weiter! Nie kündigt er mir, in ihm holt Gott mich immer wieder ein. Und was ich bei ihm und an ihm finde, macht mich stark, andere Menschen einzubeziehen, nicht auszugrenzen (vgl. Joh 17,20–26).

Gebet, Betrachtung, Studium der Heiligen Schrift und theologische Vertiefung sind daher dauernde und unverzichtbare Voraussetzungen besonders für die, die das Sprechen der Kirche zur Verkündigung des Wortes Gottes werden lassen (vgl. EG 145 ff.). Auf der anderen Seite aber auch das Wagnis, hinauszugehen, hinzuhören, Plausibilitäten der Menschen von heute aufzugreifen und wirklich mit ihnen zu leben. Gehen wir darum also auch an die Ränder unserer eigenen Sprache, unserer eigenen Milieus, unserer bisherigen Lebens- und Sprachverläufe! Lassen wir das Fremde auf uns wirken, um ihm das Neue verkünden zu können, das dann aber auch uns selber neu ansprechen will, wenn wir in neue Horizonte hinaustreten. Gottes Wort wird auch uns selber dann wieder überraschen können!

Dabei können wir auf die verschiedenen Geistesgaben vertrauen, von denen der Apostel spricht (vgl. Röm 12,6–8; 1 Kor 12,8–10). Sie umschließen auch die menschliche Sprachfähigkeit: Nicht jedem liegt jede Form der Kommunikation. Die große Bandbreite an Begabungen gilt es zu erkennen und zu nutzen.

Im kirchlichen Raum kommt noch etwas anderes hinzu: Die Kirche als komplexe Institution spricht in ganz unterschiedlichen Funktionen, die jeweils unterschiedliche Stile erfordern. Die Sprache der Seelsorgerinnen und Seelsorger in den Gemeinden in der unmittelbaren Kommunikation mit den Menschen ist individuell und frei. Die liturgische Sprache des Messbuches und besonders des Hochgebetes in der Eucharistiefeier hingegen lebt auch von ihrer sprachlichen Kontinuität und Erhabenheit: Nicht der Zelebrant in seiner Subjektivität, sondern die Kirche im Ganzen spricht und betet hier, alle sagen ihr „Amen"! Im Religionsunterricht ist die Sprache durch den schulischen Kontext und die Lehrpläne mitgeprägt. Die systematische Theologie entwickelt eine eigene Begrifflichkeit, die komprimiert, abstrahiert und überhaupt erst aussprechbar zu machen sucht, was Himmel und Erde verbindet. Das Kirchenrecht muss seinerseits auf eine präzise Fachsprache achten, die den Außenstehenden manchmal distanzierend vorkommt. Diese Beispiele ließen sich fortsetzen.

Wenn also von der Unverständlichkeit der Kirche die Rede ist, müssen wir genau hinsehen, was gemeint ist. Genau da setzt dieses Buch an: Es macht zahlreiche unterschiedliche Sprachen der Kirche transparent und verdeutlicht den Leserinnen und Lesern, ob kirchennah oder eher kirchenfern, die Unterschiedlichkeit kirchlicher Sprachen. Die Beiträge mögen dazu einladen, sich zu informieren und das eigene Sprachbewusstsein zu vertiefen. Die Lektüre kann helfen, kundig zu schauen und zu prüfen, wo sinnvollerweise und glaubhaft die Einfachheit und Klarheit der Sprache verbessert werden kann, und dies betrifft alle in der Kirche gleichermaßen: Sprache, Leben, Glauben vertiefen sich nur miteinander und geraten gemeinsam in den Horizont Gottes hinein.

Den Herausgebern, allen Autorinnen und Autoren, sowie dem Deutschen Katecheten-Verein danke ich herzlich für ihr Engagement, diesen Raum der Diskussion über die Sprachen der Kirche zu öffnen. Eine solche Debatte ist ein Prozess und nicht abschließbar. Wir müssen die Sprachen der Menschen immer wieder aufs Neue lernen, um die Arbeit der Kirche fruchtbar werden zu lassen. Dann werden wir so von Christus sprechen, dass das Wunder geschieht, das er selbst angekündigt hat: „Wer euch hört, der hört mich" (Lk 10,16).

Dr. Helmut Dieser

Bischof von Aachen

# VORBEMERKUNGEN DER HERAUSGEBER

Ausgangspunkt für das vorliegende Buch war ein religionspädagogisches Seminar am Institut für Katholische Theologie an der RWTH Aachen im Sommersemester 2015, das auch zum Beginn eines Kooperationsprojektes mit dem Bistum Aachen wurde. An dem Seminar mit dem gleichnamigen Titel *Sprachen der Kirche* nahmen rund 20 Studierende teil. Nach einer grundständigen Einführung in die Problemsituation wurden Woche für Woche externe Gäste aus den unterschiedlichen Bereichen der Kirche, mit denen gemeinsam die jeweilige Sprachform der Kirche erkundet wurde, zu den Seminareinheiten eingeladen. Dabei wurde der jeweilige Ort erkundet und reichlich diskutiert. Einen der Höhepunkte des Seminars stellte eine öffentliche Lesung des Schriftstellers Andreas Maier aus seinem Roman *Der Ort* (Suhrkamp, 2015) dar. Die Diskussion mit dem renommierten Schriftsteller über Sprache und Religion ist vielen Studierenden noch in guter Erinnerung.

Eine Grundthese des Seminars lautete von Anfang an: Es gibt nicht die eine, einzige Sprache der Kirche, vielmehr äußert sie sich in vielen Formen und Feldern. Wer also von der Unverständlichkeit der Kirche spricht oder die Kirche sprachlich anschlussfähiger machen möchte, muss zunächst die einzelnen Sprachformen zu unterscheiden wissen. Ziel des Seminars und der Anspruch des Buches sind deshalb deckungsgleich.

Den Herausgebern ist klar, die Debatte um die Sprachen der Kirche stellt ein bedeutendes Thema im kirchlichen Raum dar und es bedarf weiterer, vertiefter Reflexionen. Aus diesem Grund wurde beschlossen, Expertinnen und Experten aus verschiedenen kirchlichen Kontexten zu bitten, sich an der vorliegenden Veröffentlichung zu beteiligen.

Mit diesem Buch möchten wir nicht nur Mitarbeiter/innen in kirchlichen Bereichen, sondern auch Religionslehrer/innen ansprechen. Sie alle, aber auch alle anderen Interessierten, die sich über die Rolle der Kirche in der heutigen Gesellschaft Gedanken machen, sind eingeladen, sich mit dem Thema der Sprachfähigkeit und somit mit der Kommunikationsfähigkeit der Kirche zu beschäftigen.

Nach zwei einführenden Texten werden unter der Überschrift *Bilden – Begleiten – Einmischen* die Sprachen der Kirche in der Schule, der Seelsorge und in der Theologie erörtert. Das zweite Hauptkapitel trägt den Titel *Feiern – Ordnen*: Die Sprachen der Liturgie, des Kirchenrechts sowie die Frage der Übersetzung der Heiligen Schrift sind dort Thema. Nach einem Resümee zum Abschluss des Bandes erschließt der Schriftsteller Andreas Maier erneut einen Raum des Nachdenkens, in dem er freimütig über Glaube und Gott redet und sich unvoreingenommen religiöser Grundvokabeln bedient.

Unser Dank gilt zunächst den Seminarteilnehmerinnen und -teilnehmern und alsdann allen Autorinnen und Autoren, die fristgerecht, mit viel Engagement und Professionalität sich der jeweiligen Aufgabe gestellt haben. Zu danken haben wir auch der Pax-Bank eG, Filiale Aachen, und dem Bischöflichen Generalvikariat Aachen für die finanzielle Unterstützung und nicht zuletzt dem dkv für sein Entgegenkommen und die gute Zusammenarbeit.

Allen Leserinnen und Lesern wünschen wir eine anregende Lektüre.

Guido Meyer & Norbert Wichard

# I. EINBLICKE

# ZUR GEGENWÄRTIGEN SPRACHFÄHIGKEIT DER KIRCHE

Joachim Frank

Wenn Sachbücher zu religiösen oder kirchlichen Fragen es in die vorderen Ränge der *Spiegel*-Bestsellerliste schaffen, gibt es dafür neben besonderem Interesse am Sujet zwei Gründe: die Prominenz des Autors (Papst Benedikt XVI., Margot Käßmann, Anselm Grün) oder aber – eine Problemanzeige. In den vergangenen Monaten war das gleich bei mehreren Titeln der Fall. So legt Thomas Frings, Priester des Bistums Münster, in *Aus, Amen, Ende?*[1] dar, warum er 2016 sein Amt als Gemeindepfarrer aufgab, eine Auszeit nahm und sich in ein holländisches Kloster zurückzog. Ist es nicht seltsam, dass die scheinbar so persönliche Entscheidung eines Klerikers, ein Vorgang buchstäblich aus dem kirchlichen Binnenraum, auf solche Resonanz traf? Gut, der Name Frings lässt aufhorchen, und das zurecht: Der Geistliche ist tatsächlich der Großneffe des früheren Kölner Kardinals. Aber sonst ist sein Buch überhaupt kein Aufreger im landläufigen Sinn. Es outet nichts und niemanden, stellt keinen an den Pranger, hat es nicht mit „Blaulicht, Rotlicht, Schwarzgeld" zu tun. Mit dieser Begriffstrias, erzählen *Spiegel*-Journalisten, karikiert die Redaktion des Magazins gelegentlich jene Skandalthemen, die gemeinhin als Publikumsrenner gelten.

Erklären lassen sich die hohen Verkaufszahlen somit nur mit einem Leidensdruck, der Pfarrer Frings mit hinreichend vielen anderen Seelsorgern, aber eben auch aktiven Laien und Gottesdienstbesuchern in den Kirchengemeinden verbindet. Nur sie können schließlich wissen, wovon Frings redet, wenn er über die Aporien der Sakramentenkatechese, über Skurrilitäten und Absurditäten bei der Gestaltung von Kasualien oder über den stetig sinkenden Grundwasserspiegel in der kirchlichen Sozialisation spricht.

Ähnliches gilt für ein zweites Buch, das 2016 als Kirchen-Philippika Furore machte. Darin attackiert der Kölner Kommunikations- und PR-Berater Erik Flügge den *Jargon der Betroffenheit* und beschreibt, *wie die Kirche an ihrer Sprache verreckt*.[2] Mag sein, dass die derbe Wortwahl im Titel eine eigene Aufmerksamkeit für Flügges Buch erzeugt. Aber wenn dann jemand bereit ist, dafür Geld auf den Tisch zu legen, muss er doch wohl eine Vorahnung, ein Vor-Urteil haben, worum es dem Autor mit seiner Geschichte des Leidens an

---

[1] Thomas Frings: Aus, Amen, Ende. So kann ich nicht mehr Pfarrer sein. Freiburg i. Br. ²2017.
[2] Erik Flügge: Der Jargon der Betroffenheit. Wie die Kirche an ihrer Sprache verreckt. München 2016.

der Sprache der (amtlichen) Prediger und Verkündiger auf 160 Seiten gehen könnte. Und der potenzielle Käufer muss die Sprache der Kirche auch selbst als so leidvoll empfunden haben, dass er sich von Flügge nicht nur die gemeinsame Diagnose und die gemeinsame Klage über das „Kirchisch" als ekklesiale Sprachstörung erwartet, sondern auch einen Therapievorschlag.

Was es auf sich hat mit dem „Kirchisch", das weiß jeder Radiohörer, der die Morgenandacht im Frühprogramm der öffentlich-rechtlichen Sender erkennt, noch bevor der Sprecher seinen ersten Satz vollendet hat. Der Komiker Otto Waalkes hat die Charakteristika des Kirchischen schon vor 40 Jahren in seinem legendären Sketch *Wort zum Montag* aufgespießt, einer Verballhornung des allwöchentlichen *Worts zum Sonntag* im Samstagabend-Programm der ARD: „Wir alle haben unsere Sorgen und Nöte und lassen uns nicht mit billigem Trost über die Last des Alltags hinwegtäuschen", so beginnt die Ansprache des „Fernsehpfarrers" Otto. „Aber als ich neulich in meiner Musikbox blätterte, da stieß ich auf folgende kleine Zeile: ‚Theo, wir fahr'n nach Lodz'. Nun, was wollen uns diese Worte sagen?"[3]

In nur drei, vier Sätzen tun sich hier Abgründe der kirchlichen Kommunikation auf: das vereinnahmende „Wir", die gestanzten Formeln („billiger Trost", „Last des Alltags"), die nur scheinbar geteilten Erfahrungswelten (wer in den 1970er Jahren tatsächlich eine Jukebox daheim stehen gehabt hätte, der hätte sicher nicht darin „geblättert") samt ihrer platten, billigen, umstandslosen pastoralen Ausbeutung („Was wollen uns diese Worte sagen?").

Von alledem spricht auch Flügge und benennt als weiteres Problem die „hochgestochene Sprache": „Viel zu viele Texte über Gott versuchen das Einfache möglichst kompliziert auszudrücken. Das empfinde ich als die eigentliche Arroganz."[4] Flügge bringt als Beispiel den Begriff der „Gottesgegenwärtigkeit", den er beim evangelischen Bischof von Berlin, Markus Dröge, aufgeschnappt hat. Jemand, der so spreche, „nimmt sich selbst zu wichtig", sagt Flügge. „Mit derlei Sprache hebt man sich ab von der Zuhörerschaft. Man wird vielleicht als Experte wahrgenommen, aber sicherlich nicht als Freund."[5]

Schöne Belege hätte er auch in Ottos *Wort zum Montag* finden können, wo der Prediger sich seine Frage, von welchem Theo denn eigentlich die Rede ist, gleich selbst beantwortet: „Ist es nicht jener Theo in uns allen? Jener Theo, der in so wunderbaren Worten vorkommt wie Theologie, Theodorant, Tee oder

---

3   Textfassung im Internet unter: http://www.sulyswelt.de/ged/OTTO (abgerufen am: 11.05.17).
4   Erik Flügge: Kommunizieren in der Glaubwürdigkeitskrise. In: Lebendige Seelsorge 67 (2016) 5, S. 302–306, hier S. 302.
5   Ebd., S. 302f.

Kaffee. Und an diesen geheimnisvollen Theo ist eine Botschaft gerichtet: ‚Theo, wir fahr'n nach Lodz'..."[6]

Theologie, Theodorant, Tee oder Kaffee – und das Geheimnis. In wie vielen, mehr oder weniger elegant auf Karl Rahners Transzendentaltheologie rekurrierenden Sonntagspredigten kommt nicht Rahners Wendung vom „unendlichen Geheimnis, das wir Gott nennen" vor?

Es ist leicht, sich über die sprachlichen Un- und Ausfälle der Theologen im Verkündigungsdienst lustig zu machen. Nur ist damit nichts gewonnen, außer ein bisschen Amüsement auf anderer Leute Kosten vielleicht. Aber wie kommt es zu diesem Scheitern kirchlicher Kommunikation als Gegenteil von dem, was die Kommunikatoren doch – so steht zu vermuten – in aller Redlichkeit beabsichtigen? Warum machen sich viele, allzu viele von ihnen zum Gespött? Warum verschanzen sie sich gleichsam hinter einer verwissenschaftlichten Rede (Flügge) und werden dementsprechend als „abgehoben" wahrgenommen?

Der erste Grund ist ein paradoxer:[7] Die Kirche hält sich in Sachen Kommunikation für das Original. Nicht zu Unrecht heißt es ja, sie sei das älteste Kommunikationsunternehmen der Welt. Sie ist sogar noch mehr als das. Kirche ist ihrem Wesen nach Kommunikation: Sie gibt dem „Wort, das Fleisch geworden ist", in Raum und Zeit Stimme. Das gehört so selbstverständlich ins Berufsbild von Bischöfen und Priestern, dass ihnen Kommunikation fast schon wie eine Fähigkeit vorkommt, die bei der Weihe gnadenhaft mitverliehen wird. Aber das ist natürlich falsch – und fatal in einer Mediengesellschaft mit ihrer hoch professionalisierten Massenkommunikation. Sich Erfolgsrezepte von Medienleuten abzuschauen oder gar bei ihnen in die Lehre zu gehen – das scheint für manche Lehrer des Glaubens eine beleidigende Vorstellung zu sein und einer narzisstischen Kränkung gleichzukommen.

Allerdings wäre es auch nicht damit getan, dass Kirchenleute in ihrer Aus- und Weiterbildung ein paar Rhetorik-Kurse belegen oder sich Kommunikationstrainer aus nicht-kirchlichen Medienhäusern kommen lassen.[8] Diese Warnung durchzieht auch Flügges Buch. Obwohl diese Art von Medienpägagogik zumindest die gröbsten handwerklichen Scharten kirchlicher Rede auswetzen könnte, die Flügge mal mit Anflügen brüderlichen Mitleids registriert, häufi-

---

6   Vgl. Anm. 3.
7   Vgl. zum folgenden Abschnitt: Joachim Frank: Wie kurieren wir die Kirche? Katholisch sein im 21. Jahrhundert. Hrsg. von Alfred Neven DuMont. Köln ²2014, S. 190–197.
8   Vgl. zu den folgenden Überlegungen Joachim Frank: Statement. In: sinnstiftermag 21 (2016), www.sinnstiftermag.de/ausgabe_21/statement_01.htm (abgerufen am: 11.5.17).

ger aber mit Aufwallungen heiligen Zorns über die falschen Betonungen, den ungelenken Satzbau, die gestelzte Wortwahl und vieles mehr.

Zu ihrer Besserung rät Flügge den Seelsorgern, sie sollten zu den Menschen so von Gott reden, wie sie es „bei einem Bier" am Tresen täten. Als Versuchsanordnung mag das hilfreich sein. Doch Flügges Rat enthält einen doppelten Kategorienfehler: Die Kirche ist keine Kneipe, und von Gott, dem Herrn, redet es sich nicht wie von König Fußball. Schon deshalb nicht, weil es für die kirchliche Rede von Gott eine Referenz gibt, an der so leicht kein Weg vorbeigeht: die Bibel, das Wort Jesu Christi. Macht es „wie der Chef", ruft Flügge den Kirchenleuten zu: Redet bildmächtig und lebendig mit den Leuten! Aber selbst wenn sie sich das gesagt sein ließen und so reden wollten, „wie" der Chef – Jesus – geredet hat, bräuchten sie doch den Bezug auf das, „was" der Chef geredet hat.[9]

In einem Interview mit dem *Kölner Stadt-Anzeiger* weist Flügge den Einwand zurück, dass Kirche und Kneipe als Kommunikationsorte nicht gleichgesetzt werden dürften. „Ich halte das Argument für falsch. Der Pfarrer legt die Texte der Bibel ja nicht für den lieben Gott aus. Der wird wissen, was er damit hat sagen wollen. Hier geht es nicht darum, das Geheimnis zu inszenieren, sondern exakt um das Gegenteil: den Glauben verstehbar zu machen. Und denken Sie auch mal daran, dass jede Messe die Szene nachstellt, wie Jesus mit seinen engsten Gefährten zusammensitzt und sich unterhält – bei einem Glas Wein. Das ist ein klassisches Tischgespräch."[10] Die Kirche habe die Kommunikation des Alltags durch eine „Kunstsprache entstellt".[11]

Diese Kritik will Flügge nicht auf Gebete und die Texte der Liturgie bezogen wissen. Rituale brauchen Regeln, auch sprachliche Regeln. Deshalb gilt für solche Texte: „Die dürfen und sollen vielleicht fremd, sperrig, sogar unfassbar sein. Sie bringen das Geheimnis des Göttlichen ins Wort. Im richtigen Moment in richtiger Dosierung kann das eine heilende Sprache sein. Theologisches Sprechen kommt aber den Antibiotika in der Massentierhaltung gleich: zu viel, zu oft und immer gleich wichtig. Immer bedächtig, immer würdevoll, immer scheinbar tiefgründig. Aber das ist unmöglich. So geht das Momentum verloren, wann es wirklich wichtig ist."[12]

Flügge macht sich einerseits lustig über das gut gemeinte Bemühen von Pfarrern und Kaplänen um ein modernes Sprachspiel. Andererseits zeigt er sich genervt

---

9   Flügge: Der Jargon der Betroffenheit (wie Anm. 2), S. 10.
10  Joachim Frank: Da dämmern die Zuhörer weg. Erik Flügge kritisiert schonungslos die Sprache der Kirche. In: Magazin des Kölner Stadt-Anzeigers Nr. 234/2016 (7.10.16), Seite BM32.
11  Ebd.
12  Ebd.

von altbackenen Metaphern und Sprachbildern. Als Beispiel führt er die Rede vom „Sauerteig" an. Er habe noch nie selbst gebacken, sondern kaufe sein Brot beim Bäcker. Folglich sei ihm fremd, was mit dem Bildwort vom „Sauerteig" gesagt sein soll. Damit aber markiert Flügge präzise ein Dilemma christlicher Predigt: Ohne den Rückgriff auf ihre „Basisurkunde", die Bibel, hätte sie nichts Eigenes mehr zu sagen. Für die Kirche als Markenartikler muss Unverwechselbarkeit geradezu ein notwendiger Anspruch sein. Doch wenn sie ihren Markenkern in einer Sprachform offeriert, die als zeitgemäß, zugewandt und (geistes-)gegenwärtig wahrgenommen werden soll, wirkt das allzu oft unbeholfen, anbiedernd, ja peinlich. Und zwar, im ursprünglichen Sinn des Wortes „Pein": so schmerzhaft wie schmerzlich für alle, denen (wie Flügge) an der Kirche liegt.

Im Hantieren mit dem Wort der Bibel und mit der Botschaft Jesu wird das wahre Problem mit dem „Kirchisch" sichtbar. In einem Fern-Disput mit Flügge über sein Buch kommt die Pastoraltheologin Ute Leimgruber darauf zu sprechen: „Der Rückgriff auf die Bedeutung [der Botschaft] für das eigene Leben gelingt nicht (mehr) – wie sollte die Botschaft also für andere bedeutsam sein?"[13] Alles, was gesagt wird, muss relevant sein, so hat es Flügge formuliert. Leimgruber stimmt ihm zu. „Richtig, und zwar muss es, schon bevor es verbalisiert wird, für die verkündigende Person relevant sein. Und diese sollte die Relevanz beschreiben können. In eigenen Worten, mit persönlichem Akzent."[14] Aber das ist schwierig, keine Frage. Es fordert die Verkündiger nicht so sehr intellektuell, wie es ein theologischer Traktat täte, sondern – existenziell.

Auf dem Leipziger Katholikentag 2016 rief Berlins Erzbischof Heiner Koch, vormals Bischof im gastgebenden Bistum Dresden-Meißen, in seiner Fronleichnamspredigt die – vermutet großenteils kirchenfernen – Zuhörer auf: „Wagen Sie es doch einmal, mit diesem Gott zu leben! Lassen Sie sich auf ihn ein, versuchen Sie es doch einmal mit ihm!"[15] Man darf Koch guten Willen und lauteren Sinn unterstellen. Aber umso mehr muss sein Werben dann bekümmern. Denn was sollen die Adressaten damit anfangen? Was bedeutet „mit Gott leben"? Wie geht das, „sich auf Gott einlassen"? Wie genau „versucht man es mit ihm"? Diese Rückfragen sind weder polemisch gemeint noch trivial. Das sollte auch jedem bekennenden Gläubigen und nach eigenem Verständnis Gottkundigen deutlich werden, sobald er sich an Antworten versucht – ohne

---

13  Ute Leimgruber: Mehr als Symptombehandlung. Was Verkündigung wirklich braucht. In: Lebendige Seelsorge 67 (2016) 5, S. 307–311, hier S. 309.

14  Ebd.

15  Erzbischof Heiner Koch (2016), im Internet unter: www.erzbistumberlin.de/fileadmin/user_mount/PDF-Dateien/Erzbistum/ErzbischofKoch/20160526KochFronleichnamLeipzig.pdf (abgerufen am: 11.5.17).

gleich wieder Zuflucht zu Rahners ‚unergründlichem und unaussprechlichem Geheimnis' zu nehmen. Wo die Relevanz des Gottesglaubens für das eigene Leben „nicht jenseits von Floskeln" ausgedrückt werden könne, seien „Beziehungslosigkeit und Verständigungsunmöglichkeit im Kommunikationsprozess" vorprogrammiert, warnt Leimgruber. Einfacher – und damit ganz im Sinne Flügges – gesagt: „Wo die ‚Botschaft' keine Relevanz im eigenen Leben besitzt, gibt es – egal mit welcher Sprache – nichts zu verkündigen."[16]

Und nun? Was tun? Die Antwort ist – wie fast immer in solchen Fällen – nicht neu. Und vermutlich lässt ihr Schlüsselbegriff manchen kirchlichen Akteur, enerviert von siebengescheiten Experten und ihren Powerpoint-Präsentationen, sogleich aufstöhnen: „Authentisch" – ach nein, bitte nicht schon wieder! Einem totgerittenen Pferd die Sporen geben – wie soll uns das voranbringen? Die Aversion ist nachvollziehbar. Aber sie erstreckt sich bekanntlich auch auf „Soziologengewäsch", „Psychokacke" und „McKinsey-Gefloskel", und sie verweigert sich damit dem Lernen vom anderen, vom Fremden.

In der Vergangenheit haben Theologie und Seelsorge das Know-how verschiedenster Disziplinen integriert, etwa der Soziologie oder der Psychologie. Unter dem Eindruck struktureller Krisen kamen Betriebswirtschaft, Organisationsmanagement und Marketing hinzu. Nicht immer waren und sind diese Lernversuche frei von skurriler Beflissenheit und Übereifer. Das gilt besonders dann, wenn die Fremdpropheten fälschlich zu Heilsbringern werden. Neuerdings ist nun auch die Kommunikation in den Blick geraten – als ein Feld, auf dem kirchliche Akteure zuvor allenfalls oberflächlichen Beratungsbedarf gesehen oder sich gar beratungsresistent gezeigt hatten, weil sie dieses Feld, wie erwähnt, gewissermaßen als ihr ureigenes Territorium mit einer ihnen eigenen „Kompetenz-Kompetenz" (Michael N. Ebertz) beansprucht haben.

Wenn kirchlichen Kommunikatoren hier „Authentizität" anempfohlen wird, dann bedeutet das: Nicht antrainierte Technik ist gefragt, sondern erfahrenes Leben. Die konstruierten Geschichten und Anekdoten, die Flucht in die theologischen Formeln machen nur offenbar, dass einer nicht weiß, wovon er redet; nicht darüber reden kann, was er glaubt; oder nicht glaubt, was er redet. Interessant, dass Flügge und Leimgruber in der Auseinandersetzung über das Gelingen kirchlicher Rede beide auf das Beispiel und Vorbild des Papstes zu sprechen kommen. In einem Interview des Deutschlandfunks lobte Flügge die spontane, emotionale Sprache von Franziskus als stark und glaubwürdig: „Komplett abgewogene Statements, die gar keine Spontanität mehr zulassen, kann keiner mehr hören." Franziskus fordere, im Gespräch mit „einfachen

---

16  Leimgruber: Mehr als Symptombehandlung (wie Anm. 13), S. 309.

Christen und anderen Menschen" dafür zu sorgen, „dass sie uns verstehen, dass sie erkennen, dass wir wahrhaftige Motive haben, dass wir wirklich glauben, und das erzählt er auf der Bühne."[17] Leimgruber wiederum erinnert an die Warnung des Papstes in *Evangelii gaudium* (2013), „sich an die eigene Sprache zu gewöhnen und zu meinen, dass alle anderen sie gebrauchen und von selbst verstehen" (EG 158).[18]

Beide Gedanken des Papstes sollten als Bildschirmschoner auf den PCs und Tablets aller vorinstalliert sein, die in der Kirche etwas zu sagen haben. Vor jedem Text, den sie schreiben, würden sie so daran erinnert, dass sie vom Glauben nur glaubhaft und glaubwürdig sprechen, wenn in ihrer Rede das Leben zu Wort kommt und daraus spricht.

Dietrich Bonhoeffer hat das in seinen „Gedanken zum Tauftag" in Worte gefasst, die nichts von ihrer Treffsicherheit verloren haben und auch nach 70 Jahren auf bestechende Weise aktuell sind:

> „[...] wir selbst sind wieder ganz auf die Anfänge des Verstehens zurückgeworfen. Was Versöhnung und Erlösung, was Wiedergeburt und Heiliger Geist, was Feindesliebe, Kreuz und Auferstehung, was Leben in Christus und Nachfolge Christi heißt, das alles ist so schwer und so fern, daß wir es kaum mehr wagen, davon zu sprechen. In den überlieferten Worten und Handlungen ahnen wir etwas ganz Neues und Umwälzendes, ohne es noch fassen und aussprechen zu können. Das ist unsere eigene Schuld. Unsere Kirche, die in diesen Jahren nur um ihre Selbsterhaltung gekämpft hat, als wäre sie ein Selbstzweck, ist unfähig, Träger des versöhnenden und erlösenden Wortes für die Menschen und für die Welt zu sein. Darum müssen die früheren Worte kraftlos werden und verstummen, und unser Christsein wird heute nur in zweierlei bestehen: im Beten und im Tun des Gerechten unter den Menschen. Alles Denken, Reden und Organisieren in den Dingen des Christentums muß neugeboren werden aus diesem Beten und aus diesem Tun. [...] der Tag wird kommen –, an dem wieder Menschen berufen werden, das Wort Gottes so auszusprechen, daß sich die Welt darunter verändert und erneuert. [...] Bis dahin wird die Sache der Christen eine stille und verborgene sein; aber es wird Menschen geben, die beten und das Gerechte tun und auf Gottes Zeit warten."[19]

---

17  Das Interview vom 25.4.17 ist hier nachlesbar: www.deutschlandfunk.de/umstrittenes-papstwort-franziskus-sucht-den-radikalsten.886.de.html?dram:article_id=384548 (abgerufen am: 11.5.17).

18  Vgl. Leimgruber: Mehr als Symptombehandlung (wie Anm. 13), S. 307.

19  Dietrich Bonhoeffer: Gedanken zum Tauftag von Dietrich Wilhelm Rüdiger Bethge. In: Dietrich Bonhoeffer: Widerstand und Ergebung. Briefe und Aufzeichnungen aus der Haft. Hrsg. von Christian Gremmels, Eberhard Bethge und Renate Bethge. Gütersloh 1998, S. 428–436, hier S. 435f.

# SPRACHE, KIRCHE, WELT: PERSPEKTIVEN AUF RELIGIÖSE UND KIRCHLICHE KOMMUNIKATION

Norbert Wichard

## 1. Sprach-Erfahrungen

Als Theodor Fontane 1852 auf dem Weg nach London in Aachen seinen Onkel, den Forstbeamten Fritz Labry besucht, hat er nicht nur einige Bemerkungen über den Aachener Kult um Karl den Großen brieflich an seine Frau Emilie festgehalten: Der Protestant Fontane nahm am Ostersonntag auch an der Messe im Aachener Dom teil. Er hatte, wie er seiner Frau schreibt, „während des Hochamts Muße"[1], besonders die Kuppel bzw. das Oktogon in Augenschein zu nehmen. In demselben Brief äußert er sich kritisch zum Katholizismus seiner Zeit.[2] Die Kunstwerke und Kirchen seien „noch der Glanz- und Höhepunkt des Ganzen", Inszenierung und Liturgie seien aber „schlechte Religions-Komödie", es gehe um „Plärren, Leiern, Knixen, Kopfschütteln und Kniebeugen", schließlich sagt Fontane: „die Seele athmet erst wieder auf, wenn der betäubende Weihrauchduft hinter ihr liegt und Gottes Sonne auf offner Straße lacht und grüßt."[3]

Dieses kleine historische Beispiel zeigt, dass die Kirche sprachlich und in ihren sonstigen Ausprägungsformen besonders über die Liturgie wahrgenommen wird. Es steht dabei insbesondere auch die Frage zur Diskussion, ob Form und Inhalt gut konvergieren. In der modernen Medienlogik wird die Kirche dann besonders wahrgenommen, wenn festliche Gottesdienste, am besten mit Bischöfen oder Papst, eine gute Viusalisierung im Fernsehen sowie ein prominentes Gesicht versprechen. Die gesprochene Sprache und die Handlungen innerhalb der Liturgie werden dann leicht zu „exotischen" Oberflächenphänomen und das Dargestellte zum Event. Das wäre punktuell keine Schwierigkeit, da man in einer zunehmend säkularisierten Gesellschaft kirchlicherseits nicht annehmen kann, dass sich ihre Äußerungen jedem erschließen. Das Problem ist jedoch tieferliegend: Es schließt auch viele ein, die sich von der Kirche an-

---

1    Theodor Fontane: Der Ehebriefwechsel. Bd. 1. Hrsg. von Gotthard Erler unter Mitarbeit von Therese Erler (Große Brandenburger Ausgabe). Berlin 1998, S. 23–26, hier S. 23 (Brief vom 12. April 1852).
2    Vgl. zu Fontanes sich wandelndem Katholizismus-Begriff: Helmuth Nürnberger; Dietmar Storch: Fontane-Lexikon. Namen – Stoffe – Zeitgeschichte. München 2007, S. 240f. und S. 17.
3    Fontane: Der Ehebriefwechsel (wie Anm. 1), S. 25.

gesprochen fühlen und sich als Teil von ihr verstehen. Längst gibt es ein Gefühl des Unbehagens mit den sprachlichen Äußerungen der Kirche.

In der deutschen Geschichte war das mal anders, z. B. zur Zeit des deutschen Kaiserreichs: Wenn jemand sprichwörtlich von der „Wiege bis zur Bahre" kirchlich sozialisiert war, gehörten Kirchensprache und religiöse Äußerungen zum gewohnten Sprachgebrauch des Einzelnen.[4] Trotz Phasen des Aufschwungs von Kirchlichkeit nach dem Ende des Zweiten Weltkriegs werden rückblickend jedoch frühe Kennzeichen des Abbruchs der Bindungen zu den Kirchen in Deutschland erkennbar.[5] Es beginnt ein Prozess, der in die heutige Situation mündet: „Wir erfahren, dass so grundlegende Wörter wie ‚Sünde', ‚Gnade' oder ‚Heil' ‚kirchisch' sind und nicht mehr zur Normalsprache der Menschen gehören", diagnostiziert Hans Waldenfels zutreffend.[6] Gleichwohl kann damit nicht sicher gesagt werden, ob die Semantik kirchlicher Ausdrücke zu dem Zeitpunkt „besser" verstanden wurde, als diese zum „normalen" Sprachgebrauch gehörten.

Tatsächlich gehört es zu den bemerkenswerten Vorbedingungen bzw. zu den Erwartungen von Teilnehmern an religiöser Kommunikation, dass nicht alles verstanden werden muss bzw. sollte: „Die rituelle Form, der erwartbare Bruch von Konversationsmaximen und die Unübersetzbarkeit führen zu einer spezifischen, aus Teilnehmersicht durchaus akzeptablen, sinnvollen oder wünschenswerten Unverständlichkeit religiöser Sprache."[7] Andererseits kann diese Unverständlichkeit zu einer Wahrnehmung von Sprache führen, die insbesondere die Liturgiesprache als Magie missversteht.[8]

Diese Spannung ist in der gegenwärtigen Gesellschaft besonders groß, da ein geschultes Wissen über Religion und Glaube abnimmt und damit eine „produktive Unverständlichkeit" des Religiösen nur wenig greifbar wird. Stattdessen entsteht der Eindruck, dass Äußerungen der Kirche und ihrer offiziellen Vertreter, aber auch der Gläubigen über diesen Sprachraum hinaus als fremd wahrgenommen werden.

Es soll im Folgenden gezeigt werden, dass die gegenwärtige „unproduktive Unverständlichkeit" auch ein Produkt einer diffusen Wahrnehmung der „Sprach-

---

4 Vgl. Thomas Großbölting: Der verlorene Himmel. Glaube in Deutschland seit 1945. Göttingen 2013, S. 16.
5 Vgl. ebd., S. 22–34.
6 Hans Waldenfels: Sprechen Sie kirchisch? In: Stimmen der Zeit 231 (2013) 9, S. 577f., hier S. 577.
7 Ingwer Paul: Rhetorisch-stilistische Eigenschaften der Sprache von Religion und Kirche. In: Ulla Fix; Andreas Gardt; Joachim Knape (Hrsg.): Rhetorik und Stilistik. Ein internationales Handbuch historischer und systematischer Forschung. 2. Halbband. Berlin, New York 2009, S. 2257–2274, hier S. 2261.
8 Vgl. ebd., S. 2262.

spiele" der Kirche bzw. der fehlenden Unterscheidung von Sprachformen der Institution Kirche und der des individuellen Glaubens ist. Die Herausforderung ist dabei, dass die verschiedenen Sprachverwendungen im Kontext von Religion und Kirche häufig intentional verschränkt sind und mehrere Adressaten haben.

Nicht jede kirchliche Äußerung ist religiös zu verstehen: Wenn zum Beispiel ein Bischof oder die Pressestelle eines Bistums ein werbendes Statement für soziale Gerechtigkeit als Perspektive für das politische Handeln veröffentlicht, ist dies eher keine „religiöse" Kommunikation, wenngleich religiöse Motive zu diesem Statement geführt haben. Wenn allerdings in einer Predigt mit dem Handeln Jesu begründet wird, warum Diakonie eine zentrale christliche Aufgabe ist und damit auch politische Implikationen verknüpft sind, wird man dies zu einer „religiösen" Kommunikation zählen. Vor dem Hintergrund der Verständlichkeit sind bei beiden genannten Äußerungsformen unterschiedliche Maßstäbe anzusetzen. Die Predigt ist in der Regel mit einer Exegese des Evangeliums verbunden, die wiederum besondere Sprachbedingungen impliziert und ebenso ein spezifisches Wissen, wie es in der religiösen Sozialisation erworben wird. Forderungen für praktisches Handeln ohne eine sorgsame religiöse Rückbindung in einer Predigt werden ihrer Intention schnell nicht gerecht. Ein Dilemma besteht jedoch auch in anderen Konstellationen: Wenn in einer TV-Talkshow mit einem Bischof über Sozialpolitik diskutiert wird, könnten explizite biblische Rückbindungen heute leicht unverständlich bleiben oder gar als sprachliche Maskierung interpretiert werden, als ob man sich absichtlich nebulös ausdrücken wolle. Es ist daher sinnvoll, sich die verschiedenen sprachlichen Ebenen bewusst zu machen.

## 2. Kommunikations-Ebenen

Inhaltlich ist die „religiöse Kommunikation" nach Gert Pickel abzugrenzen von der allgemeinen Rede über Sinnfragen des Lebens; als Untersuchungsgegenstand benötigt religiöse Kommunikation eine inhaltliche Festlegung, nämlich (hier folgt er Niklas Luhmann): „durch einen transzendenten Bezug – oder die Sinndifferenz Immanenz/Transzendenz."[9] Das bedeutet eben auch, dass nicht jede Äußerung der Kirche religiös ist, auch wenn sie eine Religionsgemeinschaft ist. Das ist insofern wichtig, weil der eigene Anspruch und die Außenwahrnehmung sehr wohl religiös bzw. durch den Glauben konnotiert sind.

---

9 Gert Pickel: Ist Reden über Religion religiös? Anmerkungen zur Existenz einer säkularen Schweigespirale. In: Miriam Rose; Michael Wermke (Hrsg.): Religiöse Rede in postsäkularen Gesellschaften. Leipzig 2016, S. 57–88, hier S. 85.

Die Rede von den Sprachen der Kirche meint im Folgenden die Auseinandersetzung mit den verschiedenen Spezialsprachen (z. B. Liturgie oder Kirchenrecht), primär als Sprache einer Institution, die aber mit der individuellen Glaubenssprache komplex verschränkt ist. Um diese Konstellation zu sortieren, ist die Differenzierung des Religionssoziologen Gert Pickel hilfreich. Er benennt vier Ebenen für religiöse Kommunikation: (1) „Existentielle Kommunikation": Hier geht es um die Religiosität des Einzelnen und wie dieser mit ihr subjektiv umgeht, auch in der Nah-Kommunikation mit anderen. (2) „Kommunikation auf religiöse Weise": Dieser Bereich deckt das große Spektrum religiösen Sprachhandelns im rituellen und liturgischen Bereich ab, aber auch die Kommunikation „mithilfe religiöser Symbole" im Allgemeinen. (3) „Kommunikation über religiös-theologische Sachverhalte": Damit ist das theologische Gespräch, aber auch die weite katechetische und religionspädagogische Ebene gemeint. (4) „Kommunikation über Religion(en) in der Welt": Der vierte Bereich eröffnet eine weitere Meta-Ebene auf die Religion, zum Beispiel ihre religionswissenschaftliche Beschreibung.[10]

Pickels Systematik der religiösen Kommunikation ist hilfreich, wenn man sie als ein heuristisches Instrument versteht. Sie erleichtert, das Feld der Sprachen der Kirche zu sortieren. Man muss sich im Klaren sein, dass solche Modelle aber nur eine Beschreibungsgröße sind, die nicht immer alles adäquat erfassen können.

Für den weiteren Zusammenhang sind besonders die Ebenen (1) bis (3) von Bedeutung. Wenn halb im Scherz, halb im Ernst von der Fremdsprache „Kirchisch" die Rede ist, sieht man, dass die Sprachen der Kirche besonders in den Kommunikationsformen (2) und (3) anzusiedeln sind. Gleichwohl gehört immer auch die Ebene (1) hinzu, da ja der einzelne getaufte Christ ein Teil des Volkes Gottes, das heißt der Kirche ist.

## 3. Über die eigene Religiosität sprechen

Die Sprache über die eigene, persönliche Religiosität ist eine besondere. Oft ist sie eine individuelle Suchbewegung, sich wandelnd und auch nicht immer konkrete Worte findend. Bemerkenswert ist dabei, dass diese Sprache zwar von Religiosität im weitesten Sinn handelt, also einen Gegenstand hat und etwas bezeichnet. Dieses Bezeichnete muss aber nicht automatisch für andere nachvollziehbar und verständlich sein. Die individuelle, existenzielle Glaubenssprache vollzieht sich gewissermaßen im Sprechen selbst, als der eigene

---

10  Ebd, S. 62f.

Ausdruck von Religiosität, also als eine „Existentielle Kommunikation" (1) im Sinne von Gert Pickel.

Der französische Philosoph und Soziologe Bruno Latour sagt, dass die „religiösen Worte" „*keinerlei Referenz*"[11] hätten. Damit behauptet er nicht, dass man dem sprachlichen Zeichen im linguistischen Sinne nicht doch einen Bezug zuordnen könnte, es geht um etwas anderes: Eine religiöse Sprache öffnet keinen Diskursraum, sie bringt „keine Information über eine Kette hierarchisierter Dokumente hervor, von denen jedes dem folgenden als Ausgangspunkt zu weiterer Bearbeitung dient".[12] Eine derartige Sprache evoziere keinen Gegenstand über den Gesprochen wird, es gehe vielmehr dieser Sprache darum, Nähe herzustellen.

Latour vergleicht die religiöse Rede mit einem anschaulichen Beispiel: Sie ist wie die Sprache der Liebenden. Dieser Sprache geht es auch nicht um den Informationsaustausch. Das gegenseitige Liebesbekenntnis „Ich liebe Dich" will immer wieder neu formuliert sein, auch wenn die Information „Ich liebe Dich" bereits vorhanden ist. Vielmehr kommt es auf den Modus des Sagens an, weniger um die Worte selbst, um das Liebesbekenntnis zu beglaubigen: „Folglich werden tagtäglich Sätze ausgesprochen, deren Hauptzweck nicht darin besteht, Referenzen nachzuzeichnen, sondern etwas ganz anderes hervorzubringen: *Nahes* oder *Fernes*, Nähe oder Distanz."[13]

Eine existenzielle Sprache über Glauben und Religion will Nähe und keinen externen Diskurs, der den Sprechenden weg führt und auf Abstand hält. Der Schriftsteller Andreas Maier hat sich in dem Text *Vom einfachen Sprechen* mit dem Verhältnis von Sprache und Glaube bzw. der Botschaft des Evangeliums eindrücklich beschäftigt. Wie bringt man den persönlichen Glauben mit dem eigenen Sprechen zusammen?

Andreas Maier beschreibt, wie er speziell die Sprache des Matthäus-Evangeliums für sich entdeckt hat. Vom Philosophiestudium kommend war er erstaunt über die Klarheit in den Worten Jesu. Für ihn wird deutlich, dass eine Sprache des Glaubens eine eigene Autonomie beansprucht: „Glaubenssprache kappt in gewisser Weise die Bindung nach außen ab, das macht sie zu dem, was sie ist. Sie ist adiskursiv."[14] Ähnlich wie bei Latour zielt dieses Verständnis einer persönlichen Sprache des Glaubens darauf, dass sie nicht primär auf Diskursivität und Vermittlung ausgerichtet ist. Es ist vielmehr eine intime Sprache. Als

---

11 Bruno Latour: Jubilieren. Über religiöse Rede. Frankfurt a. M. 2011, S. 43.
12 Ebd.
13 Ebd., S. 41.
14 Andreas Maier: Vom einfachen Sprechen, S. 203f. in diesem Band.

Kind habe Maier kaum Zugang zu den Evangelien-Worten erlangt: „Keinerlei Explikation durch andere, keinerlei Wortanreicherungen haben dazu geführt, daß mir diese Worte aufgingen [...]."[15] Inzwischen plädiert Maier für Einfachheit in der Sprache des Glaubens: „Wenn mich Menschen fragen, ob ich an die Auferstehung Jesu glaube, sage ich ja."[16] Der Autor hat sich auch dafür entschieden, wieder das kleine und klare Wort ‚Gott' zu verwenden; eine junge, aber typische Entwicklung in der Gegenwartsliteratur.[17] Das ist keine Naivität, sondern die Einsicht, dass mögliche Erklärungen den Einzelnen vom Eigentlichen distanzieren.

Maiers Äußerungen kann man so verstehen, dass die individuelle Glaubenssprache einfach ist und dass sich die Botschaft der Evangelien nicht automatisch durch Vermittlungsstrategien erschließt. Eine existenzielle Glaubenskommunikation braucht keine komplexe Struktur, sondern Nähe zum Sprecher, sie wird zum Vehikel des Glaubens, die sich nicht selbst in den Vordergrund rückt.

## 4. Kirchensprache in der Diskussion

In Kirchenkreisen ist die Sorge um die Verständlichkeit groß; sie ist gegenwärtig eine Schlüsseldebatte, weil sich mit dem Thema Fragen der öffentlichen Akzeptanz und der eigenen Identität verschränken. Diese Debatte ist allerdings auch deswegen oft nicht greifbar, weil die Kommunikations-Ebenen, die angesprochen werden, wechseln. Im Besonderen sind dies die oben genannten Ebenen (2) und (3), also der Bereich liturgisch-rituelles Handelns und die Kommunikation über den Glauben; beides auch oft verknüpft mit der Ebene (1), die die persönliche Glaubenskommunikation betrifft.

In der Öffentlichkeit kulminierte das Thema schließlich zuletzt in der breiten Rezeption eines Blogeintrages von Erik Flügge sowie seines darauf folgenden Buches: *Der Jargon der Betroffenheit. Wie die Kirche an ihrer Sprache verreckt* im Jahr 2016. Dem Kommunikationsberater Flügge, selbst kirchlich sozialisiert und der Kirche nahe stehend, gelingt es, dem diffusen sprachlichen Unbehagen unter den kirchlich Aktiven eine konkrete Stimme zu geben. Wie mit einem Spiegel führt er Sprachgewohnheiten und Ästhetiken aus der kirchlichen Praxis vor Augen.

---

15 Ebd., S. 205.
16 Ebd.
17 Vgl. Georg Langenhorst: „Ich gönne mir das Wort Gott". Annäherungen an Gott in der Gegenwartsliteratur. Freiburg i. Br. ²2014, hier besonders S. 22.

Besonders nimmt Flügge sich der Predigt-Rhetorik an, deren Sprache in der Praxis oft handwerklich nicht gut sei: „Sätze, in denen viel zu oft die Verben fehlen. Um dieser sinnbefreiten Aneinanderreihung von Banalitäten noch irgendeinen inneren Zusammenhang zu geben, wird in jedem Satz ein Wort des voraus gegangenen Satzes aufgegriffen, damit der Text nicht komplett in Fragmente zerfällt."[18] Für die Kirche ist der thematische Anspruch hoch, geht es doch regelmäßig um die ganz großen Fragen zu Leben und Tod. Die Lücke zwischen dem inhaltlichen Anspruch und ihrer sprachlichen Ausfüllung zu schließen, ist keine leichte Aufgabe. Im seelsorgerischen Gespräch kommt es dann zur Überforderung, wenn das Unfassbare einen sprachlichen Ausdruck sucht. Flügge plädiert dann für das Schweigen: „Warum halten so wenige es aus, sich nicht in eine Formel zu flüchten, die das existenzielle Elend übertüncht und versucht mit ein bisschen nettem Dekor zu verzieren? [...] Gute Seelsorger ertragen es, zu schweigen."[19]

Flügge will aufzeigen, dass die Kirche einst professioneller kommuniziert hat: Als Beispiel nennt er die Liebfrauenkathedrale in Antwerpen, wo verschiedene Rubens-Gemälde aus dem frühen 17. Jahrhundert hängen, darunter eine Kreuzabnahme. Diese beschreibt Flügge „als eine existenzielle Auseinandersetzung mit dem christlichen Glauben"[20], um sie zugleich der katechetischen Arbeit der örtlichen Gemeinde gegenüberzustellen: Vor einem Nebenaltar entdeckt er offenbar ein Plakat mit von Kindern angebrachten Zetteln, bunt beschriftet, augenscheinlich aus einem Kindergottesdienst. Für Flügge ein stilloser Kontrast zum einstigen künstlerischen Anspruch, mit der diese Kirche ausgestattet wurde: „Das Mittelmaß hält Einzug in die Hallen, die einst Größe füllte." Flügge räumt selbst ein, dass Kirchen für die Gläubigen, auch Kinder, ein nahbarer Raum sein muss; dies sei im Gegensatz zu früher einfacher geworden, aber die Ästhetiken der kirchlichen Arbeit litten darunter.[21]

Flügges Diagnosen und Beschreibungen haben viel Zustimmung, aber auch Kritik hervorgerufen. Es stellt sich nämlich die Frage, von Einzelbeispielen Flügges mal abgesehen, wie mit den erkannten Problemen überhaupt umzugehen ist. An dieser Stelle sind die gemachten Ratschläge wohl nur als erste Hinweise und als Aufforderung zu verstehen: „Lassen Sie das nächste Mal ein-

---

18  Erik Flügge: Der Jargon der Betroffenheit. Wie die Kirche an ihrer Sprache verreckt. München 2016, S. 15.
19  Ebd., S. 38.
20  Ebd., S. 29.
21  Vgl. ebd., S. 29f., Zitat: S. 29.

fach die belanglose Geschichte weg, wenn Sie predigen. Sagen Sie einfach, was Sie sagen wollen, so wie sie es einem Freund sagen würden."[22]

Das Buch und die Auseinandersetzung mit diesem zeigt jedoch noch etwas Entscheidenderes: Die kirchliche Kommunikation steht in der Gefahr, selbstreflexiv zu sein, weil sie nur von einer kleinen Gruppe verstanden wird oder weil eine Kernklientel diese Sprache akzeptiert und hingenommen hat. Die gesellschaftliche Außenwelt nimmt daran keinen Anstoß, sondern wendet sich lautlos ab. Wenn Flügge in seinem Titel das Bild nutzt, dass die Kirche an ihrer eigenen Sprache „verreckt", impliziert dies einen Tod nach innen.

Für eine geöffnete Kommunikation plädiert auch die streitbare Journalistin Christiane Florin: „Kirchliche Sprache sollte verständlich sein. Sie sollte ansprechen. Sie sollte aufrichtig sein, erwachsen, nicht kindisch-positiv, aber auch nicht pubertär-motzig." Für eine gelungene Kommunikation komme es dabei auf die Haltung an: „Das Gegenüber soll nicht nur hören und gehorsam sein, er soll auch nicht applaudieren, er soll verstehen."[23] Ihre Kommunikation ist nicht mehr allein von der Kirche steuerbar: Die Öffnung zu einer säkularen Gesellschaft hin birgt das Risiko, die Deutungshoheit zu verlieren. Ein Verstecken hinter Fremdwörtern oder in einem Wohlfühl-Innenraum widerspricht aber ihrem universalen Auftrag, den Glauben zeitgemäß zu den Menschen zu bringen.[24]

Zu Recht weist Florin aber auch daraufhin, dass eine Unterscheidung der verschiedenen sprachlichen Äußerungsformen der Kirche wichtig sei. Dies wird besonders deutlich in der Liturgie. Florin unternimmt eine kurze sprachliche Analyse des Hochgebets in der Eucharistiefeier, das zwischen mit starken Substantiven gesättigten Passagen („Gott", „Werke", „Lob" usw.) und plastischen erzählerischen Teilen (dann „nahm er das Brot ...") wechselt. Von außen betrachtet, lässt sich der Text vielleicht anders formulieren, freilich mit weitgehenden Implikationen für die Bedeutung des tradierten Textes. Florin erkennt aber, dass gerade in der Herausgehobenheit dieser Texte ein eigener Wert liegt: „Die Kirche soll ja hier anders sein, sie soll gerade den Raum für das Andere öffnen. [...] Das Hochgebet hat einen erhabenen Anspruch, auch am Werktag."[25]

---

22 Ebd., S. 157f.
23 Christiane Florin: Die Herrschaft des Kein – wie die katholische Kirche spricht. In: Patrick Becker; Ursula Diewald (Hrsg.): Die Zukunft von Religion und Kirche in Deutschland. Perspektiven und Prognosen. Freiburg i. Br. 2014, S. 157–168, hier S. 167.
24 Vgl. mit anderer inhaltlicher Zuspitzung ebd., insgesamt.
25 Ebd., S. 157–159, Zitat: S. 159.

Diese Differenzierung entpflichtet die Kirche natürlich nicht davon, selbstkritisch ihre Sprache zu hinterfragen. Dazu gehört eben auch, nicht einfach alles anders zu machen, sondern ein Sprachbewusstsein zu entwickeln: mit Blick auf die Außenwahrnehmung und die sprachliche Erreichbarkeit in einer säkularen Gesellschaft; aber eben auch ein Sprachbewusstsein für die verschiedenen Sprachen der Kirche selbst. Flügge rät unter anderem dazu, wie zitiert: „Sagen Sie einfach, was Sie sagen wollen, so wie sie es einem Freund sagen würden." Das setzt zweierlei voraus: Habe ich selbst verstanden, was ich sagen will? Kann oder will ich immer so sprechen wie mit einem Freund?

Die öffentliche Debatte zum Thema der Sprache in der Kirche ist hilfreich, muss aber stärker differenziert werden. Es bedarf dabei einer Standortorientierung, welche Sprache jeweils gesprochen wird: ein existenzielles Sprechen oder eher eine Sprache der Institution Kirche, mit ihren je unterschiedlichen Funktionen und Möglichkeiten. Wenn man als Seelsorger/in wie als Freund/in redet, muss dies eine bewusste Entscheidung sein: Nähere ich mich einer individuellen, existenziellen Nahkommunikation (Ebene 1) an oder kommuniziere ich im Rahmen des liturgischen Geschehens (Ebene 2)? Das anvisierte Thema mag ähnlich sein, die Chancen und Grenzen der jeweiligen Kommunikation sind aber sehr verschieden. Die Unterscheidung der Kommunikations-Ebenen wird damit für das Verständnis wesentlich.

Eine Schwierigkeit, die Thematik von Sprache und Kirche adäquat zu erfassen, liegt dabei in der Herausforderung, sich ein objektives und adäquates Bild von der tatsächlichen Sprachverwendung zu machen und von der Wahrnehmung kirchlicher Sprache. Die Religionssoziologie stellt fest, dass die Neigung, sich überhaupt mit Religion auseinanderzusetzen, sei es thematisch oder eher auf eine persönlich betroffene Weise, unterschiedlich wahrscheinlich ist: Für den Einzelnen in einer säkularen Gesellschaft ist diese Beschäftigung nur noch eine Option. Religiöse Kommunikation wird dann aber wahrscheinlicher, wenn eine Person sich selbst als religiös einschätzt oder Kenntnisse von religiösen Themen und Fragen hat. Ebenso ist eine hohe Kirchenverbundenheit förderlich, dass religiöse Kommunikation beim Einzelnen einen hohen Stellenwert hat.[26] Die Verbreitung religiöser Kommunikation, speziell im existenziellen Sinn, ist damit abhängig von großen gesellschaftlichen Entwicklungen, insbesondere dem Rückgang einer religiösen Sozialisierung. Typisch ist auch, das zeigen Untersuchungen, dass Gespräche über den eigenen Glauben eher nicht öffentlich geführt werden, sondern mit dem Partner, der Familie und ggf. auch mit kirchlichen Mitarbeitern.[27]

---

26 Vgl. Gert Pickel: Ist Reden über Religion religiös? (wie Anm. 9), S. 69–73.
27 Vgl. ebd., S. 72f. und S. 66f.

Wenn es um die Wahrnehmung von Sprache geht, kann auch die kirchliche Milieuforschung aufschlussreiche Hinweise geben. Es wird ersichtlich, dass die Stile und Ästhetiken der Milieus die Perspektive auf die Ebenen der Kommunikation sinnvoll ergänzen. Es ist zwar in der Tat so, dass es kirchennahe Menschen bzw. Kirchenmitglieder in allen sozialen Milieus bzw. Lebenswelten quer durch die Gesellschaft gibt. Die milieusensible Brille zeigt aber eben auch deutlich, dass die Kommunikationsformen der Kirche oft noch den Ästhetiken traditioneller, bürgerlicher Milieus verhaftet sind. Aus postmodernen Lebenswelten-Perspektiven kann der Eindruck entstehen, dass die Kirche anscheinend diesen Menschen nur wenig sagen kann. Michael N. Ebertz diagnostiziert – in einem aufschlussreichen Band über die Ergebnisse aus der jüngsten Milieustudie aus dem katholischen Bereich – mit Blick auf Kommunikationsfähigkeit von Caritas-Dienstleistungen, aber im hier verfolgten Sinn verallgemeinerbar: „Aus Gründen unterschiedlicher Milieuzugehörigkeit wächst das Risiko einer gebrochenen, jedenfalls wechselseitig nicht zufriedenstellenden Kommunikation: dass man sich inhaltlich nichts zu sagen hat, was beiden Seiten wichtig und hilfreich ist, dass die Art und Weise des Mitteilens auf Ablehnung stößt und dass dem Verstehen Grenzen gesetzt sind."[28]

Die Milieuperspektive zeigt, dass die Wahrnehmung auf die kirchliche Sprache von Milieu zu Milieu variiert: Nähe oder Fremdheit und Akzeptanz oder Ablehnung lassen sich so erklären. Inzwischen gehört eine „milieusensible Pastoral", die die Milieu-Diagnostik theologisch interpretiert und in verändertem Handeln praktisch fruchtbar macht, vielerorts zum pastoralen Methodenkanon. Die Sprache als Äußerungen der sozialen Milieus verdeutlicht, dass die Sprache interagiert mit vielen Faktoren, die nicht allein über eine veränderte Kommunikation zu steuern sind. Verschiedene Sprachstile sind nur ein Ausdruckselement für unterschiedliche Ästhetiken und Wertpräferenzen. Bei der Wahl der Form der Kommunikation muss jedoch die jeweilige Kommunikations-Ebene stets mitbedacht werden, da diese Ebene gewissermaßen das Vorzeichen des sprachlichen Stils bestimmt.

---

28  Michael N. Ebertz: Milieufrömmigkeit und Milieutheologien. In: Katholische Arbeitsstelle für missionarische Pastoral (Hrsg.): Milieus fordern heraus. Pastoraltheologische Deutungen zum MDG-Milieuhandbuch „Religiöse und kirchliche Orientierungen in den Sinus-Milieus 2013", Erfurt 2013, S. 35–56, hier S. 52. Vgl. außerdem den genannten Band *Milieus fordern heraus* insgesamt zur aktuellen Milieu-Forschung im kirchlichen Bereich.

## 5. Sprache, Kirche, Welt

Die Verkündigung ist eine zentrale Aufgabe der Kirche. Die sprachwissenschaftliche Perspektive beschreibt diesen Kommunikationstyp ganz nüchtern (theologisch wäre es anders zu diskutieren bzw. in einen breiteren Kontext zu stellen): „Die ‚Verkündigung' ist als Transferleistung auf einer vertikalen kommunikativen Achse zu bezeichnen, sie ist einseitig und nicht dialogisch organisiert. Das Wissen, welches in besonderer Weise symbolisiert wird, ist prinzipiell nicht durch den Menschen sondern nur durch Gott verfügbar, der sich einem auserwählten Menschen offenbarte. Diesem auserwählten Propheten folgen die Priester in einer Religionsgemeinschaft als Verkünder und Stellvertreter nach. Kommunikative Akte (wie Interpretationen von Gottes Wort) lassen sich nur auf einer horizontalen kommunikativen Achse anschließen."[29]

Ganz traditionell wird so das Bild beschrieben, dass das göttliche Wissen selektiv von „oben" kommend Berufenen „unten" dargelegt wird, die dann diese Einsichten auf der weltlichen Ebene verbreiten. Es soll hier nicht Thema sein, wer auf welche Weise im katholischen Verständnis „berufen" ist, es soll aber deutlich werden: Allein an dieser klassischen Ansicht zeigt sich, dass kirchliche Sprache zu hierarchischen Strukturen neigt. Dies muss nicht nur theologisch reflektiert und differenziert werden, sondern auch vor dem Hintergrund des Wandels der Gesellschaft (und der Zeichen der Zeit) auf Akzeptanz und Funktionalität hin geprüft werden. Gerade in einer digitalen, sich wandelnden Gesellschaft steht die Frage nach der „Relevanz" des Gesagten meist stärker im Vordergrund als die „Autorität" des Sprechers.[30]

Verdeckte Doppelspiele der Sprache lassen sich auch in anderen Kontexten der Kirche feststellen. Pierre Bourdieu hat einmal formuliert: „Die religiöse Sprache fungiert permanent als ein Werkzeug der Euphemisierung."[31] Solche Sprach-Interaktionen entstünden insbesondere durch die Verschränkung von ökonomischen Aktivitäten mit religiösen Intentionen. Die kirchliche Sprache steht dann in der Gefahr, mit Religiosität ökonomisches Handeln zu überdecken und euphemistisch auszudrücken.

---

29 Alexander Lasch: Texte im Handlungsbereich der Religion. In: Stephan Habscheid (Hrsg.): Textsorten, Handlungsmuster, Oberflächen. Linguistische Typologien der Kommunikation. Berlin, New York 2011, S. 536–555, hier S. 544.

30 Vgl. Christian Grethlein: Kommunikation des Evangeliums in der digitalen Gesellschaft. Impulsreferat zum Schwerpunktthema. 7. Tagung der 11. Synode der EKD, 9. bis 12. November 2014 (EKD. Geschäftsstelle der Synode. Drucksache IV/2), S. 1–5, hier S. 4.

31 Pierre Bourdieu: Das Lachen der Bischöfe. In: Ders.: Religion. Schriften zur Kultursoziologie 5. Hrsg. von Franz Schultheis und Stephan Egger. Berlin 2011, S. 231–242, hier S. 238.

Inwieweit die Sprache in die Mitte der Diskussion um ein adäquates Kirchenverständnis ragen kann, zeigt die in Deutschland vielfach diskutierte Freiburger Rede von Benedikt XVI. im Jahr 2011, in der er programmatisch von der „Entweltlichung" der Kirche gesprochen hat. Der ehemalige Papst thematisiert zwar nicht explizit den Modus der Sprache. Sie kann aber sinngemäß doch Teil einer Kirche werden, die gewissermaßen einzig in der Welt aufgeht. Dies kann zum Beispiel der Fall sein, wenn „religiöse Sprache" dazu dient, ökonomisches, das heißt weltliches Handeln zu überdecken (vgl. Bourdieu). Benedikt XVI. plädiert dafür, keine Kirche zu pflegen, die „selbstgenügsam ist und sich den Maßstäben der Welt angleicht"; ein Schritt zurück schaffe erst eine Öffnung für die Welt: „Sie öffnet sich der Welt, nicht um die Menschen für eine Institution mit eigenen Machtansprüchen zu gewinnen, sondern um sie zu sich selbst zu führen, indem sie zu dem führt, von dem jeder Mensch mit Augustinus sagen kann: Er ist mir innerlicher als ich mir selbst (vgl. *Conf.* 3, 6, 11). Er, der unendlich über mir ist, ist doch so in mir, daß er meine wahre Innerlichkeit ist."[32] Die möglichen Konsequenzen für das kirchliche Handeln aus der Rede von Benedikt XVI. sind an anderer Stelle zu diskutieren, aber man sollte dabei nicht die Dimensionen des sprachlichen Handelns der Kirche ausklammern.

Es ist notwendig, dass im kommunikativen Geschehen Form und Inhalt in einem guten Verhältnis zueinander stehen, davon war zu Anfang die Rede. Papst Franziskus ist sich dieser Aufgabe wohl bewusst. Er hat sich nach seiner Wahl im Konklave mit einer Ansprache an die Vertreter der Weltpresse im Vatikan gewandt und gesagt: „Kirchliche Ereignisse sind sicher nicht komplizierter als politische oder wirtschaftliche! Sie haben aber einen grundlegend spezifischen Charakter: Sie entsprechen einer Logik, die nicht prinzipiell den – um es so zu sagen – weltlichen Kategorien zugehört, und eben daher ist es nicht leicht, sie einer breiten und bunten Öffentlichkeit zu erklären und zu vermitteln. Selbst wenn die Kirche gewiss auch eine menschliche, geschichtliche Institution ist mit allem, was damit verbunden ist, so hat sie doch keine politische, sondern eine wesentlich geistliche Natur: Sie ist das Volk Gottes, das heilige Volk Gottes, das unterwegs ist zur Begegnung mit Jesus Christus."[33]

---

32 Papst Benedikt XVI.: Apostolische Reise nach Deutschland. Begegnung mit in Kirche und Gesellschaft engagierten Katholiken. Ansprache. Konzerthaus in Freiburg im Breisgau, 25. September 2011, abrufbar unter: http://w2.vatican.va/content/benedict-xvi/de/speeches/2011/september/documents/hf_ben-xvi_spe_20110925_catholics-freiburg.html (abgerufen am: 25.6.17).

33 Papst Franziskus: Audienz für die Medienvertreter. Ansprache, Aula Paolo VI, 16. März 2013, abrufbar unter: http://w2.vatican.va/content/francesco/de/speeches/2013/march/documents/papa-francesco_20130316_rappresentanti-media.html (abgerufen am: 25.6.17).

Franziskus ist sich der Doppelrolle der Kirche und dem mit ihr verbundenen Vermittlungsproblem zwischen geistlichen und weltlichen Dimensionen bewusst. Nicht nur für die Medien, auch für das eigene Sprachhandeln der Kirche ist dieses Spannungsverhältnis eine Herausforderung. Und Verständlichkeit beginnt damit, wenn Ebenen und Formen denen an der Kommunikation Beteiligten bewusst sind. Dann erst können Veränderungen an den jeweiligen Sprachen der Kirche sinnvollerweise vorgenommen werden. Die folgenden Beiträge in diesem Buch können hierfür ein Baustein sein.

...LN BEGLEITEN EINMISCHEN
...ULE SPRACHE UNTERRICHT LIT...
...ULUNG PERSPEKTIVWECHSEL...
...NRECHT LITURGIE VIELSTIMMI...
...BEL REVISION EINHEITSÜBERSE...
...NEN HEILIGEN TEXTE ORDNEN...
...L SEELSORGE THEOLOGIE AUS...
...HENRECHT LITURGIE VIELSTIMM...
...SPEKTIVWECHSEL SPRACHPRO...
...LEITEN EINMISCHEN SEELSOR...
...ACHE UNTERRICHT LITERATEN...
...SPEKTIVWECHSEL SPRACHPRO...
...RGIE VIELSTIMMIGKEIT POESIE...
...G LEHRAMT ORDNEN HEILIGE...
...EINMISCHEN SEELSORGE THEO...
...ULUNG PERSPEKTIVWECHSEL...
...HENRECHT LITURGIE PERS...

# II. BILDEN – BEGLEITEN – EINMISCHEN: ZUR SPRACHE IN SCHULE, SEELSORGE UND THEOLOGIE

# DIE SPRACHEN DES RELIGIONSUNTERRICHTS

Guido Meyer

**Religiöse und weltliche Sprache**

Ob im Fernsehen oder bei einem Privatgespräch, der viel zitierte „Mann auf der Straße" bringt es uns immer wieder in Erinnerung: „Religion ist Privatsache". Mit dieser allgemein akzeptierten Aussage werden wir tagtäglich und bei verschiedensten Gelegenheiten konfrontiert. Dabei steht hinter dieser Aussage Unterschiedliches. Für die einen meint dies: In Sachen Religion muss jeder selbst entscheiden und da sollen sich die anderen – wer immer damit gemeint ist – raushalten. Andere wiederum unterstreichen damit, dass sich der Staat in Sachen Religion neutral zu verhalten habe und wiederum andere sind der Meinung, die Religionen und ihre Ausdrucksformen sollten aus dem öffentlichen Raum verdrängt werden. Aber eine Religion, die nur noch im Innenleben des Einzelnen ihren Platz hat, wie soll denn diese „zur Sprache" kommen? Dass Religion im Zuge einer zunehmenden Privatisierung und Individualisierung sich immer weiter von der Alltagssprache entfernt, liegt nicht zuletzt daran, dass die Religion zur Privatsache erhoben wurde. Vor allem in westlichen Ländern wird durch Rückgang des Einflusses der institutionalisierten Religionen die Diskrepanz zwischen der religiösen und der Alltagssprache zunehmend größer. Wie kann und sollte der Religionsunterricht mit diesen Rahmenbedingungen umgehen? Sollte er sich, wie Hubertus Halbfas es seit langer Zeit schon einfordert, von seiner Grundausrichtung als ein „religiöser" Sprachunterricht verstehen? Um diese und einige weitere Fragen kreist der nachfolgende Aufsatz. Beginnen wir mit Grundsätzlichem.

**Sprache und Wirklichkeit**

Entgegen landläufiger Definitionen gilt es eingangs zu betonen: Sprache ist mehr als ein Kommunikationsmittel unter anderen. Sprache und Denken gehören zusammen; sie sind analytisch kaum voneinander zu trennen. Denken geschieht in und mittels Sprache. Erst Sprache macht Denken möglich und umgekehrt. In eine Sprache hinein, in ein System aus Zeichen, wird der Mensch geboren. Bedeutung entsteht, indem Zeichen in einen bedeutsamen Zusammenhang gebracht werden und dadurch gleichzeitig notwendigerweise eine andere Bedeutung verdrängt wird. In unserer Sprache leben deshalb immer auch verdrängte Anteile. In der Sprache werden unsere Erfahrungen erkennbar, ohne Sprache bleiben sie diffus. Erfahrungen brauchen Sprache, um als solche erkannt zu werden.

In einer Zeit wie der unsrigen, in der die Wirklichkeit als individuelles Konstrukt verstanden wird und in der wir uns zunehmend neben der vermeintlich realen Welt in digitalen, d. h. elektronisch konstruierten Welten aufhalten, stellt sich folgerichtig die Frage, inwiefern unsere Sprache unsere Welt schafft. Und auch die alte – religionspädagogisch belangreiche – Wittgensteinsche Frage nach dem Jenseits der Sprache stellt sich neu. Soll man wirklich über das schweigen, was man nicht sagen kann?[1] Dass freilich erst in der Sprache unsere Wirklichkeit entsteht, davon möchten wir im Folgenden ausgehen.

## Sprachverlust: Symptom oder Grund?

Wenn über die Rolle der Religion in der heutigen Zeit nachgedacht wird, wird immer wieder auf den religiösen Sprachverlust hingewiesen. Jugendliche und Erwachsene, so wird häufig betont, hätten keinen Zugang mehr zur religiösen Sprache. Zentrale christliche Begriffe wie Gnade, Sünde und Erlösung würden nicht mehr verstanden und dadurch würde der Bezug zur Religion gleichsam verbaut. So weit so gut, dann jedoch erfolgt die meines Erachtens kurzschlüssige Erklärung: Eine neue Sprache muss gefunden werden, um der Religion wieder neuen Auftrieb und – vor allem – um ihr eine neue Plausibilität zu verleihen. Hier wird ein Symptom, der religiöse Sprachverlust, mit einem Grund, nämlich dem Sachverhalt, dass das religiöse Wirklichkeitsverständnis nicht mit dem modernen oder postmodernen Wirklichkeitsverständnis in Einklang zu bringen ist, verwechselt. Oft wird in diesem Zusammenhang suggeriert, als könne eine neue Sprache gleichsam aus dem Nichts entstehen oder künstlich nach den Vorlagen der gängigen Sprache konzipiert werden. Meines Erachtens jedoch liegt die eigentliche Erklärung tiefer und wir stehen in der Gefahr, ein Symptom mit dem eigentlichen Grund zu verwechseln.

Hubertus Halbfas, der schon in den 70er Jahren des letzten Jahrhunderts auf den religiösen Sprachverlust aufmerksam gemacht hat, meldete sich vor einigen Jahren mit einem dreiteiligen Werk zum Sprachverlust in Sachen Religion zu Wort.[2] Verantwortlich für den Sprachverlust ist seines Erachtens einerseits

---

1  Vgl. Ludwig Wittgenstein: Tractatus logico-philosophicus. Frankfurt a. M. 2003, S. 7.
2  Vgl. Hubertus Halbfas: Glaubensverlust, warum sich das Christentum neu erfinden muss. Paderborn 2011; vgl. ders.: Religionsunterricht nach dem Glaubensverlust. Eine Fundamentalkritik. Paderborn 2012; vgl. ders.: Religiöse Sprachlehre, Theorie und Praxis. Paderborn 2012.

eine unbelehrbare kirchliche Institution, die uneinsichtig an einer alten Formel- und Katechismussprache festhält, und andererseits die Zunft der Religionspädagogen, die das Problem nicht beherzt genug in Angriff genommen hat und den Religionsunterricht unzulänglich als einen Ort des religiösen Spracherwerbs genutzt hat. Die Metaphern- und Symbolsprache sei sträflich vernachlässigt worden und ebenso die unterschiedlichen Sprachformen der Bibel, wie beispielsweise der Mythos oder die Gleichnissprache. Aus diesem Grund, so Halbfas, finden Menschen, die in einer zunehmend verobjektivierten Sprache leben, keinen Zugang zur Bilder- und Metaphernwelt der Bibel und ihren Wahrheiten.

Halbfas' Kritik an Kirche und Religionspädagogik ist zunächst als Pauschalkritik mit ihren Vor- und Nachteilen zu betrachten. Auf eine Pauschalkritik mit einer pauschalisierenden Zustimmung oder Ablehnung zu reagieren, wird jedoch der Sache, um die es ihm geht, nicht gerecht. Denn tatsächlich haben wir es mit einem massiven Sprachverlust zu tun. Gleichwohl, Halbfas' Antwort darauf greift zu kurz. Zugegebenermaßen muss im Religionsunterricht – und nicht nur dort – an der religiösen Sprachkompetenz gearbeitet werden, was im Übrigen in vielen Religionsbüchern und religionspädagogischen Beiträgen nicht nur gefordert, sondern auch umgesetzt wird. Gleichwohl wird damit das Grundproblem, über das Halbfas schreibt, nicht gelöst. Es bedarf einer grundsätzlichen Auseinandersetzung über eine Vielzahl von Zugängen zur Wirklichkeit, an die Menschen ebenso behutsam wie kompetent herangeführt werden müssen.

Eine Sprache kann man nicht aufzwingen; zu einer – und vor allem zu einer eigenen – Sprache zu finden, ist fraglos ein langwieriger individueller Prozess. Glaubt man dem Zeugnis vieler Menschen, so ist dies gerade heutzutage keine leichte Aufgabe, denn das Feld der religiösen Sprache ist in vielen westlichen Ländern, vielleicht mit Ausnahme der neuen Bundesländer, vielfach nicht unbesetzt. Es ist besetzt durch ansozialisierte und freischwebende kirchliche Sprachmuster und -schablonen, die für viele Zeitgenossen kaum noch Bedeutung haben und eher den Weg zu einer eigenen religiösen Sprachfähigkeit verbauen als eröffnen. In säkularen Zeiten, in denen der Einzelne für seine eigene religiös-weltanschauliche Fundierung aufkommen muss, sind diese Zugangshemmnisse von entscheidender Bedeutung. Die genannten Sprachmuster, zu denen Begriffe wie Sünde, Gnade und Erlösung u. v. m. gehören, sind erfahrungsleere Hülsen, die als Ausdruck eines gesellschaftlichen Subsystems fungieren. Sie vermögen es nicht, die Fragen und Sehnsüchte postmoderner Menschen zu artikulieren.

## Wirklichkeit heute

Wirklich ist heute alles, was wirkt. Unser Wirklichkeitsverständnis hat sich in Richtung eines Evidenzparadigmas verändert: Waren in der Moderne das vernünftig-rationale Denken und die Logik die Garanten für das, was als wirklich bezeichnet wurde,[3] so hat sich unter dem Einfluss der Postmoderne und nicht zuletzt unter der Macht der neuen Medien ein erweitertes Wirklichkeitsverständnis etabliert, dem zufolge wirklich ist, was wir fühlen.[4] Was dein Leben bestimmt, so die Postmoderne, sind nicht Ideen und das Denken an sich, beide können täuschen, sondern das, was einem jeden unmittelbar begegnet, was man fühlt. Im Gefühl begegnet der postmoderne Mensch dem Leben in seiner reinsten Form, alles andere steht unter der Mutmaßung einer Fremdbestimmung.

In einer hochkomplexen, differenzierten und von medialer Kommunikation bestimmten Gesellschaft entwickelt sich Sprache dementsprechend. Insgesamt bestimmt das moderne rational-nüchterne Wissenschaftsparadigma weite Teile heutiger Sprache. Sie kommt schnörkellos daher, muss kurz und bündig das Wesentliche zum Ausdruck bringen und all dies möglichst unmittelbar und punktgenau. Zahlreiche fachsprachliche Begriffe und milieu- und segmentspezifische Ausdrücke bestimmen die Alltagssprache.

Trotz alledem ist die narrative und umkreisende Sprache noch nicht verloren gegangen. Erzählendes Reden und Schreiben, wie dies viele vormoderne Kulturen pflegen, ist auch aus postmodernen Gesellschaften noch nicht verbannt. Es ist lediglich aus dem Zentrum der Gesellschaft in dafür vorgesehene Segmente ausgelagert worden. Die erzählende Sprache, die sich an sich selber erfreut und die um die Geheimnisse des Lebens, psychoanalytisch gesprochen um das Reale, kreist, wie dies die Literatur seit jeher vermag, findet nach wie vor Aufmerksamkeit. Gleichwohl, die verbreitete Alltagssprache wird hiervon kaum tangiert. Alltagssprache sucht das Konventionelle, das Verbindende und Allgemeinverständliche. In einer Multioptionsgesellschaft, in der die Pluralität der Lebensentwürfe den Alltag prägt, geht es vor allem darum, dessen Ambivalenzen und die daraus sich ergebenden Infragestellungen für die eigene Identität in den Griff zu bekommen. Der Alltag und die Medien suchen daher Konsens, den größten gemeinsamen Nenner, um der Kontingenz des Daseins ihren bedrohlichen Stachel zu ziehen. Daher finden befremdliche Erfahrungen und das aus der Sprache Ausgeschlossene und Verdrängte hier nur schwer Ausdruck.

---

3 Vgl. René Descartes: Meditationes de prima philosophia. Paris 1641.
4 Sehr schön kommt diese Selbstvergewisserung durch das Gefühl in dem Song *Feel* des Popsängers Robbie Williams zum Ausdruck.

## Religiöse Sprache als Sondersprache und Sonderwirklichkeit

Und auch die religiöse Sprache ist aus postmodernen Gefilden längst noch nicht verschwunden. Es gibt sie nach wie vor. Es stellt sich allerdings die Frage, inwiefern sie es vermag, die Erfahrungen postmoderner Menschen im Umgang mit dem Religiösen zu artikulieren und inwiefern sie es Menschen ermöglicht, religiöse Erfahrungen als solche zu identifizieren und zu kommunizieren?

Kirchlicherseits wird in diesem Zusammenhang immer wieder der Katechismus – oftmals als Allheilmittel – ins Feld geführt. Er soll die fehlenden Kenntnisse und Begriffe wieder auffrischen und zu einer allgemeinverbindlichen Sprachregelung führen, um mit seiner Hilfe einer „unspezifischen Gläubigkeit" entgegenzutreten.[5] Oft wird in diesem Zusammenhang die „Zurückhaltung der Theologen, Katecheten und Religionspädagogen" moniert.[6] Zu Unrecht, wie Clauß Peter Sajak meint, denn angesichts der komplexen gesellschaftlichen Situation erscheint der Katechismus als zentrales Medium der Glaubensvermittlung als eher ungeeignet. Dabei ist es zunächst nicht der Inhalt an sich, der einer gelingenden Glaubenskommunikation im Weg steht, sondern das Medium Katechismus. Da in postmodernen Zeiten mehr denn je das Medium Anteil hat an der Botschaft, ist somit ein erster Weg verbaut, bevor die inhaltliche Auseinandersetzung beginnt.[7] Aber selbst wenn es gelingt, zum Inhalt vorzustoßen, sind damit die Vermittlungsprobleme nicht gelöst, denn die damit einhergehende ganze und kirchlich verbindliche Wahrheit liegt quer zu postmodernen Wirklichkeitsverständnissen. Kurz: Das Medium Katechismus setzt, um Glaubenserfahrung zu inspirieren und um ihnen eine Form zu geben, ein Verstehen und eine Haltung voraus, die in der Form heutzutage nicht in entsprechendem Maß anzutreffen sind. Mehr noch: Die empirische und nichtempirische religionspädagogische und -didaktische Forschung der letzten vierzig Jahre hat aufgezeigt, dass eine gelingende Glaubensvermittlung bei den Subjekten ansetzen muss.[8] Sicherlich kann der Katechismus, wenn er zum richtigen Zeitpunkt eingesetzt wird, zu weiteren Fragen anregen und zum Verstehen beitragen,[9] aber nur punktuell.

---

5   Bernhard Meuser: Warum Katechese Katechismus braucht: Der verlorene Schlüssel. In: Herder Korrespondenz 71 (2017) 1, S. 30–32, hier S. 30f.

6   Clauß Peter Sajak: Warum der Katechismus nicht die Lösung ist: Der Schlüssel ist die Beziehung. In: Herder Korrespondenz 71 (2017) 2, S. 47–50.

7   In diesem Zusammenhang sei an das vielzitierte prophetische Wort des kanadischen Medientheoretikers Marshall Mc Luhan erinnert: „The medium is the message."

8   Clauß Peter Sajak: Warum der Katechismus nicht die Lösung ist (wie Anm. 6), S. 48.

9   Manfred Gerwing: Zur Auseinandersetzung über die Katechese: Fragen und verstehen. In: Herder Korrespondenz 71 (2017) 4, S. 48f.

Der Katechismus lässt die Frage nach der Wirklichkeit außen vor. In den Augen vieler Zeitgenossen ist er Ausdruck einer in sich ruhenden Wirklichkeit, die so nicht mehr nachvollziehbar ist. Diese inhaltlich umfassende und autoreferenzielle Form der Sprache und Darstellung bietet keinen Raum für Suchende und wenig Raum für die Fragen und Zweifel identitätshungriger postmoderner Sucher.

### Religiöse Sprache heute

Religion und religiöse Ausdrucksformen begegnen postmodernen Menschen in unterschiedlichsten Formen. Das Religiöse in seiner bunten Vielfalt, in seinen Ambivalenzen und in seiner Exotik hat seit Jahren Einlass gefunden in den von Medien dominierten öffentlichen Raum. Diese vermeintliche Rückkehr der Religion in den öffentlichen Raum stellt allerdings für religionspädagogische Anliegen bestenfalls das Hintergrundrauschen dar. Für gelingende religiöse Erziehungs- und Bildungsprozesse ist mehr vonnöten. Erziehungs- und Bildungsprozesse fragen immer schon nach dem, worauf sie abzielen und führen auf diesem Weg natürlicherweise zu existenziellen Fragen. Aus diesem Grund kann eine religiöse Sprache nicht mittels Katechismus gefunden werden.

Religiöse Sprache setzt dort an, wo der Mensch existenziell zu fragen beginnt. Dort, wo er sich seines fundamentalen Mangels bewusst wird. Als Subjekt, *subjectum* im Lateinischen, ist der Mensch aus psychoanalytischer Perspektive der Sprache und damit der symbolischen Ordnung unterworfen.[10] Die symbolische Ordnung ist nie vollständig, nie abgeschlossen. Sie ist unfähig, das Ganze auszusagen; es bleibt immer ein Rest aus Nichtausgesagtem, der zu weiteren Aussagen antreibt.

Religiöse Sprache beginnt dort, wo dem Menschen diese fehlende Ganzheit bewusst wird. Dort, wo der Mensch nicht mit sich selbst identisch ist; dort, wo ihm sein fundamentaler Seinsmangel bewusst wird. Erst das Bewusstsein oder das Gespür für diese menschliche Verfasstheit lässt, wie in allen religiösen Traditionen tausendfach nachzulesen, Menschen über sich hinaus fragen und zu transzendenzfähigen Wesen werden.

Erst wenn der Mensch die Bedürfnislogik seiner natürlichen Umwelt übersteigt und in den Bedürfnissen nach Essen, Trinken, Sexualität, nach Sicherheit und Ordnung und vielem mehr einen anderen Ruf erkennt, tritt er in die

---

10 Vgl. Guido Meyer: Begehrend glauben, glaubend begehren. Berlin 2011.

Begehrenslogik ein, die die Grundlage jeder Religion darstellt. Trinken und den Durst stillen sind zunächst Ausdruck einer Bedürfnislogik, aber wer im Stillen des Durstes ein Mehr entdeckt, etwa den Wunsch nach Nähe, Kommunikation oder tiefgreifenden Einsichten, der tritt wie die Samariterin am Jakobsbrunnen in eine andere Logik ein (Joh 4,1–25). Während ein Bedürfnis zumindest zeitweise befriedigt werden kann, setzt sich die geistige Bewegung des Begehrens fort und verlangt nach mehr, nach mehr Erfahrungen und mehr Erkenntnissen. Wer in den Bedürfnissen also ein Mehr entdeckt, tritt ein in eine oftmals unbewusst mitlaufende Dynamik und Sehnsucht nach andere Wirklichkeiten erschließenden Einsichten.

Erst hier, wo der Mensch sich in eine bestimmte Beziehung zu seiner ihn umgebenden Wirklichkeit bringt, ist immer schon eine Sprache zugegen, die in einem unmittelbaren Korrelationsverhältnis zu einer inneren Wirklichkeit steht. Diese in Resonanz zum Begehren stehende Sprache ist nicht auf bestimmte Muster zu reduzieren. Die Sprache fühlt sich dementsprechend auch nicht durch die Vielzahl von Ausdrucksformen bedroht. Im Gegenteil: die Vielzahl stellt für sie eine Bereicherung dar und auch die vermeintlichen Ambivalenzen, denen wir in der postmodernen Kommunikation begegnen, stellen für die genannte Sprach-Logik keine Bedrohung, sondern eine Chance dar.

Sich diesen Ambivalenzen zu stellen, bedeutet nicht nur, den Menschen dort begegnen, wo sie ihre existenziellen Erfahrungen machen, es entspricht auch der christlich-katholischen Tradition, wie wir sie seit der frühen Kirche kennen.[11] Es bedeutet auch, sich dem Fremden, dem Anderen, dem Nicht-Gewohnten zu stellen und sich von seinen Infragestellungen berühren zu lassen. Die Commonsense betonte Sprache bietet auf Anhieb diesen Erfahrungen wenig Raum. Unsere Alltagssprache passt sich unseren Bedürfnissen an. Die religiöse Sprache setzt dort an, wo dem mitlaufenden Anderen in der Zeichenkette alltagssprachlicher Kommunikation Gehör und Achtung geschenkt wird.

Religiöse Sprache muss sich deshalb – wie bereits erwähnt – zunächst aus den Fängen institutioneller Verengungen und Identifikationen befreien. Religiöse Sprache sucht die Authentizität des sich der *condition humaine* bewussten Menschen. Ohne dieses Bewusstsein bleiben wir gefangen – psychoanalytisch gesprochen in der imaginären Ordnung – auf der Ebene unserer trügerischen und verzerrenden Selbstbilder. Religiöse Sprache nimmt sich deshalb in Acht vor jeglichen Versuchen, das Ganze zu benennen. Sie schätzt die Fragilität des Randständigen, des von den Bauleuten verworfenen Steins, der zum Eckstein

---

11 Franz-Josef Overbeck: Wie Kirche kommunizieren muss: Ambivalenz und Gradualität. In: Herder Korrespondenz 70 (2016) 11, S. 33f.

geworden ist (Ps 118, 22). Religiöse Sprache sucht in der Vielfalt postmoderner Erfahrungen und Entwürfe Ansatzpunkte für das unstillbare menschliche Begehren. Wertschätzend nimmt sie Erfahrungen und Deutungen auf und gibt ihnen eine sprachliche Ausdrucksform.

### Die Sprache des Religionsunterrichts

Kommen wir nun zum Religionsunterricht und fragen wir, welche Sprache er spricht? Dabei ist zunächst seine institutionelle Zwitterposition in Erinnerung zu rufen. Der Religionsunterricht ist Ausdruck eben eines konkordatär festgeschriebenen Verhältnisses zwischen Kirche und Staat. Kirche trifft hier auf Staat und umgekehrt. Die Kirche ist weitestgehend für den Inhalt verantwortlich, der Staat für den organisatorischen Rahmen. Als „ordentliches" Unterrichtsfach (Art. 7 Abs. 3 GG) untersteht der Religionsunterricht der Aufsicht des Staates.

In der Regel wird der Religionsunterricht an deutschen Schulen als ein Fach unter vielen verstanden. Seine Akzeptanz ist seitens der Schülerinnen und Schüler, wie empirische Studien belegen, in der Regel gut. Jedenfalls besser als zahlreiche Klischees, mit denen der Religionsunterricht in der öffentlichen Wahrnehmung zu kämpfen hat, es suggerieren. Der Religionsunterricht wird von Lehrerinnen und Lehrern gehalten, die meist auch noch andere Fächer unterrichten, so dass schon durch die Person der Lehrerin und des Lehrers an sich eine gewisse Normalität verkörpert wird. Aufgrund dieser kontextuellen Konstellation spricht der Religionsunterricht die ‚Sprache der Schule'. Im Religionsunterricht soll nicht nur gemeinsam gelernt werden; Kompetenzen sollen geschult werden, die Schülerinnen und Schüler befähigen, im Alltag ausdrucks- und handlungsfähig zu werden in Sachen Religion. Der Religionsunterricht, so scheint es, ist in vielen Schulen ein fester Bestandteil des Unterrichts und wird auch als solcher akzeptiert. Gleichwohl: Es bleiben Zweifel, die bei näherem Hinsehen vor allem um seinen konfessionellen Charakter kreisen. Rudolf Englert hat im Anschluss an eine Langzeitstudie, in der er und sein Forscherteam sich umfangreich mit der konkreten Situation im Religionsunterricht befasst haben, darauf aufmerksam gemacht, dass der Religionsunterricht Schülerinnen und Schüler oftmals kognitiv eher unterfordere und dass Lehrer ihre eigenen Glaubensüberzeugungen eher selten ins Unterrichtsgeschehen einbringen.[12] Bei näherem Hinsehen ist der Religionsunterricht somit entgegen verbreiteter Klischees kein Ort kirchlicher Missionierungsversuche,

---

12  Vgl. Rudolf Englert; Elisabeth Hennecke; Markus Kämmerling: Inneneinsichten des Religionsunterrichts. München 2014.

sondern vor allem ein Ort des Austausches, der, wie die Praxis bezeugt, zum Schulalltag dazugehört.

Seit der Würzburger Synode, die Katechese und Glaubensunterweisung im engeren Sinne in der Gemeinde verortet und dem Religionsunterricht eine dezidiert religionsdidaktische Aufgabe zuweist, wurde eine Trennung markiert, die dem Religionsunterricht als Fach unter Fächern deutliche Konturen verleiht.[13] Die kurze Zeit später entwickelte Korrelationsdidaktik sollte durch ein Zusammenbringen und Aufeinanderbeziehen von Glaubenserfahrungen und Welterfahrungen die Glaubensdimension und die religiös-existenzielle Verwicklung von Erfahrung ins Zentrum des Religionsunterrichts stellen. Einige Jahrzehnte später ist jedoch zu konstatieren, dass dieser Anspruch sich aus den allermeisten Religionsstunden verabschiedet hat.[14]

Die Sprache des Religionsunterrichts ist in weiten Teilen auf Information, Auslegung und Deutung angelegt. Oftmals funktioniert er wie ein Sprachunterricht mit dem Thema Religion. Religiöse Sprache im engeren Sinne findet kaum noch Platz. Geht auf diese Weise nicht Wesentliches verloren oder kann der Religionsunterricht aufgrund der skizierten gesellschaftlichen Rahmenbedingungen nicht anders? Und, was wäre überhaupt eine religiöse Sprache? Und mehr noch: Würde ein bestimmtes religiöses Sprechen im Religionsunterricht diesen nicht in die Nähe katechetischer Bemühungen bringen, von denen er sich doch seit der Würzburger Synode abgrenzen möchte? Somit fragt es sich: Wie viel religiöses Sprechen darf und sollte sein im Religionsunterricht?

## Religionsunterricht als Ort religiöser Sprache?

Unter dem Titel *Jubilieren* hat sich der renommierte französische Soziologe Bruno Latour mit der Bedeutung der religiösen Sprache befasst.[15] In seinem teilweise sehr persönlichen Buch legt er vor dem Hintergrund seines laizistischen Heimatlandes dar, dass das Problem des Verschwindens der religiösen Sprache nicht damit abgetan werden kann, dass einige sagen, sie glauben und andere nicht.[16] Religion ausschließlich als Privatsache zu verstehen, wie es der laizistische Kontext fordert (das unterstreicht auch Latour), wird der

---

13 Vgl. Gottfried Bitter: Art. Glaubensdidaktik. In: Lexikon für Theologie und Kirche. Bd. 4. Freiburg i. Br. 2006, Sp. 707–709; ders.: Art. Religionsdidaktik. In: ebd., Bd. 8. Freiburg i. Br. 2006, Sp. 1045f.
14 Vgl. ebd.
15 Vgl. Bruno Latour: Jubilieren. Über die religiöse Rede. Frankfurt a. M. 2011.
16 Ebd., S. 10.

Problemlage nicht gerecht.[17] Denn in einer Zeit, in der das dominante Kommunikationsmodell vom Idiom der Wissenschaft bestimmt wird, wird nur ein Zugang zur Wirklichkeit, nämlich der wissenschaftlich-technische, der möglichst objektiv auf der Basis seiner eigenen Prämissen und Erklärungsmodelle die Wirklichkeit erschließen möchte[18], ermöglicht. Problematisch erscheint dem Wissenschaftstheoretiker Latour auch, dass es durch den Rückgang der religiösen Sprache zu einer Überlagerung der technisch-wissenschaftlichen Kommunikation kommt. Latour zufolge ist religiöse Sprache zu verstehen wie die Sprache der Liebenden. Hier geht es nicht um die Vermittlung von Informationen, sondern um die subjektive Beziehung des Aussagenden zum Ausgesagten.[19] Da nun die technisch-wissenschaftliche Sprache und der damit verbundene Wirklichkeitszugang die Kommunikation überlagert, droht die religiöse Sprache und über sie hinaus diese Sprachform verloren zu gehen. In der Folge kommt es auch zu Verwechslungen und zu einem unsachgemäßen Gebrauch des wissenschaftlichen Sprachmodus innerhalb des religiösen Bereichs. Für Latour sind es folglich nicht bestimmte Begriffe, an denen die religiöse Kommunikation scheitert, sondern ein bestimmter Sprachmodus, der aufgrund fehlenden Gebrauchs[20] nicht mehr verstanden werde.

Wenngleich in Frankreich Säkularisierungs- und Entkirchlichungsprozesse unter anderem durch ein Fehlen eines staatlich verantworteten Religionsunterrichts deutlichere Spuren hinterlassen haben als in Deutschland, so ist dennoch den Grundzügen der Analyse Latours zuzustimmen. Auch hierzulande greift ein wissenschafts-technisches Idiom um sich und legt die Basis für einen zweckrationalen Denkmodus in der Schule.

Für den Religionsunterricht reicht es nicht aus, sich diesem Sprach- und Denkmodus zu verweigern und ihm einen anderen – vielleicht katechetisch motivierten – entgegenzustellen. Zunächst einmal gilt es in jedem Kommunikationsprozess, sich auf die Sprache des anderen, hier der Schülerinnen und Schüler einerseits und der Schule im Allgemeinen, einzulassen. Und diese Sprache ist nun einmal bestimmt von dem erwähnten Idiom. Dies ist umso wichtiger, als dem Religionsunterricht schlechthin klischeehaft immer wieder

---

17 Er schreibt: „Wenn es genügen würde, sein Lager zu wählen, wäre alles einfach: man würde zur Schlachtreihe aufschließen und seine Kugel abfeuern, tapfer wie nur irgendeiner. Entweder begäbe er sich in den Schoß der heiligen Mutter Kirche, wacker die Ungläubige geißelnd, Gleichgültigkeit und Häresien bekämpfend, oder er schlösse sich der ungeheuren Armee der Kritiker an und zöge gegen die Sünden der Irrationalität, gegen das ‚Wiederauferstehen der Fundamentalismen' vom Leder […]." Ebd., S. 11.
18 Ebd., S. 31.
19 Ebd., S. 43 und S. 220ff.
20 Ebd., S. 17.

unterstellt wird, seine Inhalte seien „von einer anderen Welt" und hätten mit dem realen Leben kaum etwas zu tun. Gerade ein christlicher Religionsunterricht, der die Erfahrungen der Schülerinnen und Schüler ernst nimmt, muss bei dem radikalen In-der-Welt-sein dieser ansetzen, und dazu eignet sich eben jene Sprache, die dies am geeignetsten zum Ausdruck bringt.

Gleichwohl kann und sollte der Religionsunterricht es dabei nicht belassen. Und genau hier liegt das Problem vieler Religionsunterrichte, die sich über Jahre in einem bestimmten Sprachduktus eingerichtet haben. Denn angesichts der skizzierten Herausforderungen kommt es im Religionsunterricht darauf an, mit den Schülerinnen und Schülern die wirklichkeitserschließenden Engführungen mancher klischee- und formelhafter Sprache aufzudecken. Gerade junge Leute, die einen Großteil ihrer Zeit in den schier grenzenlosen Weiten virtueller Räume mit ihren enormen Möglichkeiten verbringen, sind für diese Engführungen leicht zu sensibilisieren. In einem zweiten Schritt bietet es sich an, Schülerinnen und Schüler mit anderen Sprachformen, wie Halbfas es vorschlägt mit Märchen, Mythen, Legenden oder, wie Langenhorst[21] es befürwortet, mit literarischen Texten zu konfrontieren.

Angesichts der verbreiteten „religiösen Sprachlosigkeit"[22] – um mit Halbfas zu sprechen – bedarf es im Religionsunterricht einer entsprechenden Vorarbeit, gleichsam einer Präparierung des Wirklichkeitsterrains, um religiöse Sprache und auch Kommunikation erst zu ermöglichen. Wichtig dabei erscheint es mir – u. a. im Anschluss an Latour – durch das bewusste Absetzen von einer verobjektivierenden Sprachform zu den wirklichkeitserschließenden Möglichkeiten anderer Sprachformen zu gelangen. Auch Märchen erschließen Wirklichkeiten. Ihre Wirklichkeiten jedoch sind nicht in einem wissenschafts-technischen Sprachduktus zu vermitteln. Märchen leben aus einem anderen Wirklichkeitsbezug, der den Leser in das Geschehen unmittelbar mit einbezieht. Ohne ein Heranlassen der erzählten Motive an die Muster der eigenen Lebensgeschichte lassen Märchen sich nicht in der ihnen eigenen Erzählkraft erschließen. Märchen und literarische Texte bedienen sich einer Sprache, die Subjekt und Objekt, die Erzähltes und Hörerinnen und Hörer bzw. Leserinnen und Leser in Beziehung bringen und die die starren Grenzen zwischen beiden letzten Endes vergessen lassen.

---

21  Vgl. Georg Langenhorst: Literarische Texte im Religionsunterricht. Ein Handbuch für die Praxis. Freiburg i. Br. 2011.
22  Vgl. Hubertus Halbfas: Religionsunterricht nach dem Glaubensverlust. Eine Fundamentalkritik. Paderborn 2012.

Es geht weiterhin um einen Sprachmodus, der, wie beispielsweise die Liebe in der Literatur oder der verlorene Schatz im Märchen oder Kampf mit dem Drachen in Legenden – oder wie immer der Kern des zu Erzählenden lautet –, nicht verobjektivierend auszudeuten ist, sondern in immer neuen Versuchen erzählerisch umkreist werden muss und dadurch immer neu Bezüge der Leserin oder des Lesers zu diesem Kern initiiert. In der Philosophie bezeichnet man diesen letzten Endes nicht zu fassenden Kern der Wirklichkeit als das „Ding an sich", das nach immer neuen perspektivischen Zugängen ruft. In der psychoanalytischen Diktion Jacques Lacans ist es das Objekt a[23], das er als die Ursache des Begehrens bezeichnet und das den Kern allen kreativen Schaffens ausmacht. Erzählen heißt, sich in immer neuen Versuchen diesem Kern zu nähern, ohne ihn je auch nur annähernd zu fassen. Wie im Märchen „Tausendundeine Nacht" liegt im Erzählen selbst das Ziel. Denn durch das Sich-Einlassen auf die symbolische Ordnung erfährt der Mensch eine neue Facette einer lebendigen Wirklichkeit und nimmt Kontakt auf mit seinem unbewussten Begehren.

In diesem Sprachduktus und in dieser Ordnung reist die für wissenschaftlich-technische Betrachtungen notwendige Grenze zwischen Subjekt und Objekt ein. Objekte sind plötzlich nicht mehr nur das Außen der Wahrnehmung, das Nicht-Eigene. Die Objektwelt tritt in ein Resonanzverhältnis zum Subjekt. Im Märchen sprechen die Pflanzen und Tiere. Auf diese Weise gerät das Subjekt in eine wirklichkeitsgenerierende Rolle. In postmodernen Zeiten, in denen viele Menschen aufgrund der umfassenden Beschleunigungslogik, die, wie Hartmut Rosa beeindruckend dargestellt hat,[24] ein resonantes Verhältnis zu Welt und Umwelt zerstört, ist das Einüben in diesen Sprachmodus von einer bildungstheoretischen Bedeutung, die weit über den Religionsunterricht hinausgeht. Denn hier, auf der symbolischen Ebene, entsteht ein neues Resonanzverhältnis mit der Objektwelt, das die eigene Positionierung in Frage stellt und Identitätsprozesse in Gang bringt.

## Religiöse Sprache als Sondersprechen

Aufgrund der angedeuteten gesellschaftlichen und schulischen Rahmenbedingungen steht der Religionsunterricht in einem Sprachmodus, der notwendigerweise jedes religiöse Sprechen und damit die meisten religiösen Sprachformen als eine Sondersprache begreifen muss. Fast wie eine Fremdsprache

---

23  Vgl. Art. Objekt a. In: Dylan Evans: Wörterbuch der Lacanschen Psychoanalyse. Wien 2002, S. 205f.
24  Vgl. Harmut Rosa: Resonanz. Eine Soziologie der Weltbeziehung. Berlin 2016.

wirken die biblischen Berichte über Wunder und mythische Erzählungen aus der Väterzeit. Und genau in dieser Fremdheit und Exotik wiederum erkennen einige Bibeldidaktiker den Reiz und Anreiz dieser Texte und Sprachmuster und fordern eine unmittelbare Begegnung und Auseinandersetzung mit dieser Sprache. Dies mag in Einzelfällen und oftmals auf Anhieb funktionieren, langfristig jedoch, wo es darum geht, sich mit den Kerngehalten dieser Sprache auseinanderzusetzen, ist es meines Erachtens höchst zweifelhaft, dass Schülerinnen und Schüler es vermögen, diese Integrationsarbeit zu leisten. Die zu Recht eingeforderte bibeldidaktische Auseinandersetzung mit dem Nicht-Eigenen und Fremden in Texten vermag nur dann zu greifen, wenn die Schülerinnen und Schüler über die notwendigen sprachlichen Ressourcen verfügen. Ist dieser Sensus und dieses grundlegende Verständnis für eine Sprache auf der symbolischen Ebene nicht vorhanden, so bleiben die Texte in ihrer zunächst anziehenden Exotik gefangen.

Andersherum wiederum gilt: Wenn im Sinne der dargelegten Vorarbeit sich eine bestimmte Sprachsensibilität eingestellt hat und eine entsprechende „Weitung" des Wirklichkeitsverständnisses ermöglicht wurde, scheint fortan vieles möglich. Die religiöse Sprache erhält hier ihren ursprünglichen Zeugnischarakter zurück. Sie bezeugt nicht eine nur für Eingeweihte zugängliche Sonderwelt, sondern eröffnet eine Wirklichkeit, an der der Zuhörer gleichsam selber teilhaben kann. Unter diesen – zum Zecke eines besseren Verständnisses zugebenermaßen etwas idealisierten – Prämissen könnten auch Teile aus dem eingangs etwas verschmähten Katechismus in den Religionsunterricht einfließen. Denn nunmehr wird er in seiner Sprachgattung verstanden. Dabei wird von Anfang an klar, dass er nicht mit einem hinterfragbaren Wahrheitsanspruch das Ganze der Wirklichkeit abbildet, sondern dass auch er ein zeit- und kontextabhängiges Instrument einer Glaubensgemeinschaft ist, die sich ihrer zentralen Inhalte vergewissern möchte. Entscheidend wird hier sein, dass es gelingt, den apodiktischen Sprachduktus so aufzubrechen, dass das dahinter liegende Unsagbare, das Geheimnis schlechthin, eine neue Würde bekommt.

Der Religionsunterricht, darauf zielt das Gesagte ab, spricht die Sprache der Schule und damit des jeweiligen gesellschaftlichen Kontextes. Das ist gut und richtig, aber religionspädagogisch ist mehr gefordert: Wenn er zu einer lebendigen und erfahrungsgenährten Auseinandersetzung mit der Religion führen möchte, muss er zu einer Sprach- und Wirklichkeitssensibilität führen, die religiöse Sprache als einen Sprachmodus unter vielen verständlich und erfahrbar macht. In vielen Schulen und Religionsunterrichten wird dieser mit dem Sprachmodus des Ethik- oder Philosophieunterrichts gleichgesetzt. Das ist meines Erachtens ein entscheidender Fehler, denn wie aus dem Gesagten deutlich wurde, benutzen die vorgenannten Unterrichte eine Sprache, in der rational-logische Plausibilisierungen im Zentrum stehen, während im Religionsunterricht zu gegebenen Zeitpunkten eine religiöse Sprache und religiöse Zeugnisse zum Einsatz kommen sollten.

Dass der Umgang mit einer religiösen Sprache nicht den gesamten Unterricht beherrschen soll, ist selbstverständlich. Der Religionsunterricht lebt von unterschiedlichen Sprachformen, die dekonstruiert und mit deren wirklichkeitskreierender Kraft er sich auseinandersetzt. Ohne eine Auseinandersetzung mit der religiösen Sprache entzieht er sich nicht nur seiner Grundlagen, sondern auch seines Wesen. Er wird, wie so vieles in postmodernen Zeiten – um mit dem slowenischen Philosophen Slavoj Žižek zu sprechen – wie Bier ohne Alkohol, Fleisch ohne Fett und Kaffee ohne Koffein.

## Sprechen und Schweigen

Religiöse Sprache entspringt einem anderen Wirklichkeitsverständnis als unsere Alltagssprache. Sie ist auf ihre eigene Weise eine subjektive Sprache. Sie manifestiert sich als eine erfahrungsgenerierende Sprache, die unmittelbar Anteil nehmen lässt an dem, was sie ausspricht. Sie benötigt Leerräume, Momente des Schweigens, um zu sich zu kommen. Schweigen jedoch bedeutet nicht nur Abwesenheit von Sprechen. Sprechen kann leise und laut, ausdrucksvoll und nichtssagend sein. Schweigen kann das auch. Es gibt das laute Schweigen in einer angespannten Situation und das leise Schweigen nach einer betroffen machenden Nachricht. Schweigen kann vielsagend sein, so dass jeder weiß, was angesagt ist. Schweigen kann Ratlosigkeit artikulieren. Feinsinnig merkt Klaus Mertes an, dass es für das Wort „Schweigen" ähnlich wie bei den Eskimos für das Wort Schnee, für das es vierundzwanzig verschiedene Bezeichnungen gibt, auch ähnlich viele Begriffe geben müsste.[25] Religiöse Sprache braucht somit beides: Sprechen und Schweigen. Beide gehören zusammen und bedingen sich gegenseitig. Religiöse Sprache entspringt dem verzweifelten Versuch, das Unsagbare zu sagen. Ein Unsagbares, das nie vollständig ausgedrückt werden kann und das in Staunen und Sprachlosigkeit versetzt.

Religionspädagogik weiß um die Unmöglichkeit dieses Unterfangens. Sie weiß allerdings auch, dass in allen Kulturen dieser Welt Menschen sich auf ihre eigene Weise dem Unfassbaren sprachlich genähert haben und es vor dem Hintergrund ihrer Grunderfahrungen artikuliert haben. Im Religionsunterricht

---

25 Klaus Mertes: Über das Schweigen in der Kirche. Nachdenkliches aus der Perspektive eines Seelsorgers. In: FUGE. Journal für Religion und Moderne 14/15 (2015), S. 115–121.

meint religiöses Sprechen somit kein ekstatisches Sprechen, wie wir es aus der Religionswissenschaft kennen, sondern ein Sprechen, das angesichts des Geheimnisses, von dem es erzählt, um seine eigene Unzulänglichkeit weiß, diese allerdings nicht als genuine Schwäche deutet, sondern darin die Würde des ganz Anderen entdeckt.

### Erzählen und in ein Narrativ einbinden

Wie bereits dargestellt fällt die eingeforderte neue religiöse Sprache nicht vom Himmel und sie lässt sich auch nicht künstlich kreieren. Zudem: Eine religiöse Sprache muss nicht neu erfunden werden, in gewisser Hinsicht liegt sie vor. Als apostolische Glaubensgemeinschaft ruht die Kirche auf dem Zeugnis der Apostel. Zahlreiche Bibeltexte und die Glaubenszeugnisse der Kirche bilden dieses Zeugnis ab und bedienen sich religiöser Sprachspiele, die die Grundlagen des christlichen Glaubens ausmachen. Ohne eigene religiöse Sprechversuche und ohne ein Bewusstsein für die charakteristischen Eigenheiten religiöser Sprache jedoch bleiben zentrale Bibeltexte und Glaubenszeugnisse für heutige Schülerinnen und Schüler undurchdringbar. Sie bleiben Zeugnisse einer vergangenen Welt, die mit der heutigen nicht in Verbindung zu bringen ist. Letzten Endes lässt sich Sprache nur als Lebensvollzug begreifen, wie wir von Ludwig Wittgenstein gelernt haben.[26] Und genau hier liegt das Problem.

Zu Recht versteht sich die Kirche als Erzählgemeinschaft. Als Gemeinschaft konstituiert sie sich um die Geschichte vom gekreuzigten und auferstandenen Jesus von Nazareth. In seiner Nachfolge gibt sie eine Lebenspraxis weiter, die den Menschen ein Heil von Gott her in Aussicht stellt. Als Erzählgemeinschaft erinnert sie anhand der neutestamentlichen Schriften an sein Leben und seine Botschaft vom Reich Gottes. Für viele Zeitgenossen erschließt sich allerdings der Zusammenhang zwischen dem konkreten Tun der Kirche im Namen der Reich-Gottes-Botschaft und ihrer eigenen Erzählpraxis nicht. Der Lebensvollzug, hier die Nachfolge Jesu, und die Sprache stehen nicht in Verbindung – wie Wittgenstein dies moniert hätte. Die religiöse Sprache steht in den Augen vieler Mitmenschen auf sich allein gestellt, wie eine salbungsvolle spezifische Kommunikationsform ohne jeglichen Wirklichkeitsbezug.

Angesichts dieser Problemsituation vermag die religiöse Sprache im Religionsunterricht nicht unmittelbar an katechetisch-kirchliche Sprachmuster anknüpfen. Erzählen ist ein kommunikatives Handeln und bedeutet, sich auf

---

26 Albrecht Grötzinger: Art. Sprache. In: Lexikon der Religionspädagogik. Bd. II. Neukirchen-Vluyn 2001, S. 2028–2031.

die Zuhörer einzulassen, sie mitzunehmen. Erzählen im Rahmen des Religionsunterrichts heißt deshalb, sich behutsam einem Narrativ zu nähern und zwar der Geschichte von dem Mann aus Nazareth, dem Christen eine heilsgeschichtliche Bedeutung zuschreiben. Dies kann nicht in einem einzigen allumfassenden großen Entwurf geschehen. Es gilt, wie bereits erwähnt und wie in den Erzählungen von „Tausendundeine Nacht", in immer wieder neuen sprachlichen Ansätzen von diesem Heil in Jesus,[27] von dem die neutestamentlichen Schriften berichten, zu erzählen. Erzählen meint hier, sich durchaus an den Begriffen der neutestamentlichen Erzählung anzulehnen; der Kern der Erzählung, das Heil, das Menschen damals wie heute in der Nachfolge Jesu zuteilwird, muss neu ausbuchstabiert werden. Nur immer wieder ausgehend von diesem Glutkern der christlichen Botschaft ist eine neue Sprache auf der Basis der alten zu entwickeln. Nehmen wir diese grundsätzliche Frage ernst, was Menschen vor mehr als zweitausend Jahren dazu gebracht hat, diesen dahergekommenen Wanderprediger aus Nazareth als Sohn Gottes zu bezeichnen, dann kommen wir unmittelbar in ein neues Sprachspiel. In immer neuen Zugängen müssen wir uns der Frage nach dem Heil, der Erlösung und der Gnade stellen. Gleichwohl, die genannten Begriffe sind kaum noch verständlich, aber die dahinterstehenden Fragen und Erfahrungen sind so aktuell wie eh und je. In heutige Sprache übersetzt treffen wir auf die Frage nach dem Heil in unseren postmodernen Gesellschaften in multiplen Formen, wenn es um Fragen nach einem guten Leben geht, wenn es um Anerkennung und vor allem um Fragen nach Identität geht.

Die eigentliche Herausforderung besteht in diesem Zusammenhang darin, die eigenen Grunderfahrungen und das damit verbundene Narrativ mit dem christlichen Narrativ in Verbindung zu bringen. Identität braucht Erzählungen; braucht ein Narrativ.[28] Erst im Rahmen eines Narrativs, das sich gleichsam wie ein roter Faden durch das Leben verfolgen lässt, wird Identität sprachlich fassbar. Gerade die Frage nach Identität jedoch stellt Zeitgenossen vor derart große Probleme, dass das fragile und multiple Ich, dem wir in postmodernen Mediengesellschaften huldigen, alle Mühe darauf verwenden muss, sich zu inszenieren und sich in den unterschiedlichen Rollenspielen, in die es notwendigerweise eingespannt ist, nicht zu verlieren. Daraus folgt: jeder Versuch, es mit einem fremden Narrativ in Kontakt zu bringen, erweist sich zunächst als schwierig. Letzten Endes macht es für postmoderne Zeitgenossen nur dann Sinn, wenn es dem Ich dient. Anders ausgedrückt: Glaubensfragen werden in postmodernen Gesellschaften vor allem dort relevant, wo sie in Kontakt treten

---

27  Vgl. Edward Schillebeeckx: Jesus. Die Geschichte von einem Lebenden. Freiburg i. Br. 1976.
28  Vgl. Paul Ricœur: Soi-même comme un autre. Paris 1990.

zu Identitätsfragen. Und dies gilt in besonderem Maße auch für Schule und Unterricht. Eine neue religiöse Sprache kann nur dort entstehen, wo Menschen, wo Schülerinnen und Schüler, sich dem Ganzen ihres Lebens stellen und angesichts einer komplexen und herausfordernden Lebenswelt sich mit dem christlichen Heilsangebot – auch sprachlich – auseinandersetzen.

## Zu guter Letzt

Wenn Religion Privatsache ist, wie eingangs erwähnt, dann wird der Religionsunterricht als allgemeinverbindlicher Ort religiöser Bildung obsolet. Kirchlich verantwortet und staatlich organisiert, gerade diese Zwittersituation ist Fluch und Chance zugleich. Langfristig wird ein staatlich organisierter Religionsunterricht nur erhalten bleiben, wenn es ihm gelingt, seine Bildungsrelevanz im Gesamttableau schulischer Bildung deutlich zu machen. Der staatliche Kontext gibt der christlichen Religion die Chance, jenseits ihrer eigenen institutionellen Mauern einen substanziellen Beitrag zu einer neuen religiösen Sprache zu leisten. Der Religionsunterricht könnte so zu einem „Ort der Theologie"[29] werden, an dem über Gott und die Welt unter neuen kontextuellen Bedingungen sprachsensibel nachgedacht wird. Staatliche Bildung darf vom Religionsunterricht erwarten, dass er durch die Auseinandersetzung zwischen eigenen und fremden Narrativen Selbstdistanz gewinnt und auf diese Weise einen substanziellen Beitrag zur (religiösen) Identitätsbildung leistet. Beides jedoch ist ohne eine lebendige Sprache, die zum Weitererzählen anregt, nicht möglich.

---

29 Ich verweise hier auf das Projekt zu einem Graduiertenkolleg der Universitäten Bochum, Duisburg-Essen und Dortmund unter: http://www.ruhr-uni-bochum.de/roth-grk/index.html.de (abgerufen am: 5.5.17).

# IN DER SCHULE DER LITERATEN: SPRACHFÄHIG WERDEN IN SACHEN RELIGION

Georg Langenhorst

Der Gedanke ist naheliegend: Da die Kirche mit ihren Sprachansätzen immer weniger Menschen erreicht, könnten doch gerade diejenigen zu Sprachlehrerinnen und Sprachlehrern werden, die sich intensiver als alle anderen um eine treffende, passende, zeitgenössisch sensible Sprache bemühen – die Schriftstellerinnen und Schriftsteller![1]

Der nachvollziehbare Gedanke hat jedoch einen Haken: Mit der Analysekategorie ‚Sprachkrise' bleibt man an der Oberfläche. Der Glaube daran, eine nur bessere und gegenwartsnähere *Sprache* könne das Problem der Glaubensvermittlung, der Glaubensermöglichung lösen, hat sich als falsch erwiesen. Die Diagnose greift zu kurz. Sprache und Denken, Sprache und religiöse Vorstellungen, Sprache und Glaube sind viel zu eng ineinander verwoben, als dass man nur eine sprachliche Oberfläche verändern müsste, um einen immer gleich bleibenden Kern zugänglich zu machen.

Wenn die Schriftstellerinnen und Schriftsteller also als Sprachlehrer aufgerufen werden, gilt es zunächst den Erwartungsrahmen angemessen zu justieren. Sie werden uns nicht einfach zu imitierende Schablonen liefern, die Literaten. Sie werden nicht zu Vorbildern, die wir nur nachahmend kopieren könnten. Gleichwohl können sie uns sensibilisieren, können zu einem eigenen sorgsamen Umgang mit Sprache anregen und indirekt Hinweise in die Richtungen geben, in denen eine heute überzeugende religiöse Sprache sich entfalten kann, auch in Religionsunterricht und Gemeindearbeit.[2]

## 1. In der Sprachschule Silja Walters

Gleich *sechs Schritte* im angemessenen Umgang mit Sprache lassen sich von einer außergewöhnlichen religiösen wie literarischen Lehrmeisterin lernen,

---

[1] Vgl. ausführlich: Georg Langenhorst: „Ich gönne mir das Wort Gott". Annäherungen an Gott in der Gegenwartsliteratur. Freiburg i. Br. 2014.

[2] Vgl. dazu aktuell: Georg Langenhorst; Eva Willebrand (Hrsg.): Auf Gottes Spuren. Religiöses Lernen mit literarischen Texten des 21. Jahrhunderts. Ostfildern 2017.

von der Ordensfrau Silja Walter (1919–2011). Sie war eine Ausnahmeerscheinung in der deutschsprachigen Literatur. Ihr Vater, streng katholisch, war ein erfolgreicher Verleger, Urtyp des Firmengründers in der industriellen Aufbruchszeit, ein Patriarch, Nationalrat, Offizier, Vater von neun Kindern. Das jüngste der Geschwister, der einzige Sohn Otto F. Walter (1928–1994), neun Jahre jünger als die Zweitälteste, Silja, wurde Verlagslektor und erfolgreicher Romancier, brach aber völlig mit der Welt, für die der Vater stand: der Welt des Unternehmertums, der Bürgerlichkeit, des Katholizismus. Sie selbst, Silja, trat nach akademischer Ausbildung im Alter von 29 Jahren zur allgemeinen Überraschung in das kontemplative Benediktinerinnenkloster Fahr bei Zürich ein, wo sie bis zu ihrem Tod in strenger Klausur lebte.

Man hatte der außergewöhnlichen, jungen Frau eine glänzende weltliche Karriere, einen Lebenslauf mit Strahlkraft in die Gesellschaft prophezeit. Sie wollte es anders. Als Ordensfrau Schwester Maria Hedwig verfasste sie weithin beachtete Lyrik, Oratorientexte und religiöse Spiele oder Erzählungen, um den Sinn klösterlich-kontemplativen Lebens in der heutigen Zeit zu verdeutlichen.

Für unsere Fragestellung zentral: Im Jahr 1982 führte Silja Walter ein Aufsehen erregendes *Radio-Gespräch* mit ihrem Bruder, aufgezeichnet bei ihr, im Kloster, ein Jahr später veröffentlicht unter dem Titel „Eine Insel finden". Was für eine Konstellation: Hier sie, die in Klausur lebende 63-jährige Ordensfrau; dort er, der jüngere Bruder, der Religion weitgehend entfremdet, sozialistisch-politisch engagiert, vom Leben desillusioniert, aber weiterhin kämpferisch aktiv im Einsatz für eine bessere Welt. Zwanzig Jahre lang hatten sie einander nicht gesehen. Zwei Welten, zwei unterschiedliche Lebenserfahrungen prallen aufeinander, verbunden durch die erinnerte geschwisterliche Sympathie und die gemeinsame Kindheitserfahrung, die beide jedoch völlig anders erlebt und in Erinnerung behalten haben. Die Themen des Gespräches ergeben sich wie von selbst: das Elternhaus, die so eigenständig verlaufenden Lebenslinien, der Sinn des Schreibens, die unterschiedlichen Auffassungen über Religion, über das Christentum, über die konkret erfahrene Welt des Katholizismus.

Im Kern des Gespräches aber geht es um die ‚Gottesfrage': Silja Walter will dem Bruder ihre Welt, ihren Glauben, ihren Weg ins Kloster, ihr Leben dort, ihr Schreiben auf der Grenze zwischen Sagbarem und Unsagbarem verständlich machen. Doch wie erklärt man religiöse Überzeugungen? Welche Sprache ist dafür geeignet? Es fallen Worte ehrlichen Ringens und Suchens. Silja Walter gesteht ganz offen:

„Ich kann das Absolute nicht beschreiben. Und trotzdem. Trotzdem bemühe ich mich immer wieder, einen Ausdruck dafür zu finden. Nicht Begriffe, nein, vor allem nicht alte Begriffe. Lieber nicht von Gott reden, als in der alten, verdreschten, verbrauchten Sprache. Ich bemühe mich vielmehr um das Finden von neuen Bildern, Symbolen. [...] Aber da bleibt trotzdem eine Unzulänglichkeit. Und unter dieser Unzulänglichkeit, über Gott reden zu können, leide ich."[3]

## 2. Sechs Lernschritte religiöser Sprache

In diesen wenigen, aber dichten Aussagen finden sich tiefe Einsichten in die Grundbedingungen von religiöser und darin auch theologischer Sprache, ausgespannt in eine ständige Pendelbewegung zwischen einem optimistischen Betonen der Chancen und Möglichkeiten auf der einen, der Grenzen und Hürden auf der anderen Seite. Folgen wir Silja Walters Sprachschule in sechs Schritten:

1. „Ich kann das Absolute nicht beschreiben." – Ausgangspunkt eines jeglichen Nachdenkens über den Versuch, den eigenen Gottesglauben in Sprache zu gießen, ist das Eingeständnis und Bewusstsein: Rational zutreffend, philosophisch stimmig, sachlogisch zwingend überzeugend von Gott zu reden ist für Menschen unmöglich. Schon in der Bibel, erst Recht in der Theologie, auch in der Dichtung entzieht sich Gott einem jeglichen definitions- und analysebesessenen Zugriff. Was aber folgt aus dieser Einsicht? Gewiss kann man aus guten Gründen mit dem Philosoph Ludwig Wittgenstein zu dem Ergebnis kommen: „Wovon man nicht sprechen kann, darüber muss man schweigen!"[4] – das ist menschlich verständlich und für einen Philosophen eine redliche Option. Und viele Zeitgenossen folgen bewusst oder instinktiv dieser Option. Für religiöse Menschen, geschweige denn für Theologen und Religionspädagoginnen ist diese Denkspur keine Alternative. Unser Weg führt uns weiter im Gefolge der Sprachschule Silja Walters.

2. „Trotzdem bemühe ich mich immer wieder, einen Ausdruck dafür zu finden." – Religiöse Menschen können gar nicht anders, als trotzig gegen diese Unfähigkeit anzudenken und zu sprechen. Von Gott zu reden ist für Gläubige nicht nur ein Herzensanliegen, sondern gemäß 1 Petr 3,15 eine Pflicht:

---

3   Aus: Silja Walter: Eine Insel finden, in: Dies., Gesamtausgabe, Band 6, © Paulusverlag Einsiedeln/Schweiz 2001, S. 177–214. Hier zitiert nach: Silja Walter: Die Fähre legt sich hin am Strand. Ein Lesebuch. Hrsg. von Klara Obermüller. Zürich, Hamburg 1999, S. 150f.

4   Ludwig Wittgenstein: Logisch-philosophische Abhandlungen – Tractatus logico-philosophicus [1922]. Frankfurt a. M. 2001, S. 178.

„Seid stets bereit, jedem Rede und Antwort zu stehen, der von euch Rechenschaft fordert über die Hoffnung, die euch erfüllt." Völlig zurecht wird dieser Vers wieder und wieder zitiert. Von der hier eingeforderten Haltung aus begründet sich die Notwendigkeit nachvollziehbarer religiöser Sprache. Aber wie kann dieses Bemühen konkret aussehen?

3. „Nicht Begriffe, nein, vor allem nicht alte Begriffe. Lieber nicht von Gott reden, als in der alten, verdreschten, verbrauchten Sprache." – Silja Walter ist sich sicher: Die alten oder neuen Katechismus-Sprüche helfen nicht weiter. Die morschen Vokabeln theologischer Binnenverständigung haben ihre kommunikative Funktion weitgehend verloren. Alle Umfragen bestätigen nachdrücklich: Gerade die ererbten Klärungsversuche der Dogmatik sind Denkhilfen, die spätestens für viele Zeitgenossen des 21. Jahrhunderts ihre Plausibilität verloren haben. „Verdrescht" ist diese Sprache, ein sprechendes Bild aus dem Lebensfeld der Getreideernte: Da bleiben nur die spelzigen Hülsen übrig, das Korn selbst, die Frucht, der lebensspendende Inhalt ist verloren gegangen. Von (Sprach-)Hülsen aber kann niemand leben. Und jeglicher Versuch, die alten Hüllen erneut und künstlich mit den daraus gefallenen Früchten nachträglich wieder zu verbinden, ist unmöglich und völlig sinnlos. Es gibt kein Zurück. Da hilft nur eins:

4. „Ich bemühe mich vielmehr um das Finden von neuen Bildern, Symbolen." – Eine „neue" Sprache für das Geheimnis Gottes zu finden ist und bleibt nicht nur jeder Generation und Kultur aufgegeben, sondern jedem einzelnen Menschen. Nicht nur den Sprachkünstlern. Hier sind in besonderer Weise jene Menschen gefordert, die an den konkreten Lebensorten religiöser Praxis arbeiten: in Kindergärten, Schulen, Gemeinden, in der Erwachsenenbildung, an den Universitäten. Eine große Aufgabe. Sie macht das religionspädagogische Arbeiten fernab der Argusaugen orthodoxer Glaubenskontrollinstanzen immer wieder reizvoll, herausfordernd und produktiv. – Wie schön wäre es, wenn wir mit Silja Walter bei einem so optimistischen Ausblick stehen bleiben könnten. Aber das Pendel ihrer religiösen Sprachlehre schwingt noch einmal in die Gegenrichtung.

5. „Aber da bleibt trotzdem eine Unzulänglichkeit. Und unter dieser Unzulänglichkeit, über Gott reden zu können, leide ich." – Silja Walter nimmt uns mit hinein in den schmerzhaften Erkenntnisprozess um das bleibende Wissen um die Unzulänglichkeit des religiösen Denkens und Sprechens. Dieses Leiden unter den Grenzen des Recht-Redens von Gott – schlimm, wenn gerade Theologinnen und Religionspädagogen, Religionslehrerinnen und Seelsorger dieses Gefühl nicht kennen oder nicht zulassen! Das Arbei-

ten an religiöser Sprache ist beides zugleich: reizvoll und frustrierend, produktiv und scheiternd. Diese Ambivalenz bleibt. Sie beendet das ausgedeutete Zitat aus dem Gespräch zwischen Bruder und Schwester. Aber damit ist der letzte Schritt gerade noch nicht begangen. Folgen wir Silja Walter auf die für sie abschließende Stufe.

6. Wir haben es gesehen: In dem skizzierten Gespräch bleiben die noch so redlichen Bemühungen vergebens. Der Bruder, der Vertraute, der, dem sie sich selbst und ihren Gottesglauben verständlich machen will, versteht die Schwester nicht: „Ich sehe ihn nicht, ich sehe diesen Gott nicht"[5]. Ein letzter und entscheidender Schritt in der theologischen Sprachschule im Gefolge Silja Walters steht jedoch noch aus. „Wovon man nicht sprechen kann, darüber muss man schweigen"? Silja Walter setzt diesem Diktum unbewusst eines entgegen, das ich – in meinen Worten – so benennen möchte: „Wovon man nicht sprechen kann, darüber muss man dichten"!

Das also ist die letzte Stufe der Sprachschule nach Silja Walter, die keine der fünf zuvor gegangenen hinter sich lässt, sondern voraussetzt: Was im mündlichen Austausch, im konkreten Dialog scheiterte, versucht sie im Gedicht. Als Reaktion auf das für sie unbefriedigende Gespräch setzt sich Silja Walter hin und schreibt ihren gelungensten, sprachmächtigsten, tiefsten Gedichtband: *Feuertaube* (1985), Untertitel *Für meinen Bruder*. Die Sprache der – in diesem Fall mystischen – Dichtung bietet einen eigenen Zugang zu letzten Wahrheiten. Allgemeiner formuliert: Wenn es eine Sprachform gibt, die den *Grundregeln der analogen Gottesrede* entspricht, dann die der Poesie.

Die Kirche selbst hat nämlich schon früh erkannt und (an der Grenze der Definitionsmöglichkeit) definiert, wie sie ihr eigenes Reden von Gott versteht. Sie hat dazu einen Lehrsatz entwickelt, der zu dem mystischen Sprachmittel des Paradoxons greift. Denn das ist schon paradox: Ein Lehrsatz definiert, dass etwas nicht zu definieren ist! So hat das vierte Laterankonzil im Jahr 1215 die Lehre von der *analogen Erkenntnis* formuliert: „Zwischen dem Schöpfer und dem Geschöpf kann man keine so große Ähnlichkeit feststellen, dass zwischen ihnen keine noch größere Unähnlichkeit festzustellen wäre."[6] Das heißt aber doch: Was immer unser (geschöpflicher) Verstand ausdenken mag über Gott (den Schöpfer); was immer unsere menschliche Sprache benennen mag im Blick auf ‚Gott': Es ist immer mehr falsch als wahr! Stets ist die Unähnlichkeit, das Unpassende größer als das Ähnliche, Passende. Entscheidend: Diese

---

5 Silja Walter: Die Fähre legt sich hin am Strand (wie Anm. 3), S. 161.
6 Kompendium der Glaubensbekenntnisse und kirchlichen Lehrmeinungen. Hrsg. von Heinrich Denzinger; Peter Hünermann. Freiburg i. Br. [43]2010, S. 337.

Vorgabe begründet gerade nicht eine negative Theologie, die von Gott nur in der Negation redet. Im Gegenteil: Nur so können wir ‚Gott denken'! Nur so können wir von Gott reden! Entscheidend: So *dürfen* wir von Gott denken und reden, denn eine andere Denkart und Sprache ist uns nun einmal nicht gegeben! Die Lehre von der Analogie ist also eine tatkräftige *Ermunterung zur eigenen Sprachsuche* geradewegs auf der Linie der Poetologie Silja Walters.

Im Blick auf die Bibel und auf die Formen literarischer Rede ergänzen wir eine zweite Linie: „Wovon man nicht sprechen kann, davon muss man erzählen"! Als Textgattung, in der „die Deutung aus dem Glauben unmittelbar einfließen" kann, in der es gelingt „das erzählte Geschehen in seiner Tiefe zu erfassen", bietet sich gerade die Erzählung als „sachgerechte Textgattung"[7] an, um letzte Glaubenswahrheiten wie etwa den Auferweckungsglauben in Sprache zu bringen, so der Neutestamentler Gerhard Lohfink.

Zwei Traditionsströme fließen also ineinander: Poesie *und* Narration sind die angemessenen, die eigentlichen Sprachformen religiöser und diese Religion reflektierender theologischen Rede. Die ureigene Rationalität des Glaubens ist *in ihnen* beheimatet, nicht in den späteren Sekundärformen von philosophisch-analytischer Zähmung, Strukturierung und Abstraktion. Kaum zufällig: Poesie und Narration sind auch die beiden Urgattungen der Bibel. Schon in der jüdischen wie christlichen Urschrift selbst findet sich die Einsicht, dass man so von Gott sprechen kann. Vielleicht nicht ausschließlich, aber vorrangig. Ihrer bedienen sich nicht nur die biblischen Autoren, sondern auch die Mystiker und Dichterinnen bis in unsere Tage. Für religiöse Lernprozesse bedeutet dies jedoch: In erster Linie gilt es, die Logik von religiöser Poesie und Narration zu verstehen, um sich nicht an ‚Gott' zu vergreifen. In ihre Logik einzuführen – in Praxis wie reflektierende Distanz – ist eine der Hauptaufgaben religiöser Bildung.

## 3. Religiöse Bildung als Schulung des Möglichkeitssinns

Diese Einsicht setzt einen klaren Fingerzeig in die Gegenwart. Worin liegt eine grundlegende religionspädagogische Aufgabe von Gegenwart und Zukunft? In der Konzentration auf Dogmen und Lehre, auf in Katechismen geronnene Sprachsetzungen der Tradition? Schon in der Bibel selbst setzen Versuche ein, rationale Verstandesdiskurse an die Stelle von Poesie und Erzählung zu setzen. Und gewiss: Es braucht(e) auch diese Form der Gottesrede. Wenn man sich denn bewusst bleibt, dass es *Sekundär*formen sind. Und wenn man das Gespür

---

[7] Gerhard Lohfink: Der letzte Tag Jesu. Was bei der Passion wirklich geschah. Stuttgart 2009, S. 90.

dafür behält, dass die Primärformen in anderen Gattungen zuhause sind. Diese verlangen jedoch nach einer eigenen Art, einem eigenen Ort der Wahrnehmung und Ausgestaltung. Wenn es ein ‚Organ' der menschlichen Sensibilität für die von Erzählung und Poesie angesprochenen Dimensionen gibt, dann ist dies der sogenannte „Möglichkeitssinn".

„Möglichkeitssinn" – dieser Begriff geht zurück auf den österreichischen Schriftsteller Robert Musil (1880–1942). Selbstverständlich, so Musil am Anfang seines 2000 Seiten starken Romans *Der Mann ohne Eigenschaften*, benötigen wir Menschen einen „Wirklichkeitssinn", also das Gespür für Fakten, Tatsachen, Empirie. Gewiss, es braucht alle Stimulierungen, Anregungen, Förderungen und Schärfungen der Fähigkeiten zu sauberer empirischer Erfassung und Forschung, stimmiger Deutung der erhobenen Wahrnehmungen, rationalem analytischen Diskurs, tatkräftiger praktischer Umsetzung der Erkenntnisse, auch im Blick auf Religion, auch hinsichtlich der Gottesfrage. Auch der Glaube an Gott lässt sich in vielerlei Hinsicht mit dem Wirklichkeitssinn erschließen: im Blick auf die historische Entfaltung des Monotheismus in der Geschichte des Volkes Israel, im Nachspüren des Lebens Jesu, in der Erforschung der Kirchengeschichte, in objektiven Methoden der Archäologie, der Textwissenschaften und der empirischen Sozialforschung.

Das aber ist für Musil, genauso wie für unsere Argumentation, letztlich zweitrangig. Dieser erste zu fördernde „Sinn" ist nur Grundlage für das, was das Besondere von Literatur, aber analog betrachtet eben auch das Besondere von Religion ausmacht. Genau hier prägt Musil den hilfreichen Begriff des „Möglichkeitssinns". Damit bezeichnet er die zentrale Fähigkeit, „alles, was ebenso gut sein könnte" wie das Bestehende, „zu denken, und das, was ist, nicht wichtiger zu nehmen als das, was nicht ist". Das so benannte, fiktiv erahnte Mögliche könne man – so Musil weiter in erstaunlich religiös gestalteter Begrifflichkeit – sogar „die noch nicht erwachten Absichten Gottes" nennen, denn es habe „etwas sehr Göttliches in sich, ein Feuer, einen Flug, einen Bauwillen und bewussten Utopismus, der die Wirklichkeit nicht scheut, wohl aber als Aufgabe und Erfindung behandelt"[8]. Gerade die Kraft von Visionen dessen, was sein *könnte*, zeichnet also den Möglichkeitssinn aus.

Das kann man rein innerweltlich verstehen: Nur von einem aktiv entfalteten Möglichkeitssinn aus wächst die Fähigkeit zu Kritik, Veränderung, Verbesserung der Lebensumstände. Deshalb wird dieser Sinn in vielerlei Dimensionen von Erziehung und Bildung angeregt und gefördert: im Bereich des Staunens,

---

8  Robert Musil: Der Mann ohne Eigenschaften. Roman [1930–1943]. Hrsg. von Adolf Frisé. Reinbek 2001, S. 16.

der sensiblen Wahrnehmung, der künstlerischen Entfaltung auf allen Ebenen, des Lesens und Erzählens etc. Religiöses Lernen befindet sich hier in guter Gesellschaft. Im religiösen Sinn geht der Möglichkeitssinn jedoch noch einen weiteren Schritt: Nur Menschen mit sensibilisiertem und offen ausgreifendem ‚innerweltlichem' Möglichkeitssinn werden an die alles durchwirkende und begründende ‚Existenz' Gottes glauben können. Der Gottesglaube, aber auch die sich darauf berufende oder daraus ableitende religiöse Rede ist ganz und gar an diesen Modus gebunden.

Von Gott reden, von Auferweckung sprechen, auf ein ‚ewiges Leben' hoffen – all das erfolgt im Gefolge biblischer Sprache primär im Modus dieses Möglichkeitssinns. Von diesem sprachlich angeregten ‚Sinn' aus entfaltet der Glaube – und eben auch die sich reflexiv auf ihn beziehende Theologie – seine Kraft, seine Wärmestrahlung, seine lebensverändernde Bedeutung. Deutlich wird auch: Es geht nicht darum, die beiden Sinne gegeneinander auszuspielen. ‚Wirklichkeitssinn' und ‚Möglichkeitssinn' bedingen einander. Theologie und Religionspädagogik brauchen sowohl eine ‚logische' als auch eine ‚poetische' Rationalität[9], keine Frage. Fraglich ist jedoch sehr wohl die Schwerpunktsetzung: Poesie und Narration bleiben die ersten vorrangigen Sprachformen.

Zum zukunftsorientierten ‚Diskursort' religiöser Sprachsuche wird so in neuem Maße der Bereich der Dichtung, vor allem der Lyrik. Ihr widmet sich der Beitrag von Sonja Schüller in diesem Band. Der Fokus dieses Beitrags konzentriert sich deshalb auf den Bereich der Erzählung. Die Kulturwissenschaften sprechen seit geraumer Zeit grundsätzlich von einem *religious turn*, einer Hinwendung zur Religion in der Gegenwartskultur, die sich vor allem im Bereich der Literatur niederschlägt. Wir konzentrieren uns auf ein herausragendes Beispiel, das Werk des inzwischen auch kirchlich mehrfach preisgekrönten Erzählers Ralf Rothmann (*1953). Was lässt sich bei ihm über den Umgang mit (religiöser) Sprache lernen? Welche konkreten Perspektiven ergeben sich daraus für konkrete Lernprozesse?

## 4. Ralf Rothmanns Jesus-Erzählung: *Von Mond zu Mond*

Blicken wir hinein in eine der von Rothmann entworfenen Szenen aus seinem Roman *Feuer brennt nicht*: „Sollte der Freund auf seine alten Tage religi-

---

9 Vgl. Georg Langenhorst: ‚Poetische Rationalität' des Glaubens? Religionspädagogik angesichts der „Unzulänglichkeit, über Gott reden zu können". In: Religionspädagogische Beiträge 76 (2017), S. 28–36.

ös geworden sein?"[10] Süffisant fordert Richard Sander, etablierter Dichter und Maler, seinen Gesprächspartner heraus. Für diesen, den knapp 50-jährigen Wolf, inzwischen ebenfalls als Schriftsteller etabliert, gilt Sander als der große Förderer, eine Vaterfigur, ein Türenöffner hinein in den literarischen Betrieb. Religion ist Sander, dem Älteren, verdächtig, überholt, ein Zeichen von intellektueller Schwäche. Andererseits geht es unterschwellig um einen Rangstreit zwischen künstlerischem Vater und Ziehsohn. Was und wie der Jüngere schreiben darf oder nicht, das will der Mentor und Förderer immer noch selbst maßgeblich bestimmen oder zumindest bewerten dürfen. Religion wird zum stellvertretenden Konfliktfeld. Sander bohrt weiter. Irgendwo, ob nun „in einer überregionalen" Zeitung oder „in einem Allgäuer Käsblatt" (ebd.), habe „irgendein Naseweiser" geschrieben, „dass neuerdings so etwas wie eine spirituelle Unterströmung in deinen Arbeiten auszumachen sei und man hier und da Bezüge zur Bibel herstellen könne" (ebd.).

**4.1 „am Ende ist man religiöser, als man ahnt"**

Die Provokation ist gesetzt: In einem früheren Gespräch hatte Sander schon einmal seine Meinung überdeutlich formuliert: „Religiös, wenn ich so einen Scheiß schon höre! Als ob du nicht wüsstest, was Religionen angerichtet haben in der Welt! Dieser ganze Psycho-Nebel..." (ebd. 175). Wolf, müde, wenig streitlustig, hatte dem entgegengehalten: „du hast schon recht, am Ende ist man religiöser, als man ahnt" (ebd. 173). Die Folge: ein empörter Ausbruch des Älteren: „Sei wie ich!" (ebd.), hatte er dem Ziehsohn vorgegeben, und nun das! „Du bist ein bisschen doof, oder?" (ebd. 174) hatte er ihm entgegen geschleudert.

Hier ein über Siebzigjähriger, der die Religion für überwunden hält, der mit Religion abgerechnet, der Glaube als Illusion, Vertröstung und Opiat durchschaut hat; dort sein ehemaliger Schützling, zwanzig Jahre jünger, einer anderen Generation zugehörig, der diese endgültigen Urteile und Verabschiedungen nicht mitmacht. Wolf, getragen von der „Einsicht, dass die Welt endgültig verloren wäre ohne den Glauben an das Wunderbare" (ebd. 250), biegt die Provokation ab, ohne sich festzulegen. Eine „spirituelle Unterströmung" in seinem Werk? „Bezüge zur Bibel"?

Richard Sander bleibt verwirrt zurück. Er wird seine versuchte Manipulation mit dem Tod bezahlen, so zumindest will es der Autor dieser Szenen, Ralf

---

10 Ralf Rothmann: Feuer brennt nicht. Roman. Frankfurt a. M. 2009, S. 249. Die folgenden Zitate im Text nach dieser Ausgabe.

Rothmann in seinem 2009 erschienenen Roman *Feuer brennt nicht*. Religion und die Frage nach Religiosität als Teil von Literatur aber wird hier direkt thematisiert.

Der geschilderte Disput über Religion, selbstverständlich eine fiktional entworfene Szene, mag angesichts dieser vom Autor selbst gegebenen Hinweise zumindest auch davon zeugen, dass Rothmann selbst überrascht ist. Und das gleich dreifach: Überrascht darüber, dass sein Werk mit zunehmendem Lebensalter tatsächlich immer häufiger religiöse Themen, religiöse Dimensionen, religiöse Sprachmuster aufnimmt. Überrascht dann aber auch darüber, dass sein Werk nicht nur Aufmerksamkeit bei einer auch kirchlich gebundenen Leserschaft findet, sondern sogar kirchliche Preise erhalten sollte. Wer hätte schon zu Anfang der literarischen Karriere von Ralf Rothmann gedacht, dass er etwa im Jahre 2003 mit dem „evangelischen Literaturpreis" ausgezeichnet werden sollte, explizit verliehen laut Ausschreibungstext nur für „Bücher, für die Christen sich einsetzen können"? Und 2014 folgte der „Kunst- und Kulturpreis der deutschen Katholiken".

Diese Preise wurden ihm freilich nicht grundlos verliehen. Ralf Rothmann ist einer jener herausragenden Gegenwartsautoren, in dessen Werk religiösen Spiegelungen eine besondere Rolle zukommt[11]. 1953 in Schleswig geboren, verbrachte Rothmann die ihn prägende Jugend in Oberhausen. Der Vater war im Bergbau tätig. Rothmann selbst schloss nach der Volksschule eine Maurerlehre ab, versuchte sich danach in mehreren Berufen, etwa als Koch, Krankenpfleger oder Drucker. Seit 1976 lebt er eher zurückgezogen als freier Schriftsteller in Berlin, bleibt dem Trubel des Literaturbetriebs möglichst fern. Bekannt wurde Rothmann zunächst vor allem als Erzähler, der eben dieses Aufwachsen im kleinbürgerlichen oder proletarischen Milieu des Ruhrgebiets der 1960er und 1970er Jahre schildert. Präsentiert werden seine Romane fast durchgängig von einer distanzierten Außenperspektive, von jemandem, der alles konkret miterlebt, ohne doch je tatsächlich ganz dazuzugehören.

Seit der Publikation des Gedichtbandes *Gebet in Ruinen* (2000) kommt dem Nachspüren einer religiösen Tiefendimension jedoch eine neue Bedeutung in seinem Werk zu. Das Religiöse wird bei Rothmann dabei nicht nur zum Themenfeld, sondern geradezu zu einem literarischen Stilprinzip. Gott, so der Literaturkritiker Hubert Winkels über Rothmanns Werk, „leuchtet fortan in den sozialen Beziehungen und in der objektiven Dingwelt selbst". Gott sei hier litera-

---

11 Vgl. Georg Langenhorst: „Am Ende ist man religiöser, als man ahnt". Religion und Konfession im Werk Ralf Rothmanns. In: Jürgen Egyptien (Hrsg.): Literatur in der Moderne. Jahrbuch der Walter-Hasenclever-Gesellschaft. Bd. 7 (2010/11), Göttingen 2011, S. 27–52.

risch aus der „vage attraktiven Ferne" ins „Allernächste geraten", ja er „ist geradezu der Name für die stille Aufmerksamkeitsbeziehung zum Unscheinbaren"[12].

## 4.2 Wunder? Die Auferweckung der Tochter des Jairus

Rothmanns sprachlicher Umgang mit Religion lässt sich an einer Erzählung verdeutlichen, die den üblichen Rahmen seines Prosawerkes sprengt. In der Erzählsammlung *Ein Winter unter Hirschen* (2001) findet sich die Geschichte *Von Mond zu Mond*, die als einzige den autobiographischen und zeitgenössischen Kontext des Autors verlässt. Entsprechend irritiert reagierte ein Teil der Literaturkritik, umso mehr, als dass uns diese Erzählung direkt in die Zeit Jesu führt. Ausgerechnet eine Wundererzählung nimmt er sich vor, genauer gesagt die fiktionale Neuschreibung einer der schwierigsten Wundererzählungen des Neuen Testaments überhaupt: die *Auferweckung der Tochter des Jairus* (Mk 5,21–43).

Dass *Von Mond zu Mond* eine Jesus-Geschichte ist, ahnt man als Lesender erst allmählich. Rothmann folgt dem Zugang, das Jesus-Geschehen über einen erfundenen Zeitzeugen zu erschließen. Erzählt wird die Geschichte des Hirten Enosch, der im Auftrag des mächtigen Gemeindevorstehers Jairus seinen Esel mit einer Ladung Käse von den Weidegründen zum Gutshof führt. Seine Sorge gilt einem kleinen Hund, der von einer Schlange gebissen wurde. Rothmann schreibt so, dass man vor allem den Sinneseindrücken des Hirten folgt. „Er sah schlecht in letzter Zeit, besonders nachts, aber er hatte Ohren wie ein alter Fuchs und kannte die Schattierungen der Stille."[13] So wird der Weg durch die Nacht vor allem zu einem sinnlichen Erlebnis: das Knacken der Zweige, die Rufe der Vögel, der Klang der Stille, all das wird konkret nachvollziehbar.

In diese Situation hinein werden erste indirekte Hinweise darauf eingestreut, dass wir es mit einer Jesus-Erzählung zu tun haben, die stets aus der Perspektive des Hirten erzählt wird. Über Jairus – der Name lässt bibelkundige Lesende bereits aufhorchen – wird gesagt, dass er ein „Mädchen, zwölf Jahre" habe, das schwer krank sei, und „es wird ihm doch nicht wieder gesund. Da hilft kein Gott, kein gefiederter Geist" (89). Enosch, lebenserfahren und weise, glaubt nicht an Wunder. Dass man gerade etwa von einem „Besessenen aus den Grabhöhlen" erzähle, von „seinem bösen Geist, und wie der in die Schweine gefahren sei" (89), stimmt ihn eher skeptisch. Derlei hat er schon oft gehört:

---

12 Hubert Winkels (Hrsg.): Ralf Rothmann trifft Wilhelm Raabe. Der Wilhelm Raabe-Literaturpreis und die Folgen. Göttingen 2005, S. 8f.
13 Ralf Rothmann: Von Mond zu Mond. Erzählungen. Frankfurt a. M. 2009, S. 90. Die folgenden Zitate im Text nach dieser Ausgabe.

„Und dann ist es wieder der böse Geist gewesen, den irgendein Prophet in die Säue getrieben hat." (90) „Irgendein Prophet" – so wird erstmals auf Jesus angespielt. Dass man dem nicht trauen dürfe, dass das nichts Besonderes sein könne, wird vorausgesetzt.

Bei Tagesanbruch im Dorf angekommen findet er alle Bewohner in Aufruhr vor. Alle drängen zum Dorfplatz: Geschrei, Lärm, der harte Klang von Knochenflöten! Enosch belauscht zwei Feldarbeiter: „Was für ein fauler Zauber!" meint der eine. „Berührt sein Gewand und ist geheilt." Und der andere „Blutfluss! Von wegen!" (96 f.) Bibelkundige werden den Zusammenhang erahnen, stellt doch Markus in seinem Evangelium das Wunder von der Auferweckung der Tochter des Jairus in einen direkten Textzusammenhang mit der Heilung der blutflüssigen Frau. Rothmann rechnet offenbar mit Lesenden, die diese Zusammenhänge kennen oder herstellen können.

Enosch erfährt, dass die zwölfjährige Tochter des Ortsvorstehers gestorben ist. Auf der Suche nach seinem Auftraggeber gelangt er genau in dem Moment in dessen Wohnraum, in dem Jesus sich über das Kind beugt, das auf einem Lager, einer „Tür auf Böcken" liegt, „noch blasser als sonst" (99). Das Mädchen erhebt sich. Der Mann aber – an seiner Sprache erkannt als ein „Nazarener", einer mit „dem knochigen Gesicht", „Mitte der Dreißig" (100), stets namenlos bleibend – blickte „sie an, ohne auch nur ein Lid zu rühren. Als könnte ein Wimpernschlag etwas zerreißen." (100)

Um das Wunder zu bezeugen, endet die Erzählung im Markusevangelium mit der Aufforderung Jesu, „man solle dem Mädchen etwas zu essen geben" (Mk 5,43). So auch hier, denn Rothmann kennt die biblische Wundererzählung sehr genau und setzt sie konkret Punkt für Punkt um. Hier freilich zeigt er auf Enosch, der mit seinem Käse die Szenerie betritt. Er wird derjenige, der dem Mädchen die erste Speise nach der Aufweckung reichen wird. „Ein Wunder" (101), murmeln die Menschen, bevor ein ungezügeltes Freudenfest ausbricht. Von dem biblisch berichteten „Entsetzen" (Mk 5,42) ist hier nicht die Rede. Enosch jedoch bleibt der Skeptiker, der er war: „Ein Wunder! Natürlich hatte sie geschlafen, tief, vielleicht sogar der Ohnmacht nahe, und dieser Fremde hatte sie geweckt!" (102) *Geweckt*, nicht erweckt! Enosch ist es recht, so oder so. So wie „der Nazarener" aus dem Trubel entweicht, so zieht auch der Hirte weiter – satt, reich belohnt für seine Arbeit, innerlich unberührt. Der Gang der Welt hat sich nicht geändert. Der kleine Hund, sein Augapfel, ist gestorben – keine Wunderheilung hier. Er wirft ihn „den Schweinen in den Trog" (103).

Während Rothmann mehrere Strukturmomente der biblischen Wundererzählung aufgreift, dramatisiert, psychologisiert und im Rahmen des vorgegebenen

Erzählschemas auffüllt (drei gängige Verfahren literarischer Bibelrezeption), weicht er an einer Stelle signifikant von der Vorlage ab. „Talita kum" (Mk 5,41), so werden im Neuen Testament die Worte wiedergegeben, mit denen Jesus das Mädchen auferweckt, übersetzt dort als „ich sage dir, steh auf". Möglich, dass Jesus auch hier diese Worte gesprochen hatte, bevor die uns durch Enosch bezeugte Szene einsetzte. Dann jedoch habe er ihr etwas zugeflüstert, das nur er – und dadurch wir – gehört haben. „Jedem mochte das entgangen sein – ihm nicht." (102) Enosch, der ja „hörte wie ein alter Fuchs" (102), vernahm die Worte „vergib mir" (102). Das Erweckungswunder – eine Tat ohne Zustimmung der Verstorbenen? Wie sollte sie weiterleben, die Tochter des Jairus? Welche Zukunft kann ihr beschieden sein? Rothmann setzt seine Fragezeichen an das biblische Wunder.

Entscheidend: Der Autor erzählt diese Wundergeschichte der Bibel von außen kommend nach, aus skeptischer Perspektive, ohne ihr dadurch die Plausibilität zu rauben. Die in den Worten „vergib mir" angedeutete, weit über die Bibel hinausgreifende Frage, ob ein Leben *nach* einer solchen Auferweckung sinnvoll, lebenswert, menschlich sein könne, wird nicht beantwortet. Enosch bleibt ein ungläubiger Zweifler. Den Lesenden aber öffnet sich außerhalb der Figurenperspektive die Möglichkeit einer eigenen Deutung.

### 4.3 Erzählen im Modus des Möglichkeitssinns

Ein erzählerischer Kniff taucht die Erzählung in den Bereich des Numinosen. Im Titel „Von Mond zu Mond" wird ein das Geschehen begleitendes Symbol aufgerufen. Die Schilderung wird von Farben bestimmt, die den Hintergrund bilden und dadurch das vordergründige Geschehen deuten. Die Nacht, so wird anfangs erzählt, war „sternklar und hell wie ein Tag, durch blaues Tuch betrachtet. Dabei war der Mond noch gar nicht aufgegangen." (89) Später dann: „Der Mond ging auf, ein riesiges orangerotes Rund, das schnell über die Zypressen stieg." (89) Wenig darauf: „Der Mond war jetzt gelb und blass, aber immer noch sehr groß" (90). Als Enosch an der Quelle einen von Dämonen Geheilten trifft, wird beschrieben wie der „Glanz der Nacht ins Becken fiel" (90). Die Hand des Fremden fuhr „langsam durch das Wasser", als „wollte sie etwas von dem Licht herausschöpfen" (91). Und als der Fremde aufbricht, „betrachtete Enosch das Mondlicht auf dem Wasser, als hätte der dort es vergessen" (92).

Die Beschreibungen des Mondes erschaffen so eine Dimension, die sich der Greifbarkeit entzieht, öffnen einen Raum jenseits des Erzählten. Kaum zufällig wird auf genau die zuletzt genannte Szene angespielt, als sich Enoschs Blick mit dem des „Nazareners" ein einziges Mal trifft, als dieser ihn auffordert, der Erweckten zu essen zu geben. „In seinem Lächeln, so schien es, war etwas von dem Mondlicht der vergangenen Nacht" (100). „Der Nazarener" und das Numinose des Mondlichts verschmelzen zu einem nicht aufgelösten Hinweis. Als Enosch am Ende der Erzählung in der nächsten Nacht wieder aufbricht, zurück zu seinen Herden, tönt wieder der Ruf eines Nachtvogels in „sehnsuchtsvollen, unsagbar zarten" (103) Tönen, bald von einem anderen erwidert, und es „klang wie ein Ruf von Mond zu Mond" (ebd.).

In der Verleihungsurkunde zum renommierten Wilhelm Raabe-Literaturpreis wird Rothmann bescheinigt, seine „brillante soziale Feinzeichnung" sei „einmalig in der deutschsprachigen Gegenwartsliteratur". Einmalig gerade auch dadurch, dass sie sich „meist untergründig, manchmal auch ins Symbolische gesteigert", mit religiösen Motiven „berühre und durchdringe", so dass noch „das kleinste Detail [...] eine nahezu sakrale Würde"[14] gewinne.

Das Religiöse wird also bei Rothmann nicht nur zum Themenfeld, sondern zu einem ästhetischen Stilprinzip. Seine Wendungen ins Unvorhersehbare oder ins Wunderbare heben die Erzählungen aus dem Bereich rein realistischer Schilderungen heraus und bleiben so angesiedelt auf der literarisch so reiz- wie anspruchsvollen „Grenze zwischen dem Profanen und dem Numinosen"[15]. Literarisch interessant ist neben den Rückgriffen auf produktiv beerbte Stoffe und Gattungen also vor allem das ästhetische Verfahren im Umgang mit Sprache. Bei ihm wird das aus der Transzendenz in die Immanenz hinein schimmernde Numinose zum literarischen Grundelement. Rothmanns Texte verdeutlichen so exemplarisch, was eine Erzählung im Modus des Möglichkeitssinns auszeichnet.

### 4.4 Wunder-bare Deutungen

Diese erzählerische Schweblage weist den Weg für Verwendungen derartiger Erzählungen im Religionsunterricht älterer Schülerinnen und Schüler oder in der Erwachsenenbildung. An dem markinisch erzählten Wunder trennen sich die Wege hinsichtlich dessen, was die eigene ‚gewissmachende Wahrheit' auszeichnet: *Glauben* wir buchstäblich an dieses Wunder? Halten wir es für fiktionale Erfindung? Versuchen wir nachträglich, rationale Deutungsmög-

---

14  Text der Verleihungsurkunde. In: Hubert Winkels (Hrsg.): Ralf Rothmann trifft Wilhelm Raabe (wie Anm. 12), S. 163.
15  Hubert Winkels: Gute Zeichen. Deutsche Literatur 1995–2005. Köln 2005, S. 268.

lichkeiten zu überprüfen? Selbst innerhalb christlicher Gruppen wird es unterschiedliche Zugänge zu dieser Erzählung und ihrem Wahrheitsgehalt geben.

Rothmanns Erzählung lässt alle Deutungsoptionen offen. Auch seine Erzählung gibt keine eindeutige Erklärung vor. Das macht ihren Reiz aus. Gleichzeitig verweist der Stil auf die Möglichkeit, dass hier alle rationalen Erklärungen zu kurz greifen. Gerade so wird der ‚Mehrwert des Ästhetischen' spürbar.

Methodisch legt sich gewiss ein Vergleich der – möglichst ganz gelesenen – Erzählung mit dem knapp und gerafft erzählten biblischen Text nahe. Am Anfang sollte ein Blick auf die Wundererzählung selbst stehen unter den Leitfragen: Was wird hier alles *nicht* erzählt? Was lässt Freiraum für Deutungen und Phantasie? Welche Fragen lassen sich an den biblischen Text formulieren? Von da aus kann Rothmanns Text in das aufgespannte Panorama der entwickelten Ideen eingespannt werden. Wo findet er überraschende Zugangsideen zu der biblischen Erzählung? Was bewirkt der so besondere Stil? Und wie ist schließlich die schlussendliche Zufügung zu deuten? Gerade hier lässt sich zeigen, wie die zuerst zu beobachtende und zu analysierende *Korrelation* zwischen biblischem und modernen literarischen Text Lesende letztlich zu einer eigenen Positionierung und Stellungnahme herausfordert.

## 5. Auf dem Weg zu einer „reflektierten Gebrauchssprache"

Der exemplarische Blick auf das narrative Werk Rothmanns zeigt: Literarische Sprache lässt sich nie abschließend bündeln. Sie bleibt vielgestaltig, umkreisend, andeutend, verweisend. In ihren ständig neuen Versuchen, über das, „wovon man nicht sprechen kann" poetisch zu reden, geben derartige Texte der Theologie und Religionspädagogik wichtige Anstöße. Geradezu idealtypisch verdeutlichen sie, was das Grundgesetz der analogen Rede auszeichnet. Mit ihnen wird auf eigen-artige Weise der Möglichkeitssinn angeregt, das sprachliche Herantasten an die Möglichkeit, dass es Gott geben könnte und dass er sich uns und wir uns ihm zumindest annähern können.

Nein, diese Sprache ist nicht die Alltagssprache heutiger Kinder und Jugendlicher, auch nicht die der meisten Erwachsenen. Sie ‚holt sie nicht dort ab, wo sie stehen'. Sie zeichnet sich durch ihre eigenen Sperrigkeiten und Sprödigkeiten aus. Gleichwohl versucht sie neue Verständigungswege nach innen und nach außen. Das religionspädagogische Ziel liegt dabei einerseits darin, die Traditionen der kirchlichen Binnensprache sprachlich noch einmal anders zu fassen – in der Hoffnung auf das Bereitstellen besserer Möglichkeiten zur Einfühlung und zur Anbahnung von Pfaden des Eindenkens.

Andererseits sollen – im Anschluss an Thomas Schärtl – gerade die Heranwachsenden dazu befähigt werden, die bei vielen ja durchaus rudimentär oder ansatzweise entwickelt vorhandene[16] „religiöse Gebrauchssprache" wenigstens in eine „reflektierte Gebrauchssprache" weiterzuentwickeln, im nur zu gut belegten Wissen, dass das Eindenken in jegliche „religiöse Expertensprache"[17] den meisten völlig verschlossen bleibt. Entscheidend: Diese reflektierte Gebrauchssprache orientiert sich nicht primär an den Sprachspielen und -regeln von Philosophie und analytischer Systematik, sondern an wahrheitserschließender Poesie und Narration.

---

16 Vgl. dazu Stefan Altmeyer: Fremdsprache Religion? Sprachempirische Studien im Kontext religiöser Bildung. Stuttgart 2011.

17 Thomas Schärtl: „Gott und das Kaninchen". Über Religion als Fremd- und Muttersprache. In: Religionspädagogische Beiträge 69 (2013), S. 33–42, hier S. 33.

# GEDICHTE HALLEN NACH – LYRIK IM RELIGIONSUNTERRICHT ALS MÖGLICHKEIT EINER VERÄNDERTEN WIRKLICHKEITS-WAHR-NEHMUNG UND (RELIGIÖSEN) SPRACHSCHULUNG

Sonja Schüller

Wenn nicht mehr Zahlen und Figuren
Sind Schlüssel aller Kreaturen
Wenn die, so singen oder küssen,
Mehr als die Tiefgelehrten wissen,
Wenn sich die Welt ins freye Leben
Und in die Welt wird zurück begeben,
Wenn dann sich wieder Licht und Schatten
Zu ächter Klarheit wieder gatten,
Und man in Mährchen und Gedichten
Erkennt die wahren Weltgeschichten,
Dann fliegt vor Einem geheimen Wort
Das ganze verkehrte Wesen fort.

(Novalis, aus dem Romanfragment *Heinrich von Ofterdingen*, 1802)[1]

## 1. Vorüberlegungen: Wieso überhaupt Gedichte im Religionsunterricht?

Für die Gestaltung des Religionsunterrichts stehen heute die verschiedensten Medien und Methoden zur Auswahl. Ein Blick in die Religionsbücher eröffnet die Qual der Wahl. Warum sollte dabei ausgerechnet die Entscheidung für ein Gedicht fallen, wenn ähnliche Inhalte vielleicht kompakter über einen Sachtext oder womöglich attraktiver mithilfe eines Videos transportiert werden können? Gedichte, wie man sie aus dem Deutschunterricht zu kennen meint, locken auch im Religionsunterricht nicht unbedingt Interesse hervor.

---

[1] Novalis: Heinrich von Ofterdingen. Materialien. In: Novalis: Werke, Tagebücher und Briefe Friedrich von Hardenbergs. Hrsg. von Hans-Joachim Mähl; Richard Samuel. Bd. 1: Das dichterische Werk, Tagebücher und Briefe. Hrsg. von Richard Samuel. Darmstadt 1999, S. 237–413, hier S. 395.

„Lyrik nervt"[2] – so heißt auch ein schmaler Essay, den Andreas Thalmayr alias Hans Magnus Enzensberger geschrieben hat. Natürlich will dieser Titel zunächst einmal provozieren und wer Enzensberger kennt, der ahnt, dass Lyrik eben nicht nerven muss. Seine Adressaten sind Schüler/innen, die aufgrund ihres Deutschunterrichts allerdings genau zur umgekehrten Ansicht gekommen sind: „Lyrik nervt", ist nichts für mich, womöglich: ist nichts *mehr* für mich. Einmal bei dieser Meinung angelangt, scheint es im Unterricht kaum noch eine Möglichkeit zu geben, Gedicht und Schüler/in wieder einander anzunähern. Zu groß sind die Widerstände, wenn Gedichte im Unterricht zur Sprache kommen sollen. Es sind Widerstände, die mitunter nicht nur bei den Schüler/innen auftauchen, sondern auch bei den Lehrkräften. Ganz auf dem Kurs seiner jungen Leser/innen zieht Thalmayr ein vorläufiges Fazit: „Überhaupt tun die allermeisten so, als wären Gedichte etwas ganz Besonderes, etwas für Eingeweihte, etwas, von dem die allermeisten gar nichts kapieren können. Und viele von uns fallen darauf herein und sagen sich: Das ist nichts für mich, damit kann ich nichts anfangen [...]. Ich komme ganz gut ohne Lyrik aus."[3] Wäre damit alles gesagt, dann wären Gedichte der denkbar ungünstigste Weg, mit Schüler/innen ins Gespräch zu kommen. Sollte der Religionsunterricht also vielleicht doch am besten die Finger von Gedichten lassen, um es sich nicht von Vornherein mit seinen Schüler/innen zu verscherzen? Zum Glück gibt Thalmayr sich mit solcher Resignation nicht zufrieden: „Aber das ist nicht wahr. Solche Leute machen sich etwas vor. Denn es gibt überhaupt kein Gehirn in der Welt, in dem es nicht von Gedichten wimmelt."[4] Hier kann die Religionslehrkraft also zunächst einmal aufatmen.

Gedichte „nerven" also einerseits; andererseits wird gerade von denjenigen, die sich für den Einsatz von Gedichten im Religionsunterricht stark machen, immer wieder betont, dass Literatur „Spaß macht"[5]. Gewiss können viele dieser Einschätzung ohne Zögern zustimmen, doch wäre es gerade für die Religionslehrkraft fatal, dieses Empfinden – Gedichte machen Spaß – gleichsam zu verordnen, auch wenn ja nicht auszuschließen ist, dass die eigene Freude an Gedichten auf die Schüler/innen überspringen kann. Neben dieser Gegenüberstellung von Ablehnung einerseits und Zuneigung andererseits, lässt sich hier vielleicht doch noch ein Mittelweg anreißen, der zumindest Denkanstöße geben kann, warum Gedichte gerade auch im Religionsunterricht ihren Platz finden sollten.

---

2   Andreas Thalmayr: Lyrik nervt. Erste Hilfe für gestreßte Leser. München 2004.
3   Ebd., S. 9.
4   Ebd.
5   Georg Langenhorst: Gedichte zur Gottesfrage. Texte – Interpretationen – Methoden. Ein Werkbuch für Schule und Gemeinde. München 2003, S. 25.

1968 hat sich Hilde Domin in ihrem „epochalen Essay"[6] *Wozu Lyrik heute?* der Frage gestellt, was ein Gedicht in der heutigen Zeit noch ausrichten könne. Sie sucht dabei nach einem Ausgangspunkt, von dem aus der Dichter und sein Leser sich neu und anders als bisher in die Gesellschaft einbringen können. Dabei stößt sie schließlich auf die Zeit: „Der Lyriker bietet uns die Pause, in der Zeit stillsteht. [...] Ohne dies Innehalten, für ein ‚Tun' anderer Art, ohne die Pause, in der Zeit stillsteht, kann Kunst nicht angenommen werden, noch verstanden, noch zu eigen gemacht."[7] Ganz unvermittelt finden wir bei Domin in einer Fußnote zu dem gerade zitierten Absatz die folgende Anmerkung: „Ganz wie, für den religiösen Menschen, das Gebet"[8] sei für den Leser das Gedicht. Erst in dem Moment, in dem Zeit stillsteht, ist es möglich, sich auf ein Anderes auszurichten: Für den Betenden liegt das Ziel in Gott, der Lesende braucht diese Pause, um innezuhalten und sich für das Angebot einer neuen Welt zu öffnen.

Bei Domin wird weiterhin deutlich, dass sich im Gedicht etwas Unerwartetes ereignet. Die Autorin zeigt auf, dass sie das Zeitvakuum des Gedichts als wichtigen Ort der Erkenntnis von möglicher Welt begriffen haben möchte. So sieht sie gerade im „Riß zwischen Realität und ihrer Möglichkeit"[9], der sich im Gedicht auftue, die entscheidende Chance, um das Daseinsrecht und die Daseinsnotwendigkeit von Lyrik zu behaupten und um die Möglichkeit einer Veränderung der bestehenden Verhältnisse in Aussicht zu stellen. Eben dieser Graben „erzeugt den Sprung und den Vorstoß, das Sich-nicht-Abfinden, Sich-nicht-Einpassen"[10]. Den Riss offenzuhalten, sich nicht mit der Realität zufrieden zu geben, die sich so vermeintlich einfach in Worte fassen lässt, das ist die Aufgabe des Künstlers, hier des Dichters. „Immer erneut macht der Lyriker diesen Riß schmerzhaft virulent, für sich und die andern, realisiert ihn und überwindet ihn, auf einen Atemzug, im Gedicht."[11] Hier liegt es am Leser, ob er diesen Riss gleichermaßen realisiert und sich dem Anspruch stellen möchte. „Und so bleibt aus all diesen Augenblicken höchster Objektivierung vielleicht doch eine Art Residuum, eine potentielle Kontinuität im

---

6   Georg Langenhorst: Gedichte zur Bibel. Texte – Interpretationen – Methoden. Ein Werkbuch für Schule und Gemeinde. München ²2001, S. 28.
7   Hilde Domin: Wozu Lyrik heute. Dichtung und Leser in der gesteuerten Gesellschaft. Frankfurt a. M. 1993, S. 26.
8   Ebd.
9   Ebd.
10  Ebd.
11  Ebd.

Lebendigen – Kontinuität der Diskontinuität –, die ‚trägt' oder auch nicht trägt, je nachdem."[12]

Fragen, die das Gedicht aufwirft, forderten, so Peter von Matt, den ganzen Menschen heraus, sie würfen ihn aus der allgemeinen Zeit hinein in die eigene unberechenbare Zeit, und nur in dieser Welt könne Sinn tatsächlich gefunden werden; die äußere Welt hingegen liefere lediglich Informationen.[13] Von Matt bekräftigt, dass kulturelle und ästhetische Erfahrung, wie sie in Kunst ermöglicht werde, nicht beschleunigt werden könne und dass gerade darin ihre „dauernde Provokation [...] für die technische Zivilisation"[14] liege.

Genau darin besteht nun – übernehmen wir den Gedankengang für unsere Fragestellung – die große Chance für den Einsatz von Lyrik im Religionsunterricht: Sie stellt in verdichteter Form die Fragen, die den/die ganze/n Schüler/in betreffen, sie hakt immer wieder und mit Vehemenz nach. Von Matt schreibt: „Das kann unheimlich werden, und man muß tatsächlich lernen, es durchzuhalten."[15] Gedichte können also, wenn sie mit Bedacht eingesetzt und in ihrem Eigenwert beachtet werden, Wesentliches zur Subjektwerdung beisteuern.

Die Arbeit an und mit einem Gedicht ist im Religionsunterricht also letztlich eine zweischneidige Angelegenheit: Zum einen soll hier sozusagen kein Deutschunterricht im Tarnmantel durchgeführt werden, zum anderen steht neben aller bewussten und begründbaren Verzweckung des Textes im unterrichtlichen Rahmen immer auch ein Bemühen zur Wahrung des Eigenwertes des Textes im Vordergrund, denn nur so kann das Gedicht seine Wirkung entfalten. Letzterer Aspekt stellt gewisse Anforderungen an den Religionsunterricht, die vor allem dazu führen müssen, dass dem Gedicht selbst in mehrfacher Durchdringung Raum gegeben wird.

Vielleicht finden sich in diesen Gedanken zum Einstieg also Begründungen, die den Mehrwert von Gedichten im Religionsunterricht sowie den Gewinn für die Lernenden von theoretischer Seite her fundieren könnten, sodass bei der Entscheidung für oder gegen ein Gedicht nicht nur die Frage gestellt wird, welche Einstellung der/die Lehrende zu Gedichten vertritt. Vielleicht können darüber hinaus auch die folgenden Überlegungen Lust darauf machen, Gedichte als sinnvolles Medium für den Religionsunterricht zu entdecken. Dazu

---

12 Ebd.
13 Vgl. Peter von Matt: Kultur und Geschwindigkeit. Überlegungen zu einem namenlosen Gedicht. In: Peter von Matt: Die verdächtige Pracht, S. 321–336, hier S. 331. Peter von Matt will hier allerdings nicht beide Seiten – Information und Sinn – gegeneinander ausspielen oder jeweils bewerten: „Es geht mir nur um den Unterschied."
14 Ebd., S. 329.
15 Ebd., S. 330.

soll anhand eines Beispiels aus dem Religionsunterricht der Sekundarstufe II gezeigt werden, inwiefern ein Gedicht noch einmal den oben genannten „Riß zwischen Realität und ihrer Möglichkeit" anders aufzudecken vermag als andere Medien. Und vielleicht lassen sich im Anschluss auch eigene Ideen zum Einsatz von Gedichten im Religionsunterricht entwickeln.

## 2. Beobachtungen

### 2.1 „Wenn nicht mehr Zahlen und Figuren ..." – Eine romantische Sehnsucht

Das zu Beginn dieses Beitrags zitierte Gedicht von Novalis wird oftmals als für die Romantik programmatisch bezeichnet. Es kommt darin (unter anderem) eine tiefe Sehnsucht zum Ausdruck, die die Menschen schon seit jeher umgetrieben hat: Die Sehnsucht nach ganzheitlicher Wertschätzung und Achtung – ohne Bewertung nach messbaren rational-quantitativen Kategorien. Nach einer Reihe von Bedingungen werden zuletzt Märchen und Gedichte benannt, die den Zugang zur Wahrheit ermöglichen können und so den Weg für ein geheimes Wort ebnen, das jede Unwahrheit wegwischt. Novalis verweigert mit diesem Schluss eine konkrete Antwort und bleibt damit seinem Anspruch wie seinem Ziel letztlich treu.

### 2.2 „... jenseits von etwaiger Funktionalität und Verwertbarkeit" – Sehnsuchtsblitzlichter

Drehen wir an dieser Stelle die Uhr vor. Die Sehnsucht nach unvoreingenommener, nicht kalkulierter – letztlich wahrer – Anerkennung (was auch immer das genau sein mag), die im Gedicht zu erspüren ist, scheint auch gute zweihundert Jahre später nichts von ihrer Kraft verloren zu haben. Drei blitzlichtartige Beobachtungen, die durchaus nicht den Anspruch auf Objektivität und Vollständigkeit erheben und womöglich holzschnittartig anmuten, sollen diesen Eindruck, wenn schon nicht im besten Sinne wissenschaftlich-redlich untermauern (dafür sind sie nur zu vage angerissen), so doch zumindest nähren.

Erste Beobachtung: Man muss die jetzige Mediengesellschaft nicht mit soziologischen Messinstrumenten untersuchen, um zu sehen, dass die Menschen sich mit den ihnen zur Verfügung stehenden Möglichkeiten darum bemühen, Beachtung und Wertschätzung zu finden: Es zählt die Zahl der „Freunde" in den sozialen Netzwerken, wie oft ein Kommentar oder Foto angeklickt oder besser noch positiv bewertet wurde oder wie viele Menschen sich regelmäßig dafür interessieren, was man zu Mittag gegessen, welche Meinung man zum Wetter hat oder wie man das nähere oder fernere Weltgeschehen einschätzt.

*Zweite Beobachtung:* Die 17. Shell-Jugendstudie *Jugend 2015* zeigt unter anderem auf, dass die befragten Jugendlichen für das Zusammenleben mit Familie und Freunden vor allem Vertrauen und Verlässlichkeit als wichtig erachten.[16] Sie wünschten sich darüber hinaus für ihre Zukunft eine Vereinbarkeit von Leben und Beruf, die Karriereorientierung trete dahinter zurück. Gleichzeitig jedoch „ahnen die Jugendlichen aber, dass es in der Berufswelt um diese Wünsche eher schlecht steht. Die Hälfte hält die Work-Life-Balance für schwer erreichbar, ebenso viele fürchten, dass ihnen wegen ihrer (späteren) Berufstätigkeit zu wenig freie Zeit bleiben wird."[17]

*Dritte Beobachtung:* Im derzeit gültigen Kernlehrplan für das Fach Katholische Religionslehre für die Sekundarstufe II an Gymnasien und Gesamtschulen in NRW findet sich im Kapitel „Aufgaben und Ziele des Faches" der folgende Satz: „Religiöse Bildung betont die Würde des Einzelnen als von Gott geliebten Menschen, jenseits von etwaiger Funktionalität und Verwertbarkeit."[18] Damit schreiben sich Gedanken fort, die sich bereits in den grundlegenden Schriften der Deutschen Bischofskonferenz zum Religionsunterricht aus den Jahren 1996[19] und 2005[20] finden lassen und die sich letztlich aus dem christlichen Menschenbild ergeben. Die Sehnsucht nach bedingungsloser Annahme, die in den Sprachbildern der Schöpfungserzählungen ihren Anfang genommen hat, wird heute zu einem Anspruch, an dem der Religionsunterricht sich messen lassen muss.

Die drei Beobachtungen lassen sich ohne Weiteres beliebig ergänzen und sollen hier nicht weiter erläutert und ausführlich miteinander verschränkt werden. Aber es reicht schon dieser kurze Blick, um zu erkennen, dass die Sehnsüchte des Gedichtes von Novalis im Religionsunterricht anklingen: Sei es in der Lebenswelt der Schüler/innen oder in den Vorgaben der Lehrpläne.

---

16  Vgl. Mathias Albert; Klaus Hurrelmann u. a.: Zusammenfassung der Shell Jugendstudie 2015, S. 31, zum Herunterladen unter: www.shell.de/ueber-uns/die-shell-jugendstudie/multimediale-inhalte.html (abgerufen am: 21.5.17).

17  Dies.: Flyer zur Shell Jugendstudie 2015, S. 4, zum Herunterladen ebenda.

18  Kernlehrplan für die Sekundarstufe II – Gymnasium/Gesamtschule in Nordrhein-Westfalen. Katholische Religionslehre. Hrsg. vom Ministerium für Schule und Weiterbildung des Landes Nordrhein-Westfalen. Düsseldorf 2014, S. 12.

19  Die bildende Kraft des Religionsunterrichts. Zur Konfessionalität des katholischen Religionsunterrichts. Hrsg. vom Sekretariat der Deutschen Bischofskonferenz (Die deutschen Bischöfe. 56), Bonn ⁵2009, vgl. z. B. S. 31f.

20  Der Religionsunterricht vor neuen Herausforderungen. Hrsg. vom Sekretariat der Deutschen Bischofskonferenz (Die deutschen Bischöfe. 80). Bonn 2005, vgl. z. B. S. 7.

## 2.3 Von Adam und Eva – Das kleine Wörtchen „nur"

Die gemeinhin flapsig genutzte Redewendung, bei Adam und Eva anzufangen, um einem Sachverhalt auf den Grund zu gehen, soll uns an dieser Stelle tatsächlich einen Schritt weiter bringen. Wendet man sich den christlichen Wahrheiten und ihrer Grundlegung zu, kommt man an der Bibel nicht vorbei – wenngleich das, was die Schüler/innen dazu zu sagen haben, nicht gerade das ist, was man sich als Religionslehrer/in zu hören erhofft hat. „Wie soll denn Gott die Welt in sieben Tagen erschaffen haben?", „So alt war Abraham, als er Vater geworden ist?" „Da gab's doch bestimmt einen Trick, als Jesus über's Wasser gelaufen ist." – Diese Aussagen bilden nur einen kleinen Ausschnitt dessen, was oftmals auch in höheren Jahrgangsstufen noch zu hören ist – und das, obwohl sich redlich darum bemüht worden ist, die Schüler/innen gerade an die besonderen Sprachformen der Bibel unter verschiedensten thematischen Schwerpunktsetzungen immer wieder aufs Neue heranzuführen. Ein exemplarischer Blick in die Lehrpläne für den Religionsunterricht an Gymnasien und Gesamtschulen in NRW bestätigt dieses Bemühen: Die Inhaltsfelder „Sprechen von und mit Gott" und „Bibel als ‚Ur-kunde' des Glaubens an Gott", werden obligatorisch in jedem Schuljahr wieder aufgegriffen und beleuchten u. a. die „Möglichkeiten und Grenzen der Rede von Gott, des Sprechens mit Gott sowie der Darstellung Gottes"[21] oder veranlassen dazu, „die Bibel als zentrales Dokument des jüdisch-christlichen Glaubens unter Berücksichtigung ihrer Entstehung und ihrer Sprachformen"[22] zu erschließen. Vielleicht hat der Religionsunterricht es punktuell auch geschafft, Einsichten in die verschiedenen Sprachformen zu ermöglichen, Intentionen der Autoren und Glaubensaussagen herauszuarbeiten, doch das, was die Schüler/innen zum großen Themenkomplex „Bibel" „mitnehmen", lässt die Bemühungen der Religionslehrer/innen manchmal doch wie einen Kampf gegen Windmühlen aussehen. Dieses Problem ist auch der Forschung nicht unbekannt. Ein Blick auf die lange Publikationsliste zum Thema „Bibeldidaktik" entkräftet auch den leisesten Verdacht, dass sie sich damit nicht immer wieder aufs Neue (vielleicht auch ähnlich wie Don Quijote?) auseinandersetzen und Abhilfe schaffen möchte.

Selbst wenn aufgrund einer Schüleraussage wie etwa: „Das, was in der Bibel steht, ist schon wahr" im Religionsunterricht berechtigt Anlass zur Hoffnung

---

21 Kernlehrplan für das Gymnasium – Sekundarstufe I in Nordrhein-Westfalen. Katholische Religionslehre. Hrsg. vom Ministerium für Schule und Weiterbildung des Landes Nordrhein-Westfalen. Düsseldorf 2011, S. 16.
22 Ebd.

besteht, so fällt diese Hoffnung anschließend wie ein Kartenhaus zusammen, hat der/die Schüler/in seine/ihre Feststellung vervollständigt: „Das, was in der Bibel steht, ist schon wahr. Man muss es nur metaphorisch verstehen." Dabei scheint auf den ersten Blick mit dieser Erkenntnis schon viel gewonnen, schließlich deutet der Hinweis auf den metaphorischen Sprachgebrauch darauf hin, dass der/die Schüler/in zumindest schon einmal verstanden hat, dass es sich zum Beispiel bei der Schöpfungserzählung nicht um einen Tatsachenbericht handelt. Auf den zweiten Blick jedoch steckt das Problem im Detail: Das kleine Wörtchen „nur" lässt aufhorchen, denn es wird tatsächlich immer dann zum Stolperstein, wenn es um den Wahrheitsanspruch von Religion und religiöser Rede geht: Da ist etwas wahr, aber *nur* metaphorisch. Und damit ist keine präzisierende Einschränkung gemeint, sondern eine, gegenüber dem Faktischen, abwertende.

## 2.4 Wissen – Glauben – Wahrheit

Deutlicher wird dieses Problem des Wahrheitsanspruches im großen Themenkomplex zum Inhaltsfeld „Das Verhältnis von Vernunft und Glaube", der sich in der Regel im ersten Jahr der Sekundarstufe II ansiedeln lässt[23]. Nicht selten fällt hier die Feststellung: „Das kann man nicht wissen. Das kann man nur glauben", welche sich problemlos in die Reihe der oben genannten Aussagen einreihen lässt: Denn auch hier meint das „nur" aus Schülermund nicht ein sich Anheimgeben und bedingungsloses Vertrauen auf Gott, sondern weist dem Glauben eine dem Wissen untergeordnete Möglichkeit zu, die Realität zu erfassen und zu bewerten. Darin zeigen sich zwei Dinge: Zunächst fällt es den Schüler/innen schwer, einen Blick für die Wirklichkeit zu entwickeln, der über das hinausgeht, was in „Zahlen und Figuren" abgebildet werden kann. Darüber hinaus wird aber umso mehr erkennbar, dass sie zwar scheinbar passende Vokabeln (wie „Wissen", „Glauben", „metaphorisch") benutzen, diese allerdings letzten Endes nicht adäquat in ihren Sprachgebrauch integrieren können. Es fehlen damit Begrifflichkeiten, um sich ein ganzheitliches Bild der Wirklichkeit zu machen. Einmal mehr muss der Religionsunterricht also auch Sprachschule sein, um die Schüler/innen zu befähigen, verschiedene menschliche wie auch religiöse Dimensionen zu verstehen. Sprachbildung „zielt darauf ab, die innere Sehfähigkeit der Schülerinnen und Schüler zu wecken für die ganz andere Art des Sprechens in Bildern, Symbolen und Gleichnissen, wie sie z. B. in der Literatur und Kunst verwendet, in den Religionen verwirklicht und insbesondere in der Bibel im Hinblick auf das Geheimnis Gottes überliefert und

---

23  Vgl. Kernlehrplan Katholische Religionslehre, Sekundarstufe II (wie Anm. 18), S. 22f.

in großer Intensität von Jesus selbst erzählt und bezeugt sind – als ‚Sprache der Sehnsucht und Hoffnung auf die Verheißungen Gottes' (Synodenbeschluss ‚Unsere Hoffnung')."[24] Verschiedene Dimensionen religiösen Sprechens bilden somit unter anderem die Grundlage dafür, auch verschiedene Dimensionen menschlicher Existenz erfassen und beschreiben zu können.

Von da aus ist es nicht weit, Gedichte als eine Möglichkeit zur Sprachbildung zu begreifen, tragen sie doch auf ihre spezifische Art und Weise zum ästhetischen Lernen bei, unter dessen Vorzeichen „für eine Lernkultur im Religionsunterricht geworben werden [soll], die den Lernenden in seiner Leiblichkeit und Sinnlichkeit annimmt, seine Wahrnehmungsfähigkeit für die Vieldimensionalität von Wirklichkeit, eine kritische Infragestellung und Irritation von Wahrnehmungsgewohnheiten und seine religiöse Gestaltungs- und Urteilsfähigkeit fördert und darüber hinaus Vorstellungs- und Einbildungskräfte anregt."[25] Wie eine derartige Sprach- und damit auch Bewusstseinsbildung angebahnt werden kann, soll im Folgenden erläutert werden.

## 3. Was bleibt, wenn wir uns nur noch auf Fakten verlassen? – Ein Unterrichtsbeispiel

### 3.1 „Das Verhältnis von Vernunft und Glaube" – Beobachtungen im Reihenverlauf

Um die Struktur der Unterrichtseinheit und den darin eingebetteten Gedichteinsatz nachvollziehen zu können, sollen zunächst kurz der Reihenverlauf zum Themenkomplex „Glauben und Wissen" und die damit einhergegangen Erfahrungen erläutert werden.

So hat sich in den Unterrichtsstunden immer wieder gezeigt, dass die Schüler/innen nur schwerlich Abstand davon nehmen konnten, der naturwissenschaftlichen Erschließungsweise der Welt den Vorzug zu geben: Das, was man mithilfe der Naturwissenschaften über die Welt aussagen kann, trifft die Wirklichkeit; was noch nicht erforscht ist, muss eben zunächst einmal „nur" geglaubt werden, bis es irgendwann bewiesen werden kann. Diese Ausgangshypothese vom Beginn des Unterrichtsvorhabens wurde im Verlauf der Reihe gleichsam zum Bezugspunkt und Messinstrument für die Bereitschaft der Schüler/innen, sich auch auf andere Zugänge zur Wirklichkeit einzulassen

---

24 Ebd., S. 22.
25 Georg Hilger: Ästhetisches Lernen. In: Ders.; Stephan Leimgruber; Hans-Georg Ziebertz (Hrsg.): Religionsdidaktik. Ein Leitfaden für Studium, Ausbildung und Beruf. München ²2012, S. 334–343, hier S. 334.

und ihnen ebenfalls eine den Naturwissenschaften ebenbürtige Wahrheitsqualität zuzusprechen. Zu diesem Zweck wurde die Wirklichkeit bzw. das, was die Schüler/innen dafür hielten, immer mehr in Frage gestellt, sodass sie über den (Radikalen) Konstruktivismus zur Einsicht geführt wurden, dass letztlich jede Erkenntnis – auch die naturwissenschaftliche – eine mögliche Interpretation der Wirklichkeit, niemals aber die Wirklichkeit selber sein kann. Über den Begriff der „Wahrheit" erhielten sie zudem eine Möglichkeit, die Bedeutung dieser unterschiedlichen Herangehensweisen für das eigene Leben neu zu bewerten. Trotz dieser bewusst langwierigen Auseinandersetzung und ungeachtet der verschiedenen Entdeckungen über die Wirklichkeit, die zumindest äußerlich nachvollzogen worden waren, konnte ich die Beobachtung machen, dass sich die Schüler/innen dennoch ein ums andere Mal wieder in ihr naturwissenschaftlich geprägtes Weltverständnis zurückzogen und immer wieder alle Deutungshoheiten den Zahlen zusprachen. Für die kommenden Inhalte der Oberstufe (Praxis des Glaubens, religiöses Sprechen usw.) erschien es allerdings essenziell wichtig, immer wieder diese Wissenschaftsgläubigkeit aufzubrechen und die Schüler/innen dafür zu sensibilisieren, dass es mehr gibt als diese Art des Weltzugangs und dass dieses Mehr für den Menschen von existenzieller und transzendentaler Bedeutung ist.

### 3.2 Erich Kästner: *Sachliche Romanze*

Um nicht sofort zu Beginn in die Falle zu tappen, dass die Schüler/innen einen Text, egal welcher Provenienz, mit offensichtlich religiösen Inhalten sogleich wieder in die altbekannte Schublade („nur") stecken würden, fiel die Entscheidung auf das Gedicht *Sachliche Romanze* von Erich Kästner, das auch vom Anforderungsniveau einfacher zugänglicher war als Alternativen.[26]

---

26 Z. B.: Durs Grünbein: Was du bist steht am Rand [Gedicht ohne Titel]. In: Schädelbasislektion. Frankfurt a. M. 1991, S. 5.

**Erich Kästner: Sachliche Romanze** (1929)[27]

Als sie einander acht Jahre kannten
(und man darf sagen: sie kannten sich gut),
kam ihre Liebe plötzlich abhanden.
Wie andern Leuten ein Stock oder Hut.

Sie waren traurig, betrugen sich heiter,
versuchten Küsse, als ob nichts sei,
und sahen sich an und wußten nicht weiter.
Da weinte sie schließlich. Und er stand dabei.

Vom Fenster aus konnte man Schiffen winken.
Er sagte, es wäre schon Viertel nach Vier
und Zeit, irgendwo Kaffee zu trinken. –
Nebenan übte ein Mensch Klavier.

Sie gingen ins kleinste Café am Ort
und rührten in ihren Tassen.
Am Abend saßen sie immer noch dort.
Sie saßen allein, und sie sprachen kein Wort
und konnten es einfach nicht fassen.

---

27  Erich Kästner, Sachliche Romanze, aus: © Atrium Verlag AG, Zürich 1929 und Thomas Kästner.

Erich Kästner lässt den Leser auf das Ende einer Liebe schauen. Schon der oxymorische Titel deutet an, dass mit der „Romanze" etwas nicht stimmt. Und in der Tat hat das beschriebene Paar, dessen Namen der Leser nicht erfährt, sich nichts mehr zu sagen (vgl. II, 5). Gründe für die Sprachlosigkeit liegen womöglich im Verlust der Liebe (vgl. I, 3) sowie im In- und Auswendigkennen des Partners (vgl. I, 2). Gerade dieses vermeintliche Kennen des Partners deutet auch auf den verlorenen Zauber hin, der in Gefühlslosigkeit und Gleichgültigkeit innerhalb der Beziehung (vgl. II, 2, 4) zum Ausdruck kommt und schließlich in einer Art Lähmung endet, nichts mehr ändern zu können oder zu wollen (vgl. II,1, 3; IV, 4f.). Es werden Alltagswelten geschildert, die sich in trivialen Handlungen widerspiegeln (vgl. IV, 2) und schon seit langem eine Liebe kennzeichnen, die „nur so zum Schein" existiert und auf Äußerlichkeiten fixiert ist (vgl. v. a. II, 1–2; IV).

Die Beobachtungen zum Verlust der Liebe nehmen im Verhältnis zu den sachlich anmutenden Schilderungen äußerer Vorgänge kaum Platz im Gedicht ein, dennoch resultiert daraus die ganze Dramatik, die sich auch in Form und Sprache wiederfinden lassen kann: Gerade in der letzten Strophe, die als einzige fünfzeilig ist und somit rein äußerlich bereits die Wichtigkeit ihres Inhalts markiert, werden Sprachlosigkeit und Fassungslosigkeit hervorgehoben; interessanterweise aber gerade dort, wo die Strophe am längsten ist. Darin zeigt sich ebenso ein paradoxer Zusammenfall wie im Einsatz der Klammern in der ersten Strophe: Klammern signalisieren als Einschübe eigentlich eher Nebensächlichkeiten, hier allerdings wird ein entscheidender Grund für den Verlust der Liebe genannt: „man darf sagen, sie kannten sich gut" – vielleicht zu gut? Als sprachliche Mittel seien hier besonders Metaphern für verlorene Hoffnungen (Schiffe, vgl. III,1) und Anklänge anderer verpasster Möglichkeiten (z. B. das Klavier als Bild für Kunst, die über Sichtbares hinausgeht? vgl. III,4) genannt. Auch die Tatsache, dass Personalpronomen statt konkreter Namen genannt sind, könnte auf eine gesteigerte Versachlichung der Partnerschaft hindeuten oder die Möglichkeit für den Leser bieten, den beiden Protagonisten Gesichter zu geben, worauf Kästner selber bewusst verzichtet. Es werden Stationen einer Romanze geschildert, die an irgendeiner, nicht eindeutig zu identifizierenden Stelle die Möglichkeit verpasst hat, sich in eine Liebesbeziehung zu verwandeln. Nach außen hin erscheinen „er" und „sie" so womöglich immer noch als Liebespaar, innerlich jedoch fehlt Entscheidendes. Was bleibt den beiden also, wenn sie sich (schon lange) nur noch auf Äußerlichkeiten, auf Fakten verlassen (haben)?

## 3.3 Überlegungen zum Einsatz des Gedichtes im Unterricht

An dieser Stelle soll nun zunächst der mögliche Verlauf einer Unterrichtsstunde, die Kästners *Sachliche Romanze* in den Mittelpunkt stellt, samt methodisch-didaktischer Entscheidungen vorgestellt werden. Im Anschluss daran werden zusammenfassend Beobachtungen geschildert, die in erfolgten Unterrichtsstunden mit diesem Verlauf gemacht wurden.

Als Einstieg sollten die Schüler/innen ihre ersten Assoziationen zum Titel des Gedichts äußern und zwar jeweils zu nur einem der beiden Begriffe („sachlich" oder „Romanze"), um so in der anschließenden Zusammenführung die paradoxe Kombination der beiden gegensätzlichen Begrifflichkeiten ins Bewusstsein zu rücken. Dieser Schritt diente der Verlangsamung und Wahrnehmungsschärfung. So wurden Erwartungen an den Text ausgesprochen und bewusst gemacht, die sich nun in einer Erstbegegnung mit dem Gedicht selbst bewahrheiten oder die widerlegt werden konnten.

Das Gedicht wurde durch die Lehrkraft vorgetragen, um so noch einmal eine Konzentration auf den Text und seine Wirkung zu gewährleisten. Nach einer kurzen Spontanphase erhielten die Schüler/innen sogleich die Aufgabe, im Anschluss an das Gedichtende einen inneren Monolog für eine der beiden Figuren zu schreiben und sich so mit der verlorenen Liebe auseinanderzusetzen. Der bewusst frühzeitige Einsatz dieser handlungs- und produktionsorientierten Methode erfolgte vor allem deshalb, weil die Schüler/innen darüber in einen intensiven Dialog mit dem Gedicht eintreten und „implizite Deutung[en]"[28] verarbeiten konnten.[29] Denn die Fassungslosigkeit (vgl. IV, 5) und die daraus resultierende Sprachlosigkeit, mit der sich diese beiden Menschen im Café gegenüber sitzen, bedeutet wohlweislich nicht, dass sich nicht in diesen Menschen ganze Redewelten aufbauen, wenn sie den anderen und sich betrachten und das anschauen, was sie gerade tun oder den Tag über getan haben, vielleicht sogar an das denken, was sie in den letzten acht Jahren getan haben. Über das Schreiben dieses Monologs sollten sich die Schüler/innen demnach zuerst intensiv und möglichst unvoreingenommen mit dem Gedicht auseinandersetzen. Damit fiel die Entscheidung aber auch bewusst gegen eine vorherige Analyse, die womöglich

---

28  Georg Langenhorst: Literarische Texte im Religionsunterricht. Ein Handbuch für die Praxis. Freiburg i. Br. 2011, S. 73.

29  Gleichermaßen gewollt wurde die Reihenfolge der Erarbeitungsschritte geändert, die sich am entsprechenden Modell zur Gedichterschließung von Röckel/Bubolz orientiert, das eine Erarbeitung in sechs Etappen vorsieht: Textaufnahme, -wiedergabe, -beschreibung, -deutung, -bewertung und -anwendung. (Gerhard Röckel: Texte erschließen. Grundlagen – Methoden – Beispiele für den Deutsch- und Religionsunterricht. Aus dem Nachlass hrsg. und bearbeitet von Georg Bubolz. Düsseldorf 2006, S. 188).

dazu geführt hätte, dass das Gedicht, wenn man es so benennen will, bei den Schüler/innen als „verstanden" verbucht worden wäre. Sie erst im Anschluss daran einen inneren Monolog schreiben zu lassen, hätte wahrscheinlich weniger zu einer nachhaltigeren eigenen Auseinandersetzung mit dem Gedicht geführt, sondern vielmehr zu einer Sammlung und Reproduktion der zuvor gewonnenen Erkenntnisse, wenn auch nicht gänzlich ausgeschlossen werden konnte, dass darüber hinaus noch andere Einsichten zum Tragen gekommen wären.

Wichtige Chancen des handlungs- und produktionsorientierten Unterrichts griffen auch hier: Etwa die „Intensivierung", die „Einfühlung", die „Sprachschulung", die „Einfühlung" oder auch die „Persönliche Positionierung"[30]. Ganz dezidiert sollte es durch das Schreiben der Monologe noch einmal zu einer Verlangsamung kommen, die Langenhorst folgendermaßen charakterisiert: „Diese Verfahren verweigern sich der schnellen und gehetzten Bearbeitung. Sie brauchen Zeit und zwingen unaufdringlich zu einer ruhigen Auseinandersetzung."[31] So waren die Schüler/innen dazu angehalten, mehrere Arbeitsschritte miteinander zu verzahnen: Analyse und Interpretation auf der einen – kognitiven – Seite, Einfühlen und zielgerichtete Umsetzung der kognitiven Erkenntnisse auf der – eher affektiv zu verortenden – anderen Seite.

Erst im darauf folgenden Schritt wurde auf der Grundlage der inneren Monologe eine genauere Analyse des Gedichtes vorgenommen. Neben der Würdigung der Arbeitsergebnisse bot sich über die Frage nach den Intentionen für die so und nicht anders geartete Gestaltung der von den Schüler/innen verfassten Monologe eine sinnvolle Gelenkstelle an, nun auch den Text in Form und Inhalt genauer zu untersuchen und der Frage nachzugehen, was diese Romanze einerseits zu einer sachlichen Romanze macht, zum anderen aber auch, welche Gründe es für den Verlust der Liebe geben mag. Hierzu kamen klassische Methoden der Texterschließung (Schlüsselbegriffe, Wortfeldanalyse, in Grundzügen auch Formanalyse) zum Tragen.[32]

Nicht zuletzt war es auch unerlässlich, ein gemeinsames Nachdenken darüber in Gang zu setzen, welche Konsequenzen dieser Verlust der Liebe nach einer Konzentration auf äußerlich Nachweisbares für die beiden Figuren im

---

30  Georg Langenhorst: Literarische Texte im Religionsunterricht (wie Anm. 28), S. 73.
31  Ebd., S. 72.
32  In Abwägung der zeitlichen Beschränkung der Stunde wurde an dieser Stelle auf einen Einbezug weiterer literaturwissenschaftlich relevanter Deutungskategorien, wie zum Beispiel eine Einordnung in die Epoche der Neuen Sachlichkeit oder biographische Bezüge zum Autor, weitestgehend verzichtet. Eine textimmanente Deutung in Anlehnung an die Methode des Close readings ermöglichte aber trotz allem eine tiefgründige Auseinandersetzung.

Gedicht, aber auch für die Menschen im Allgemeinen bedeuten kann. Hierbei half es, die Schüler/innen weitere Abstrakta nennen zu lassen, deren Verlust ähnliche Auswirkungen auf das Menschsein hätte wie der Verlust der Liebe. Schließlich waren die Schüler/innen dazu aufgefordert, sich selbst zu positionieren, die Qualität des Gedichts als Beispiel für zwischenmenschliche Beziehungen zu bewerten und darüber hinaus auch die Bedeutung dieser Gedichtaussage für sich selber wahrzunehmen und zu erläutern. Nicht zuletzt wurde am Ende auch eine Einordnung in den Themenkomplex von „Glauben und Wissen" vorgenommen.

### 3.4 Erfahrungen aus Unterrichtsstunden mit der *Sachliche[n] Romanze*

Die oben beschriebene Unterrichtsstunde wurde so, jeweils in auf die Lerngruppe angepasster Form, bereits mehrmals durchgeführt. Dabei hat sich jedes Mal aufs Neue gezeigt, dass sich die Schüler/innen in der Regel vor allem durch das Schreiben des inneren Monologs in die Gefühlswelt des Gedichts und seiner Protagonisten haben hineinziehen lassen. Zu Beginn der Oberstufe haben viele Schüler/innen bereits selbst oder in ihrem näheren Umfeld das Scheitern von Beziehungen miterlebt und können sich so ein Stück weit auch mit dem Pärchen identifizieren. Gleichzeitig erhoffen sie sich für ihre eigenen Beziehungen Beständigkeit und gegenseitiges Vertrauen.[33] Die äußere Sprachlosigkeit des Pärchens wurde im Monolog oftmals in lange Frageketten übersetzt, die sich um das Suchen nach einem „Warum?" drehten. Zuweilen wurden auch die verschiedenen Sichtweisen von Mann und Frau thematisiert, denn fast immer wählten die Schüler/innen jeweils den Partner aus, der ihrem eigenen Geschlecht entsprach. Besonders beeindruckend war die Tiefgründigkeit vieler Monologe, die teilweise auch so weit ging, dass manche Schüler/innen ihre Arbeiten nicht der gesamten Lerngruppe, sondern nur der ihnen vertrauten Kleingruppe vortragen wollten, weil der Text laut eigener Aussage „zu persönlich" war. Womöglich konnten sie an dieser Stelle das spüren, was von Matt als „unheimlich" bezeichnet hat, oder den „Riß" wahrnehmen, von dem Domin gesprochen hat. Die Analyse, die sich an die Reflexion der Monologe anschloss, ermöglichte einerseits wieder einen objektiveren Zugang, sodass jede/r auch noch einmal mit größerem Abstand auf das Geschehen blicken und mit Hilfe der aus dem Literaturunterricht bekannten Fragestellungen dem Gedicht als sprachlichem Konstrukt auf die Spur kommen konnte. Andererseits bildete der intensive Einstieg über die Innenperspektive der beiden Protagonisten eine wichtige Grundlage, um dem Verhalten des Paares nachspüren,

---
33  Vgl. die oben genannten Auszüge der Shell-Jugendstudie (Anm. 16).

sich auf die jeweiligen Beziehungsstationen und die damit verwobenen Gefühle einlassen und die Fassungslosigkeit am Ende nachempfinden zu können.

In der Regel ergab gerade die Frage nach der Bewertung des Gedichtendes die Möglichkeit, den großen Bogen zum Themenkomplex „Wissen und Glauben" zu schlagen: Denn rein äußerlich – so waren sich die Schüler/innen einig – verhält sich das Paar wie viele andere Paare auch. Doch irgendwo muss die Liebe verloren gegangen sein, sodass die Beziehung nur noch im Schein der Äußerlichkeiten weiterexistiert. Der Verlust, den beide am Ende vielleicht verspüren, lässt sich also nicht auf die nach außen hin erfahrbare Wirklichkeit zurückführen. Die Wahrheit geht darüber hinaus.

So war es nicht verwunderlich, dass die meisten Schüler/innen dem Gedicht vorbehaltlos Wahrheit zusprachen, ohne danach zu fragen, ob Kästner darin die Beziehung zweier historischer Personen wiedergegeben hatte. Zudem war zu beobachten, dass tatsächlich einige Schüler/innen die Stunde nachdenklicher beendeten als sie dies zuvor nach der Erarbeitung eines Sachtextes getan hatten, der auf seine Art und Weise den Unterschied zwischen messbarer Wirklichkeit und existenziell bedeutsamer Wahrheit zum Thema gemacht hat. Das Gedicht hallte so vielleicht ein wenig länger nach.

Wenn wir an dieser Stelle die Frage stellen, warum nicht der Einsatz des anfangs zitierten Gedichtes von Novalis in diesem Beitrag näher erläutert worden ist, so lässt sich nun festhalten, dass die Schüler/innen zwar sicherlich die darin angedeutete Sehnsucht des Menschen nach Wertschätzung frei jeglichen Kalküls auch ein Stückweit als ihre Sehnsucht hätten identifizieren können. Dennoch wäre so wieder nur eine Seite ihrer Wirklichkeits- und Selbstwahrnehmung angesprochen worden, die noch dazu eine recht klare Trennung von Wissenschaft (Wirklichkeit) und Wahrheit vorsieht. Die *Sachliche Romanze* jedoch hinterfragt noch einmal subtiler, was zum Gelingen von Beziehungen beitragen kann. Dadurch ist sie noch einmal näher an den Lebenswelten der Schüler/innen, die sich letztlich auch irgendwo zwischen den Sehnsüchten nach Verlässlichkeit, Vertrauen und Liebe einerseits und dem Versuch andererseits bewegen, diese Anerkennung an Zahlen festmachen zu können, wie die oben genannten blitzlichtartigen Beobachtungen gezeigt haben.

## 4. Fazit

Gedichte halten den Riss zwischen der Realität und ihrer Möglichkeit offen. Lassen sich die Schüler/innen darauf ein, können sie vielleicht eine andere Perspektive auf das einnehmen, was ihr Leben trägt oder bedroht. Literatur, hier Lyrik, ermöglicht einen direkten Zugang zu dem, was das Leben ausmacht, und geht nicht in dem auf, was rein äußerlich beschreibbar ist. Wenn Gedichte ein regelmäßiger Bestandteil des Religionsunterrichts werden, entwickeln die Schüler/innen vielleicht auch ein Gespür für andere Zugänge zur Wirklichkeit, besser noch: zur Wahrheit, die nicht im Aufzählen von Äußerlichkeiten aufgeht. Genau um diese nicht messbare Wahrheit, die sich christlicherseits in Gottes Zu- und Anspruch dem Menschen gegenüber ausdrückt, drehen sich religiöse Schriften beziehungsweise das religiöse Sprechen schlechthin. Es gibt immer mehr als einen Zugang zur Wahrheit. Die Welt ist stets mehr als das, was man in Zahlen und Fakten fassen kann. Dieses Mehr ist für den Menschen von existenzieller und transzendentaler Bedeutung. Religion und religiöses Sprechen haben im Vergleich zu einem Zugriff auf Welt und Wahrheit, der in Zahlen und Messwerten Gestalt annimmt, eine (zumindest) gleichberechtigte und gleichwertige Stellung.

Und nicht zuletzt muss sich auch der Religionsunterricht immer wieder der Frage stellen, ob neben aller berechtigten Kompetenz- und Outcomeorientierung auch langfristig Ziele anvisiert werden sollten, die sich weder einfach in beobachtbare Indikatoren und bewertbare Arbeitsergebnisse fassen, noch letztlich gänzlich verbalisieren lassen und dennoch (oder gerade deswegen) zur Persönlichkeitsbildung und Subjektwerdung beitragen. Womöglich können Gedichte helfen, auch diese Saiten zum Schwingen zu bringen, indem sie selbst leise nachklingen.

# "NICHT POSTBOTE DES GLAUBENS, SONDERN GEBURTSHELFERIN SEIN" – ERMUTIGUNG ZU EINEM PERSPEKTIVWECHSEL IN DER SEELSORGESPRACHE

Andrea Kett

## 1. Fremd(e)-Sprache Religion?

Nicht nur der Institution Kirche, sondern auch den Menschen, die in Gemeinden und kirchlichen Einrichtungen seelsorgerisch tätig sind, wird heutzutage häufig mangelnde Sprachkompetenz vorgeworfen. Zu formelhaft, teilweise anbiedernd, sinnentleert und weltfremd wird die Sprache von Klerikern und pastoralen Laien empfunden. Der „Topos der religiösen Sprachkrise" wurde in Deutschland, sicherlich motiviert durch die ungefähr zur gleichen Zeit veröffentlichten Dokumente des II. Vatikanischen Konzils, „spätestens seit dem Ende der sechziger Jahre des 20. Jahrhunderts"[1] von namhaften Theologen[2] aufgegriffen und nicht zuletzt auch von feministischen Theologinnen[3] weiterverfolgt. Stefan Altmeyer bringt in diesem Kontext „die teils explizite, teils implizite Rede von der Fremdsprache Religion" ins Spiel, die besagt, „dass einem Verständigungsproblem auf Seiten der Kirche [...] ein religiöses Ausdrucksproblem auf Seiten der Subjekte" korrespondiere.[4]

Bereits vor fast 20 Jahren haben die deutschen Bischöfe erkannt, dass „angesichts der ‚Sprachlosigkeit' vieler Christen – auf Worte, Zeichen und Tathandlungen bezogen – in der Breite unserer Gemeinden eine neue religiöse Sprach- und Zeichenkompetenz erworben werden" muss.[5] In jedem Fall ist das kirchliche Kommunikationsproblem vielschichtig und betrifft Seelsorgerinnen und Seelsorger mindestens in zweifacher Hinsicht.

---

1 Stefan Altmeyer: Fremdsprache Religion. Sprachempirische Studien im Kontext religiöser Bildung. Stuttgart 2011, S. 13.
2 Z. B. Johann-Baptist Metz, Hubertus Halbfas, Norbert Mette, Rainer Bucher u. v. a.
3 Z. B. Helen Schüngel-Straumann, Elisabeth Moltmann-Wendel, Luise Schottroff.
4 Altmeyer: Fremdsprache Religion (wie Anm. 1), S. 13.
5 Zeit zur Aussaat. Missionarisch Kirche sein. Hrsg. vom Sekretariat der Deutschen Bischofskonferenz (Die deutschen Bischöfe. 68). Bonn 2000, S. 19f.

Zum einen geht es um das „Was", um den Inhalt oder Gegenstand der seelsorgerischen Kommunikation. „Angesichts der Entkirchlichung der Gesellschaft"[6], die sich u. a. in der zunehmenden Zahl religiös indifferenter Menschen, der Tatsache, dass die Kirche nur noch eine Sinnanbieterin unter vielen ist, und in einer immer stärkeren Differenzierung und Individualisierung der Gesellschaft bemerkbar macht, fällt es Seelsorgenden heute schwer, Menschen zu vermitteln, dass der christliche Glaube eine Relevanz für ihr Leben haben kann. Klassische religiöse Begriffe wie „Erlösung", „Gnade" und auch das Wort „Seelsorge" selbst finden entweder in der Lebenswirklichkeit heutiger Menschen keine Resonanz mehr und lösen Fremdheitserfahrungen aus oder werden als „leere, [...] unkonkrete Versprechungen ohne Erfüllungschance"[7] identifiziert. Substanzielle Inhalte der christlichen Botschaft verlieren damit sozusagen ihre Bodenhaftung. Sie können nicht mit eigener Erfahrung gefüllt werden und mutieren so zu Worthülsen. Auch Begriffsneuschöpfungen zur Bezeichnung veränderter Kirchenstrukturen wie „Pastoralverbund" oder „Gemeinschaften der Gemeinden" werden höchstens von Insidern verstanden. Dazu kommt, dass ein Großteil der Menschen heute motiviert und wirtschaftlich in der Lage ist, selbst für die Erfüllung seiner spirituellen Bedürfnisse zu sorgen, indem z. B. entsprechende außerkirchliche Dienstleistungen eingekauft werden. Das gilt vermeintlich auch für die menschlichen Grundsehnsüchte, sprachlich in Topoi wie „Trost", „Zugehörigkeit" oder „Vergebung" abgebildet, auf deren Vermittlung die Kirche lange ein Monopol zu besitzen schien. Weniger Menschen als früher haben diesbezüglich positive Erwartungen an die Kirche und ihre Mitarbeiter/innen. Die fast automatische Assoziation dieser Begriffe mit Glauben und Kirche existiert nicht mehr.

Seelsorger sind sich der strukturell bedingten wie gesellschaftlich begründeten Problematik, dass es Zeit ist, „Abschied zu nehmen von vermeintlich begriff-

---

6 Stefan Gärtner: Zeit, Macht und Sprache. Pastoraltheologische Studien zu Grunddimensionen der Seelsorge. Freiburg i. Br. 2009, S. 263.

7 Rainer Bucher; Johann Pock: Entdeckungen wagen. Wie heute von Gott reden? In: Rainer Bucher (Hrsg.): Die Provokation der Krise. Zwölf Fragen und Antworten zur Lage der Kirche. Würzburg 2005, S. 177–202, hier S. 182.

lichen Selbstverständlichkeiten"⁸ vielfach bewusst. „Die Gottesrede hat in der Wahrnehmung von Klerikern und Laien im Dienst der Verkündigung ihren selbstverständlichen Plausibilitätsraum verloren und steht verschärft unter Ideologie- und Ignoranzverdacht."⁹ Die Notwendigkeit, sich in der Spannung zwischen diesen beiden Vorbehalten, dem Ideologieverdacht auf der einen und dem Ignoranzverdacht auf der anderen Seite[10], bewegen zu müssen, sowie die Befürchtung, nichts Wesentliches mehr zu sagen zu haben oder mit dem, was man selbst für wesentlich hält, keinen Anklang zu finden, führen bei manchen pastoralen Mitarbeiterinnen und Mitarbeitern dazu, die beim Gegenüber vermutete Ablehnung, Indifferenz oder Unwissenheit bewusst oder unbewusst zu unterstellen. Dem Mechanismus einer self-fulfilling prophecy folgend, kommt ihnen dabei die Fähigkeit, „offen und unbefangen von und über Gott zu reden"[11] mehr und mehr abhanden. Fazit: Seelsorgerinnen und Seelsorger werden vielfach als nicht auskunftsfähig über das erlebt, was den Kern ihrer beruflichen Identität ausmacht.

Dabei gibt es Anzeichen dafür, dass die Einschätzung der Seelsorgenden nicht in vollem Umfang der Realität entspricht. Zwar haben sich Religiosität und Kirchlichkeit unter den Gegebenheiten der Säkularisierung verändert. Andererseits wird schon seit einigen Jahren von einer Wiederkehr des Religiösen[12] gesprochen. Dabei handelt es sich allerdings nicht um die Wiederherstellung eines früheren Zustands. Vielmehr wird im aktuellen Diskurs zwischen den Dimensionen christlicher Kirchlichkeit, christlicher Überzeugung und außerkirchlicher Religiosität unterschieden, was die Notwendigkeit der differenzierten Betrachtungsweise deutlich macht.

In der medialen Öffentlichkeit und in der gesellschaftspolitischen Debatte wird Kirche immer noch als fachkundige Gesprächspartnerin wahrgenommen oder auch neu entdeckt. So sind (meist männliche) Kirchenvertreter in

---

8   Michael Klessmann: Seelsorge. Begleitung, Begegnung, Lebensdeutung im Horizont des christlichen Glaubens. Ein Lehrbuch. Neukirchen-Vluyn 2008, S. 17. Ein aktuelles Beispiel für dieses Phänomen bietet der Zwischenbericht des Modellprojekts „Taufberufung als Referenzgröße zukunftsweisender Bistumsentwicklung", das im Rahmen des Zukunftsbildes des Erzbistums Paderborn durchgeführt wird: „Eine bedeutsame Erkenntnis lautet, dass der Begriff ‚Taufberufung' von den meisten [langjährig kirchlich engagierten] Interviewten als äußerst sperriger Begriff bewertet wurde. [...] Die Begriffe ‚Berufung' und ‚Taufe' werden als ‚Kirchensprache' von den Interviewten nicht aufgegriffen und haben für die eigene Lebensgestaltung kaum Bedeutung." In: www.zukunftsbild-paderborn.de/beitraege/detail-zukunftsblick/datum/2016/06/02/in-modellprojekten-die-pastorale-zukunft-gestalten (abgerufen am: 24.7.17).
9   Altmeyer: Fremdsprache Religion (wie Anm. 1), S. 17f.
10  Vgl. Gärtner: Zeit, Macht und Sprache (wie Anm. 6), S. 239–247.
11  Ebd., S. 241.
12  Vgl. u. a: Herder Korrespondenz spezial: Renaissance der Religion. Mode oder Megathema? Freiburg i. Br. 2006.

Fernsehmagazinen und Talkrunden, in denen es z. B. um ethische Fragen, um soziale Gerechtigkeit oder um die Flüchtlingsthematik geht, gefragte Gäste. Genauso wie bei jedem anderen Teilnehmer setzt man bei ihnen voraus, dass sie die wesentlichen Inhalte der eigenen Lehre und Praxis profiliert und verständlich präsentieren können. Von „der Kirche" wird erwartet, dass sie sich in diesen Fragen klar positioniert, gegebenenfalls auch von parteipolitischen Äußerungen abgrenzt und für Menschlichkeit und Gerechtigkeit eintritt. Ebenso wird die Kirche von vielen Menschen nach wie vor als kompetente Dienstleisterin für die Gestaltung von persönlichen Lebenswendepunkten – angefangen bei der emotionalen Hochzeitszeremonie bis zum würdigen Bestattungsritual – geschätzt und in Anspruch genommen. Im gemeindlichen Bereich erfahren Glaubenskurse und spirituelle Angebote regen Zulauf. Die Zahl der Menschen, die sich als Erwachsene zum ersten Mal überhaupt oder noch einmal bewusst mit Glaubensfragen auseinandersetzen wollen, steigt stetig.

Die Tatsache, dass bestimmte Begriffe keinen Anschluss an die heutige Lebensrealität finden oder nicht mehr mit religiösen Inhalten assoziiert werden, heißt also nicht, dass es die dahinter liegenden Bedürfnisse und existenziellen Fragen nicht mehr gäbe. Nicht von ungefähr konstatiert Stefan Gärtner daher „auf Seiten der Pastoranden"[13], die sich heute nicht mehr aus moralischem Druck oder aus Angst vor sozialer Ächtung, sondern freiwillig an die Kirche wenden, ein „wachsendes Interesse" und den ausdrücklichen und verstärkten Wunsch nach „einer angemessenen Kommunikation über religiöse Fragen."[14] Der Frage, wie eine solche „angemessene Kommunikation" konkret aussehen kann, soll unter Punkt 4 nachgegangen werden.

Damit kommt der zweite Aspekt des pastoralen Sprachproblems in den Blick, das „Wie". Während Matthias Scharer in seinem Beitrag in diesem Band postuliert, dass „das ‚Wie' der Kommunikation" in der spätmodernen Welt „für die Glaubwürdigkeit einer Botschaft immer wichtiger" wird,[15] muss eine ehrliche Situationsanalyse zu dem Schluss kommen, dass genau das in der kirchlichen Kommunikation ein großes Manko darstellt. Zu dem Vorwurf, als Seelsorgerin oder Seelsorger nicht mehr auskunftsfähig zu sein, gesellt sich bei vielen das Problem, auch nicht mehr sprachfähig[16] zu sein, die christliche Kernbotschaft

---

13 Gärtner: Zeit, Macht und Sprache (wie Anm. 6), S. 242. Unter „Pastoranden" versteht Gärtner diejenigen Menschen, denen das seelsorgerische Handeln zu Gute kommt. Klessmann sieht bereits in der Frage der Bezeichnung der an der Seelsorge Beteiligten (Rat Suchende, Gegenüber, Klient, Seelsorge-Person) ein Sprachproblem, vgl. Klessmann: Seelsorge (wie Anm. 8), S. 3.
14 Gärtner: Zeit, Macht und Sprache (wie Anm. 6), S. 242; vgl. zudem S. 243.
15 Vgl. Matthias Scharer in diesem Band, S. 117.
16 Vgl. Zeit zur Aussaat (wie Anm. 5), S. 19.

nicht in treffende und gleichzeitig verständliche Worte fassen zu können. Stefan Altmeyer befürchtet, dass „weite Teile der professionellen religiösen Sprecher von der religiösen Sprachlosigkeit betroffen" sein könnten.[17] Zugegeben: Es ist schwer, das Geheimnis der Eucharistie verständlich zu erklären oder zeitgemäße Bilder für „den guten Hirten" oder „das Schiff, das sich Gemeinde nennt" zu finden, die an das Erleben und die Sprache heutiger Menschen anknüpfen. In dem Blog, der 2015 den Anstoß zu seinem Buch gab, bringt Flügge das Problem auf den Punkt: „[Jesus] hat den Leuten etwas mit Bildern und Begriffen erklärt, mit denen sie etwas anfangen konnten. Seine Zuhörer wussten, wer die Samariter sind und wie ein Senfbaum aussieht. Die wussten, wie die Nummer mit dem Sauerteig geht. Ey Leute, ich geh zum Bäcker, ich hab keine Ahnung, was man mit Sauerteig anstellen muss und wie das funktioniert. Wozu auch, es gibt sechs Bäcker rund um meine Wohnung."[18] Einer Sprache, die sich an überkommenen biblischen Bildern orientiert, in pathetischen Schachtelsätzen erschöpft oder durchaus attraktive Veranstaltungen in Flyern und Ausschreibungstexten dermaßen verklausuliert, dass unverständlich bleibt, um was es eigentlich geht, kann es nicht gelingen, Menschen emotional zu berühren und zum Eigentlichen, auf das sie hinweisen soll, vordringen zu lassen. Statt dessen schreckt sie Interessierte ab und lässt pastoral Handelnde frustriert zurück. Fritz Weidmann fasst schon vor 20 Jahren die Misere unmissverständlich zusammen: In der Sprache der kirchlichen Verkündigung lassen sich „[...] ein unwahres und klischeehaftes Vokabular, eine dominierend theologisch-dogmatische Begrifflichkeit, ein mangelnder Wirklichkeitsbezug, eine fehlende Orientierung des Wortschatzes am gesellschaftlich-kulturellen Wandel, ethisch-moralische Leerformeln, eine kitschig-sentimentale Sprachgestalt und manchmal auch eine Anbiederung in Form einer künstlich hergestellten Modernität" ausmachen.[19]

Der Druck, neue, an heutige Realitäten anschlussfähige Bilder und Vokabeln zu erfinden, birgt wiederum die Gefahr der Banalisierung. Seelsorgerische Sprache steht also in der Spannung, dass an ihr einerseits ablesbar sein muss, dass sie etwas nicht Alltägliches, Besonderes bezeichnet, andererseits muss sie verständlich sein und einen niederschwelligen Zugang für möglichst

---

17 Altmeyer: Fremdsprache Religion (wie Anm. 1), S. 18.
18 Erik Flügge: Die Kirche verreckt an ihrer Sprache. Blog-Beitrag vom 19.4.2015: http://erikfluegge.de/die-kirche-verreckt-an-ihrer-sprache (abgerufen am: 25.7.17).
19 Fritz Weidmann: Sprache und Religionsunterricht. In: ders. (Hrsg.): Didaktik des Religionsunterrichts. Ein Leitfaden. Donauwörth 1997, S. 164–178, hier S. 166.

viele Menschen bieten. Ein Dilemma beim Erwerb und beim Einsatz religiöser Sprache sieht Altmeyer darin, „dass es Menschen einerseits an religiöser Sprachkompetenz mangelt, diese Kompetenz andererseits aber nur durch Rückgriff auf eine vorgegebene Sprache gebildet werden kann."[20] Zudem ist jeder Sprecher bzw. jede Sprecherin durch sein/ihr eigenes Milieu geprägt und eine Kommunikation über die Barrieren der verschiedenen Milieus hinweg schwierig, wenn nicht sogar unmöglich.[21]

Gärtner spitzt zu: „Binnensprache zum Preis des Unverständnisses oder Verständnis zum Preis der Selbstverleugnung – dies sind die Enden einer Skala, auf der sich ein Seelsorger mit seiner Sprache unter den Bedingungen der Spätmoderne bewegt."[22] Und selbst der Rückgriff auf nicht an „gesprochene Sprache" gebundene Kommunikation verspricht nicht wirklich einen Ausweg: Zwar verfügt die Kirche über eine „Vielfalt der performativen Ausdrucksweisen des Glaubens"[23], aber auch die sind längst nicht mehr selbsterklärend und tragen nur noch bedingt.

Diese Problemskizze macht deutlich: Die seelsorgerische Sprachkrise hat ein dramatisches Ausmaß erreicht. Das ist insofern tragisch, als Kirche und Kommunikation eigentlich in einem besonderen Verhältnis zueinander stehen: Schließlich hat die Kirche nicht nur einen auf Jesus selbst zurückgehenden Kommunikations*auftrag*[24], sondern von jeher auch einen ambitionierten Kommunikations*anspruch*, da sie sich selbst ihrem Ursprung und Wesen nach als Kommunikationsgeschehen begreift: Gott hat sich vor mehr als 2000 Jahren durch die Menschwerdung Jesu mitgeteilt (Joh 1,1–14) und äußert sich auch heute noch durch den Heiligen Geist in der Weltgeschichte. Eine Kirche, deren Kommunikation misslingt, wird also ihrem Auftrag und Anspruch nicht gerecht.

---

20 Altmeyer: Fremdsprache Religion (wie Anm. 1), S. 17.
21 Vgl. MDG-Milieuhandbuch 2013. Religiöse und kirchliche Orientierungen in den Sinus-Milieus. Heidelberg. München 2013.
22 Gärtner: Zeit, Macht und Sprache (wie Anm. 6), S. 238.
23 Matthias Scharer in diesem Band, S. 109.
24 „Dann sagte er zu ihnen: Geht hinaus in die ganze Welt, und verkündet das Evangelium allen Geschöpfen!" (Mk 16,15).

## 2. Seelsorgerische Kommunikation in der Spannung zwischen Kontext, Format und Stil

Unter Kommunikation im engeren Sinne versteht man die Verständigung zwischen Menschen mithilfe von Sprache oder Zeichen.[25] Seelsorge ist immer und vor allem anderen selbst ein Kommunikations- und Beziehungsgeschehen. „Seelsorge meint einen dialogischen, an Begegnung und Sprache, an Verstehen und Deutung gebundenen Vorgang."[26] Die seelsorgerische Kommunikation ist geprägt von dem Bemühen um den Menschen in seiner Ganzheitlichkeit und um sein Verhältnis zu Gott." Seelsorge wird zuweilen als „die Muttersprache der Kirche" bezeichnet, die sich einerseits explizit als *cura animarum specialis* im Seelsorgegespräch äußert und deren Geist andererseits implizit im Sinne der *cura animarum generalis* alle Handlungsfelder der Kirche durchzieht.[27]

Die Liste vorstellbarer Kommunikationssituationen scheint endlos, die Settings selbst – Orte, beteiligte Personen, Anlässe, Themen – äußerst vielfältig und unterschiedlich. Als ein mögliches kircheninternes Ordnungsprinzip können die seelsorgerischen Handlungsfelder in Territorium (Gemeindeseelsorge mit ihren verschiedenen Zielgruppen, Kasualien, Katechese, Caritas) und Kategorie (Krankenhausseelsorge, Citypastoral u. v. m.) dienen. Unter strukturellen Gesichtspunkten und aus Sicht der in der Seelsorge tätigen hauptberuflichen und ehrenamtlichen Mitarbeiter/innen bieten sie einen Überblick über die Möglichkeiten des personalen und pastoralen „Andockens" an die Menschen, die sich im Gemeindekontext, über kirchliche Einrichtungen oder in bestimmten Lebenssituationen erreichen lassen. Neue Formate, wie z. B. Internetseelsorge, Lebensraumorientierte Seelsorge und Erlebnisorientierte Seelsorge entziehen sich in gewisser Weise der Zuordnung zu den oben genannten Kategorien, stellen aber immer wichtiger werdende Orte für die seelsorgerische Kommunikation gerade mit den Menschen dar, die keinen Zugang zu oder über kirchliche Einrichtungen suchen, aber dennoch Interesse an spirituellen Angeboten haben oder sich Orientierung in existenziellen Fragen wünschen. Gemeinsam ist allen Handlungsfeldern der Anspruch, Menschen in Lebens- und Glaubensfragen zu begleiten und mit der befreienden Botschaft des Evangeliums in Kontakt zu bringen. Dies geschieht im persönlichen Gespräch, je nach Situation aber auch durch gemeinsames oder stellvertretendes Gebet, durch

---

25 „Um in Kommunikation zu treten, bedarf es eines Mediums: In der Seelsorge ist das in der Regel die mündliche Sprache zusammen mit ihren non-verbalen Akzentuierungen, in der Brief- oder Internetseelsorge ist es die geschriebene Sprache, in der Gehörlosenseelsorge die Gebärdensprache." Klessmann: Seelsorge (wie Anm. 8), S. 118.

26 Ebd., S. 47.

27 Ulrich Rost: Seelsorge, Kommunikationskompetenz, Handlungskompetenz und die eigene Identität. Das KSA-Lernmodell – Ansatz, Inhalt, Arbeitsweise. Birkach 2015.

das Zusprechen und den Austausch über Worte der Bibel, durch Segensgesten oder das Entzünden einer Kerze und nicht zuletzt gegebenenfalls auch durch praktische Unterstützung in sozialen Belangen.

Aus der Perspektive der „Pastoranden", die nicht in pastoralen Kategorien und Strukturen denken, ereignen sich seelsorgerische Begegnungen und Gespräche häufig im Kontext ihrer individuellen Lebensgeschichte, besonders an sogenannten Lebenswendepunkten oder in existenziellen Umbruchsituationen, z. B. in Form eines Ehevorbereitungsgesprächs zwischen Brautpaar und Priester, am Bett eines Schwerkranken, im Rahmen eines Kondolenzbesuchs der Beerdigungsdienstleiterin bei den Hinterbliebenen, als akute Krisenintervention bei der Telefonseelsorge.[28] In diesen Momenten brechen Fragen auf, die sich vorher noch nicht gestellt haben, die über das bisher Erlebte hinausgehen und hinausweisen und die sich teilweise vernunftbasierten Erklärungsversuchen entziehen: „Warum gerade ich?" – „Warum gerade jetzt?" – „Was kommt nach dem Tod?" – „Was ist uns an unserem Glauben so wichtig, dass wir unsere Ehe unter den Segen Gottes stellen wollen?"

Ein besonderes seelsorgerisches Kommunikationsformat ist das klassische Seelsorgegespräch. Die Übergänge zu anderen Gesprächsformen sind fließend. „Seelsorge – das kann ein alltägliches Gespräch anlässlich einer zufälligen Begegnung ebenso sein wie ein therapeutischer Dialog zum fest vereinbarten Termin, ein orientierendes Gespräch bei einer Kasualanmeldung, ein Glaubensgespräch im Anschluss an ein Bibelseminar, ein Nachtgespräch bei einer Jugendrüstzeit usw."[29] Alle diese Gesprächssituationen können, auch wenn sie ursprünglich keinen dezidiert seelsorgerischen, sondern einen alltäglichen oder organisatorischen Anlass hatten, die Chance für ein seelsorgerisches Gespräch bieten und aufgreifen, je nach Disposition der Gesprächsteilnehmer und Dynamik der Situation. Eberhard Hauschildt zieht daraus den Schluss, dass Seelsorge nicht eindeutig auf das „angeblich Eigentliche" festgelegt werden kann und plädiert stattdessen für die „Wahrnehmung der unabgegrenzten Vielfalt der Situationen", die von Seelsorgenden entdeckt und genutzt werden sollte.[30]

Nach pastoraltheologischer Definition liegt ein „Seelsorgegespräch" dann vor, wenn folgende formale Rahmendaten gegeben sind: a) Der kirchliche Kontext, der entweder durch den Gesprächsort (lokal) oder die Tatsache, dass mindes-

---

28 Vgl. Gärtner: Zeit, Macht und Sprache (wie Anm. 6), S. 264.
29 Jürgen Ziemer: Seelsorgelehre. Eine Einführung in Studium und Praxis. Göttingen 2000, S. 152.
30 Eberhard Hauschildt: Alltagsseelsorge. Eine sozio-linguistische Analyse des pastoralen Geburtstagsbesuchs. Göttingen 1996, S. 70.

tens ein Gesprächsteilnehmer im Auftrag einer kirchlichen Einrichtung handelt (personal) gewährleistet wird. Er „symbolisiert den Sinnhorizont, auf den Seelsorge bezogen ist"[31]. b) Die existenzielle Ebene, eine Offenheit für tiefgehende Sinn- und Lebensfragen, die als Chance und Deutehorizont, nicht als Gesetz[32], begriffen wird. c) Das Glaubensthema, also die Möglichkeit, dass sowohl auf informativer als auch auf persönlicher Ebene ein Austausch über den Glauben und somit eine „Begegnung im Glauben"[33] stattfinden kann.

Das alles trifft auch auf die Beichte zu, deren „ritualisierte Kommunikation" in der katholischen Kirche lange „als Grundform der Seelsorge angesehen wurde."[34] Der kirchliche Kontext ist in der Regel durch die räumliche Verortung im Kirchengebäude (Beichtstuhl oder Beichtraum) und die Person des beteiligten Priesters gegeben, die existenzielle Ebene durch die Thematik „Schuld, Versöhnung, Vergebung". Vorausgesetzt, die Beichte findet nicht aus Gewohnheit oder bloßem Katechismusgehorsam statt, ist auch die Möglichkeit gegeben, dass eine wirkliche dialogische Begegnung in der gemeinsamen Suche nach Wahrheit stattfindet.[35] Legt man allerdings zusätzlich die Kriterien an, die die Struktur eines Seelsorgegesprächs auf der Beziehungsebene kennzeichnen, nämlich u. a. Herrschaftsfreiheit und Gleichwertigkeit der Gesprächspartner,[36] lässt sich die klassische Beichte nur schwer in die Kategorie Seelsorgegespräch einordnen. Die Tatsache, dass der sogenannte Beichtvater in der Beichtsituation die „Macht" hat, den/die Beichtende/n im Auftrag Jesu von den Sünden freizusprechen, steht einem Verhältnis auf Augenhöhe entgegen.

Die Katechese, insbesondere die Sakramentenkatechese in ihrer derzeitigen überwiegend praktizierten Form, kann einerseits als „eigene Gattung" der seelsorgerischen Kommunikation betrachtet werden. Dabei geht es um die systematische „Einführung, Vertiefung und Vergewisserung im Glauben"[37], die spezifische Praxis des Lehrens und Lernens in kirchlicher Verantwortung und besondere katechetische Prozesse wie den Katechumenat oder die Eucha-

---

31 Ziemer: Seelsorgelehre (wie Anm. 29), S. 152.
32 Vgl. Martin Nicol: Gespräch als Seelsorge. Theologische Fragmente zu einer Kultur des Gesprächs. Göttingen 1990, S. 162.
33 Ziemer: Seelsorgelehre (wie Anm. 29), S. 153.
34 Gärtner: Zeit, Macht und Sprache (wie Anm. 6), S. 250.
35 Vgl. Klessmann: Seelsorge (wie Anm. 8), S. 16: „Antworten können nicht mehr autoritativ gegeben, sondern müssen gemeinsam erarbeitet werden."
36 Vgl. Ziemer: Seelsorgelehre (wie Anm. 29), S. 153.
37 Katechese in veränderter Zeit. Hrsg. vom Sekretariat der Deutschen Bischofskonferenz (Die deutschen Bischöfe. 75). Bonn 2004, S. 9.

ristievorbereitung etc.³⁸ Während die Seelsorge allgemein verstanden in ihrem Bemühen um den ganzen Menschen und seine Gottesbeziehung im positiven Sinne absichtslos und ergebnisoffen agiert, spielt in den katechetischen Kommunikationsprozessen der kirchliche Kontext und die theoretische und praktische Einführung in den Glauben einer bestimmten Konfession eine wesentliche Rolle. In diesen sehr binnenkirchlichen Bereichen machen sich die anfangs skizzierten sprachlichen Schwierigkeiten in besonderem Maße bemerkbar.

Gleichzeitig ist Katechese quasi eine „Querschnittsaufgabe" in der Seelsorge, d. h. die meisten der exemplarisch beschriebenen seelsorglichen Kommunikationssituationen weisen katechetische Anteile auf. Diese sollten sich immer unter dem Vorzeichen des „Anbietens"³⁹ verstehen. Auch im Gespräch am Krankenbett kann es für den Seelsorgenden angezeigt und für den Kranken angesichts seiner aktuellen Befindlichkeit hilfreich sein, sich gemeinsam der „Haltung des glaubenden Vertrauens zu Gott" zu vergewissern und die „eigenen Lebenserfahrungen im Licht des Glaubens zu deuten"⁴⁰. Beim Grillabend der Jugendfreizeit oder bei der zufälligen Begegnung im Supermarkt kann eine Diskussion über vegetarische Ernährung oder fair gehandelte Produkte das Thema „Verantwortung für die Schöpfung" aufbringen und zu der Frage führen, wie man in christlicher Verantwortung das eigene Konsumverhalten gestaltet, also „in religiösen, sozialen sowie ethischen Fragen im Licht des Evangeliums verantwortlich und situationsangemessen" handelt.⁴¹

Stärker als in anderen Kommunikationszusammenhängen kann in der Katechese die theologische und didaktische Vorbildung der seelsorgenden Person – sei es ein hauptberuflicher pastoraler Mitarbeiter oder eine ehrenamtlich Engagierte, die aufgrund ihrer Taufe, ihrer Firmung und ihres damit verbundenen persönlichen Glaubens katechetische Dienste übernimmt und zur Wegbereiterin und -begleiterin des Glaubens anderer Menschen wird⁴² – zum

---

38  Grundlegende Aufgaben der Katechese sind im *Allgemeinen Direktorium für die Katechese* beschrieben. Vgl. Kongregation für den Klerus: Allgemeines Direktorium für die Katechese. Hrsg. vom Sekretariat der Deutschen Bischofskonferenz (Verlautbarungen des Apostolischen Stuhls. 130). Bonn 1997, S. 75ff.

39  Ebd. S. 10. Der Begriff „Anbieten" bezieht sich auf den Topos „Proposer la foi" aus dem Text der französischen Bischöfe, vgl.: Den Glauben anbieten in der heutigen Gesellschaft. Brief an die Katholiken Frankreichs von 1996. Hrsg. vom Sekretariat der Deutschen Bischofskonferenz (Stimmen der Weltkirche. 37). Bonn 2000.

40  Monika Scheidler: Art. Katechese/Katechetik [2015] In: WiReLex – Das Wissenschaftlich-Religionspädagogische Lexikon im Internet, https://www.bibelwissenschaft.de/stichwort/100103/ (abgerufen am: 25.7.17).

41  Ebd.

42  Ebd.

Tragen kommen. Das muss aber nicht bedeuten, dass die katechetische Kommunikation deswegen einseitig verliefe. Auch Seelsorger ‚lernen' im Gespräch mit Menschen dazu und empfinden die gemeinsame Suche nach Antworten auf Glaubensfragen häufig als Bereicherung.[43] „Gelungene Seelsorge ist stets auch eine Sprachschule, in welcher beide Partner lernen!"[44]

Die Art und Weise, wie sich Seelsorger und Seelsorgerinnen in Kommunikationssituationen einbringen, welchen Sprachduktus und welches Vokabular sie verwenden, richtet und unterscheidet sich jeweils nach dem konkreten Kontext, dem Anlass und den beteiligten Personen. Ein Krankenbesuch oder Trauergespräch wird stark von Zuhören und Anteilnahme geprägt sein, ein Bibelgespräch von der gemeinsamen Suche nach und dem Austausch über Orientierungsansätze für das eigene Leben und Handeln, ein Taufvorbereitungsgespräch von Informationen über Ablauf und Gestaltungsspielräume in der Liturgie und nicht zuletzt von organisatorischen Fragen. Auch die „hierarchische" Ebene spielt eine Rolle für die Auswahl des Sprachstils. Mit Katecheten und Katechetinnen, die in ihre Aufgabe als Leiter/in einer Gesprächsgruppe im Rahmen der Firmvorbereitung eingeführt werden, redet der/die Seelsorger/in anders als mit den sogenannten Endverbrauchern, in diesem Fall den Firmbewerberinnen und -bewerbern selbst. Zusätzlich erfordert eine „pastorandenorientierte" Seelsorgesprache ein möglichst individuelles Eingehen auf die Vielschichtigkeit und Multiperspektivität von Lebenswirklichkeiten der Menschen, mit denen der Seelsorger oder die Seelsorgerin in einer konkreten Situation zu tun hat. Angesichts dieses Pendelns zwischen den Erfahrungs- und Sprachwelten der Menschen, mit denen Seelsorgerinnen und Seelsorger zu tun haben, scheint die „Mehrsprachigkeit"[45] in der Seelsorge das Gebot der Stunde.

Das schließt auch die Verwendung von „Leichter Sprache"[46] und Techniken der nonverbalen Kommunikation wie z. B. Gebärdensprache bzw. den bewusste Einsatz von Körpersprache ein. Besondere Fähigkeiten in dieser Hinsicht benötigen Seelsorgerinnen und Seelsorger z. B. im Umgang mit sprachlich

---

43 Vgl. Praxis Katechese 2/2015. Dialogische Katechese. Katechetische Impulse für Gemeinde und Pastoral. Praxisbeilage in: Katechetische Blätter 140 (2015) 4.

44 Jürgen Ziemer: Fremdheit überwinden. Sprache und Verständigung im seelsorglichen Gespräch. In: Pastoraltheologie 78 (1989), S. 184–195, hier S. 191.

45 Gerhard Nachtwei: Plädoyer für den ‚schwachen' Seelsorger. Ein post-moderner Zwischenruf. In: Hildegund Keul, Willi Kraning (Hrsg.): Um der Menschen willen. Evangelisierung – eine Herausforderung der säkularen Welt. Leipzig 1999, S. 325–340, S. 336. Gärtner spricht in diesem Kontext von transversaler Kompetenz. Vgl. Gärtner: Zeit, Macht und Sprache (wie Anm. 6), S. 253.

46 Vgl. www.leichte-sprache.de, www.evangelium-in-leichter-sprache.de.

eingeschränkten Menschen.⁴⁷ Neue Seelsorgeformate wie Internetseelsorge, Chatseelsorge oder Seelsorge über soziale Netzwerke, die inzwischen vermehrt Eingang in katechetische Handlungsfelder gefunden haben, erfordern wiederum spezifische Kompetenzen in der Schriftsprache und Kenntnisse über die dort verwendeten Sprachstile. Kommunikation in Seelsorgebezügen bewegt sich demnach immer innerhalb eines komplexen Systems aus Person und Beziehung, Anlass und Kontext, konkretem Thema und Sprache.

## 3. Die vielen Sprachen der Seelsorge und ihre Funktionen

Ein weiterer Parameter in der Betrachtung der Sprache von Seelsorgerinnen und Seelsorgern ist ihre Funktionalität. Wozu dient die Seelsorgesprache bzw. dienen die vielen verschiedenen Sprachen in den jeweiligen pastoralen Handlungsfeldern und Kommunikationssituationen? Wie zeichnen sich die einzelnen Sprachstile aus? Anknüpfend an die vorgestellten Formate und Kontexte lassen sich verschiedene Funktionen identifizieren:

Seelsorgerisches Sprechen dient zum religiösen Kompetenzerwerb. Das ist vor allem in katechetischen Zusammenhängen und Prozessen der Fall. Hier werden Menschen primär durch das Medium der mündlichen Kommunikation befähigt, „bestimmte Lebensprobleme im Horizont der Gottesbeziehung bzw. im Licht des christlichen Glaubens lösen (zu) können, sowie die dazu mit der Taufgnade grundgelegten motivationalen, willensmäßigen und sozialen Bereitschaften und Fähigkeiten, die Problemlösungen in konkreten Situationen verantwortungsvoll zu nutzen und aus der Taufberufung zu leben."⁴⁸ Dazu gehört u. a., die Phänomene, die für das Leben aus dem christlichen Glauben bedeutsam sind, wahrnehmen und beschreiben zu können, zu *verstehen*, was für den christlichen Weg in der Gottesbeziehung wesentlich ist, und eigene Erfahrungen im Licht des Glaubens zu deuten sowie subjektive religiöse Vorstellungen im Vergleich mit Grundsätzen des christlichen Weges zu bewerten und zu kommunizieren.⁴⁹ Katechese ist also als „*Sprachschule des Glaubens*" zu konzipieren, mit deren Hilfe im besten Fall „Sprachverständnis, Ausdrucks- und Sprachfähigkeit, Auskunftsfähigkeit und Zeugnisfähigkeit insbesondere erwachsener Christen, denen die traditionellen christlichen Sprachspiele auch in ihrer Muttersprache nicht (mehr) verständlich sind", geschult und gefördert werden.⁵⁰

---

47 Gärtner: Zeit, Macht und Sprache (wie Anm. 6), S. 319.
48 Monika Scheidler: Art. Katechese/Katechetik (wie Anm. 40).
49 Vgl. ebd.
50 Ebd.

Ohne Kenntnis eines speziellen Vokabulars – das lässt sich schon an der Art der Formulierung dieses Aspekts ablesen – ist diese Art von Kompetenzerwerb kaum vorstellbar. Seelsorgerische Sprache ist durch ihre Exklusivität im positiven Sinne also auch identitätsbildend und gemeinschaftsstiftend, vermittelt denjenigen, die das kirchliche Sprachspiel beherrschen, das Gefühl der Zugehörigkeit und der „vermeintliche[n] Sicherheit einer geschlossenen binnenkirchlichen Sonderwelt"[51]. Negativ betrachtet, baut sie Mauern auf, schließt Menschen, die die Sprache der Kirche nicht sprechen, aus und wird deshalb häufig mit dem Vorwurf konfrontiert ein „closed shop" zu sein, der gar keinen Wert darauf legt, mit „Externen" ins Gespräch zu kommen.

Hier kommt eine weitere Aufgabe der seelsorgerischen Sprache ins Spiel, das Übersetzen. „Seelsorge sollte Sprach- und Übersetzungshilfe zwischen säkularer Weltwahrnehmung und christlicher Tradition leisten."[52] Diese Übersetzungsleistung muss in zwei Richtungen geschehen: Zum einen haben viele Menschen den „Wunsch nach vereinfachenden Übersetzungen theologischer Inhalte in die Alltagssprache von Menschen".[53] Zum anderen bieten pastorale Handlungsfelder die Chance, Menschen insofern bei der Versprachlichung ihrer konkreten Lebens- und Leidenserfahrungen zu unterstützen[54], als man den im Gespräch thematisierten Grunderfahrungen theologische Kategorien und Perspektiven zuordnet und Begriffe, die sich in der christlichen Tradition für diese Phänomene etabliert haben, anbietet. Gärtner sieht hierin eine große Herausforderung: Der Seelsorger „muss weltlich von Gott reden können, wenn er an die Erfahrungswirklichkeit der Pastoranden und an deren Biografien anschließen will [...]."[55] Andererseits darf er sich nicht aus Scheu davor, den Erfahrungen seines Gesprächspartners eine Deutung in christlicher Sprache überzustülpen und ihn damit zu bevormunden, ins rein Menschliche zurückziehen[56], denn er wird ja bewusst als Repräsentant der christlichen Theologie angefragt. Hier kommt es auf das richtige Verhältnis von Nähe und Distanz, von profiliertem Auftreten und Zurückhaltung, an.

---

51 Gärtner: Zeit, Macht und Sprache (wie Anm. 6), S. 238.
52 Klessmann: Seelsorge (wie Anm. 8), S. 17.
53 Vgl. Matthias Scharer in diesem Band, S. 108.
54 Vgl. Gärtner: Zeit, Macht und Sprache (wie Anm. 6), S. 251f.
55 Ebd., S. 238.
56 Vgl. ebd., S. 242.

Sprache kann auch als Stütze fungieren und Halt geben. Das gilt besonders für die ritualisierte Kommunikation, die häufig als „pastorale Fertigrede"[57] kritisiert wird. Sie befreit Seelsorgende vom Leistungsdruck und der Zumutung, *„immer wieder neue Worte zu finden für das Unsagbare"*,[58] und entlastet Zuhörende vor allem in Extrem- und Krisensituationen. Gleichzeitig schützt sie sie vor dem möglichen Verstummen des Seelsorgers oder der Gefahr des sprachlichen Eskapismus. „[F]estgefügte Sprachspiele wie etwa das Gebet, der standardisierte Gesprächsbeginn, der ritualisierte Abschied, [...] die deutenden Worte bei einer Zeichenhandlung [...] [können] eine wichtige Entlastungs- und Schutzfunktion haben [...] und zwar sowohl für den Seelsorger als auch für den Pastoranden."[59] Außerdem kann die standardisierte Sprache den Horizont für die globale Dimension des Christentums eröffnen und dafür sensibilisieren, dass die an diesem Kommunikationsgeschehen Beteiligten sich in einer dem eigentlichen Wortsinn nach „katholischen" Glaubensgemeinschaft befinden. Manchmal erregt auch gerade die Andersartigkeit formelhafter Sprache z. B. in meditativen Litaneien oder im Rosenkranzgebet Interesse oder macht eine außergewöhnliche Situation eine fremd anmutende Sprache plausibel. Gerade in der Fremdheit und Andersartigkeit des biblischen oder liturgischen Sprachstils besteht also eine pastorale Chance.

Körpersprache, wie bereits beschrieben auch eine Ausdrucksweise der Seelsorge, kann verbale Kommunikation nicht komplett ersetzen, aber in bestimmten Situationen ergänzen oder ad absurdum führen. Gerade am Anfang von Begegnungen im Seelsorgekontext kann die Kenntnis von Mechanismen der non-verbalen Kommunikation – Wie gehe ich auf den/die andere/n zu? Halte ich im Gespräch Augenkontakt? Bin ich mir meiner Gestik und Mimik bewusst? – entscheidend für die Beziehungsaufnahme sein.[60] Aber auch im weiteren Verlauf von seelsorgerischen Beziehungen sollten sich sprachliche Aussagen und der Eindruck, den die Körpersprache hinterlässt, bestenfalls entsprechen. „Ein Seelsorger will die Erfahrung kommunizieren, dass das Heilshandeln Gottes mit der konkreten Lebensgeschichte des individuellen Pastoranden verbunden werden kann. Wenn dies „leibhaftig" geschieht, also in der gelungenen Einheit von Wort- und Körpersprache, dann kommuniziert der Seelsorger mit dieser Form einen bestimmten Inhalt, ein bestimmtes Got-

---

57  Ebd., S. 249.
58  Pierre Stutz: Auf neue Worte warten. Eine Ermutigung zum Perspektivwechsel. In: Anzeiger für die Seelsorge. Zeitschrift für Pastoral und Gemeindepraxis 121 (2012) 6, S. 15–17, hier zitiert nach: http://www.anzeiger-fuer-die-seelsorge.de/zeitschrift/archiv/detail_html?k_beitrag=3402650&k_par_beitrag=3402590 (abgerufen am: 25.7.17).
59  Gärtner: Zeit, Macht und Sprache (wie Anm. 6), S. 249.
60  Vgl. ebd., S. 320.

tesbild. Zu diesem gehört es, dass Gott sich in der ganzen Konkretheit eines menschlichen Lebens erweisen kann. Umgekehrt kommt Gott in einer wortlastigen Seelsorge als solcher Konkretheit entrückter, abstrakter Gott zur Sprache, auch wenn der Seelsorger etwas anderes behauptet."[61]

In manchen seelsorgerischen Kommunikationssituationen erweist sich Schweigen als die angemessenste „Sprachform". Andächtiges Schweigen, ohnmächtiges Schweigen, solidarisches Schweigen, ohne große Worte zu machen einfach da sein, Zuhören und ganz Ohr sein anstatt selbst zu reden, Schweigen gegen den „Wort-Durchfall"[62] – Schweigen kann beredter sein als noch so sorgfältig ausgewählte und arrangierte Worte. Im Schweigen kann sich auch eine Respektsbekundung vor dem anderen und seiner Lebens- und gegebenenfalls Leidenssituation, die sich nicht mit Worten trösten, zudecken oder wieder gut machen lässt, ausdrücken. Wenn der oder die Seelsorgende in diesen sehr speziellen Momenten die „grace in having nothing to say"[63] zulässt, was nicht einfach ist, weist sein/ihr Schweigen nicht nur auf die Grenzen der Seelsorgekommunikation hin, sondern, und zwar eindringlicher als es die gesprochene Sprache vermag, über sie hinaus. Das Schweigen lässt Platz für eine weitere Dimension und macht deutlich, dass an der Seelsorge nicht nur die seelsorgende Person und ihr Gegenüber beteiligt sind, sondern noch eine weitere Größe. Der Dialog zwischen Seelsorger und Pastorand wird zum „Trialog" – mit Gott als Drittem. Im Rückbezug auf Klein Kranenburg spricht Gärtner in diesem Kontext vom hermeneutischen Dreiecksverhältnis zwischen Seelsorger, Pastorand und Botschaft.[64]

Wenn die transzendente Dimension in allen seelsorgerischen Gesprächssituationen, also nicht nur im Schweigen, sondern auch in der Gottesrede, erfahrbar wäre, hätte die Seelsorgesprache große Wirkung erzielt.

---

61 Ebd., S. 322f.
62 Paul Michael Zulehner, zitiert nach Stutz: Auf neue Worte warten (wie Anm. 58).
63 David Lyall: Integrity of pastoral care. London 2001, S. 140.
64 Gärtner: Zeit, Macht und Sprache (wie Anm. 6), S. 331.

## 4. Herausforderungen und Anforderungen

Daraus ergeben sich Anforderungen an diejenigen, die die verschiedenen Sprachen der Seelsorge verwenden, die Seelsorgenden selbst. Zunächst einmal sollten sie sich über die unterschiedlichen Sprachstile und deren jeweiliges Potential bewusst und in der Lage sein, sie situationsgemäß und pastorandenorientiert einzusetzen. Das setzt zum einen Sensibilität und Empathie voraus, erfordert zum anderen aber auch die Fähigkeit zur professionellen Distanz und Reflexion.

Anders als es in anderen Berufen der Fall ist, steht die seelsorgende Person fast ständig im Kontakt mit anderen Menschen. Kommunikation macht den Hauptanteil ihrer Tätigkeit aus. Für sie ist es also besonders wichtig, das Grundgesetz der Kommunikation zu kennen und zu beherzigen, das da lautet: Man kann nicht nicht kommunizieren![65] Alles, was ich tue oder unterlasse, sage oder nicht sage, wird vom Gegenüber wahrgenommen und beurteilt. Die Erfahrung zeigt, dass Menschen in existenziellen Extremsituationen, wie z. B. beim plötzlichen Verlust eines Angehörigen oder bei der Äußerung von suizidalen Gedanken, besonders sensibel auf ein ihrer Meinung nach nicht angemessenes Verhalten oder eine unpassende Wortwahl eines Seelsorgers oder einer Seelsorgerin reagieren. Insbesondere für Notfallseelsorger oder Telefonseelsorger, aber auch für jede/n andere/n pastorale/n Mitarbeiter/in bedeutet die Tatsache, als Person und gleichzeitig als Vertreter/in der Institution Kirche ständig an seinen/ihren verbalen und non-verbalen Äußerungen gemessen zu werden, eine enorme Herausforderung und zuweilen auch Belastung.

Im Kontext mit der Kommunikationskrise der Kirche ist die wohl am häufigsten gestellte Forderung die nach Authentizität. Das Seelsorgepersonal soll authentisch, echt sein, sich glaubwürdig verhalten und reden, nicht aufgesetzt oder gekünstelt. Aber was heißt das konkret?

Zum einen muss man an der Sprache, am „Was" und „Wie", erkennen können, dass der Sprecher es ernst meint, dass das, was er behauptet, auch in seinem eigenen Leben eine Relevanz hat. Sein persönlicher Glaube, seine eigene Beziehung zu Gott müssen, ohne explizit thematisiert zu werden, durchscheinen, und zwar auch und gerade mit ihren Zweifeln und Anfragen. Das heißt allerdings nicht, dass die seelsorgende Person alle Lebens- und Glaubensfragen, mit denen ihr Gegenüber konfrontiert ist, schon selbst durchlaufen haben muss. Sie sollte stattdessen davon ausgehen und akzeptieren, dass „jeder Pastorand und jede Pastorandin unverwechselbar und unvertretbar seine/ihre

---

65   Vgl. Andreas von Heyl: Seelsorge. Ein Leitfaden. Stuttgart 2014.

eigenen Erfahrungen macht" und dass eine gewisse „Fremdheit" zwischen Seelsorger und Pastorand bleibt⁶⁶. Der Seelsorger muss also nicht selbst erfahren haben, worüber er glaubwürdig sprechen will, aber er muss sich selbst und seine Sprache der Wirklichkeit der Pastoranden – tiefgreifenden Krisen und Kontingenzerfahrungen – aussetzen und sich leibhaftig dessen vergewissert haben, was er ihnen als Deutungsmuster anbieten will.⁶⁷ „Die biographische Authentizität der Begriffe des Glaubens muss spürbar werden."⁶⁸ Dieses Spezifikum des Seelsorgeberufs erfordert Mut, die Bereitschaft, den eigenen Glauben zu reflektieren und hinterfragen zu lassen und die Fähigkeit, den oder die andere in seiner/ihrer Andersartigkeit anzunehmen und zu respektieren. Nach Ansicht von Pierre Stutz geht es um „einen Vertrauensakt, in dem wir nicht zu schnell Antworten geben – schon gar nicht auf die Fragen, die nicht gestellt sind […]."⁶⁹

Das Authentizitätspostulat beinhaltet auch den Anspruch auf Kongruenz von Wort und Tat: Was die seelsorgende Person sagt, muss auch in ihrem Handeln erkennbar sein. Dabei kann sie sich am Vorbild Jesu Christi orientieren, für dessen Wirken die Übereinstimmung von Orthodoxie und Orthopraxie charakteristisch und grundlegend ist. Im Sinne der Überforderungsprophylaxe muss allerdings klar sein, dass dieses Vorbild niemals erreicht werden kann. Gleichzeitig gilt: „The messenger presents the message."⁷⁰ Der Seelsorger verweist über die konkret erfahrbare Ebene seines Sprechens und Handelns hinaus auf etwas Größeres, auf die christliche Botschaft vom Reich Gottes, und ist gleichzeitig professioneller Garant dieses größeren Zusammenhangs. Auch hier lauert Gefahr, nämlich in Form der absoluten Personalisierung. Wenn der Seelsorger nicht mehr nur in seiner Funktion als beruflich Agierender, sondern in seiner ganzen Person, mit seiner privaten Lebensführung und seiner persönlichen Spiritualität, an der „Botschaft" gemessen wird und die Einheit von Wort- und Tatzeugnis garantieren soll, kann er in puncto Glaubwürdigkeit nur scheitern.

Eine weitere Herausforderung, die sich sozusagen am anderen Ende der Authentizitätsskala stellt, besteht darin, dass der seelsorgende Mensch nicht sel-

---

66 Gärtner: Zeit, Macht und Sprache (wie Anm. 6), S. 253.
67 Vgl. ebd., S. 246ff.
68 Rainer Bucher: Gott, das Reden von ihm und das Leben in der späten Moderne. Zur Lage der christlichen Verkündigung. In: Bibel und Liturgie 67 (1994), S. 195–202, hier S. 201.
69 Stutz: Auf neue Worte warten (wie Anm. 58), S. 3.
70 Kristiaan Depoortere: Theology as radicalization of anthropological knowledge. In: Tjeu Van Knippenberg (Hrsg.): Between two languages. Spiritual guidance of communication of Christian faith. Tilburg 1998, S. 41–51, S. 41.

ten „nicht für seine eigene Sprache verantwortlich gemacht [wird], für die er sich rechtfertigen könnte, sondern für die Sprache anderer",[71] die sich in den verschiedensten Gattungen kirchlicher und theologischer Texte manifestiert und dem Authentizitätspostulat zu widersprechen scheint. Im Hinblick auf beide Problematiken kann hilfreich sein, sich als Seelsorgerin und Seelsorger nicht nur selbst immer wieder neu bewusst zu machen, sondern auch offen zu kommunizieren, dass die menschliche Rede von Gott – unabhängig davon, ob sie als vorgefertigter Lehrsatz oder als persönliches Glaubenszeugnis formuliert ist – immer nur bruchstückhafte Annäherung sein kann und derjenige, der sie ausspricht – ob professioneller Seelsorger oder „normaler Mensch" – immer hinter der Botschaft des Gesagten zurückbleiben wird.

Eng mit der Glaubwürdigkeitsthematik verbunden ist die Feststellung, dass Kommunikation in der Seelsorge unter den Bedingungen der heutigen Zeit nicht mehr „autoritativ"[72], sondern nur noch „dialogisch" gelingen kann. Seelsorger/in und Gesprächspartner/in müssen sich auf Augenhöhe, im besten christlichen Sinne „geschwisterlich" begegnen und gemeinsam suchend unterwegs sein. Das muss sich auch sprachlich niederschlagen. Es braucht eine „authentisch-dialogische Sprache, die den Menschen neue Innenräume eröffnet" und „andere weder bevormundet noch abwertet."[73] Die seelsorgende Person kann dem/der Anderen dazu verhelfen, den eigenen Zweifeln und Unsicherheiten auf die Spur zu kommen oder Transzendenzerfahrungen in Worte zu fassen und ihr Potenzial zu begreifen, indem sie aktiv zuhört, für Kontexte sensibilisiert und als Anwältin der Möglichkeiten des Gesprächspartners fungiert.[74] Gegenseitige konstruktive Kritik, auch an den jeweiligen Versprachlichungsversuchen, ist erlaubt. Seelsorger und Seelsorgerinnen benötigen dazu die Bereitschaft, „aufmerksam an einer einladendkonfrontativen Sprache zu arbeiten, in der das Verbindende und das Unterscheidende der Gesprächspartner als Chance zu einem echten Dialog gesehen wird."[75] Ein solcher echter Dialog in der Seelsorge lässt immer die Möglichkeit offen, zu einem Trialog zu werden, in den Gott selbst sich einbringt. No-gos in einem nach dem Dialogprinzip gestalteten seelsorgerischen Gespräch sind laut Klessmann „Dirigieren, Bagatellisieren, Debattieren, Dogmatisieren, Diagnostizieren, Generalisieren und Moralisieren".[76]

---

71 Gärtner: Zeit, Macht und Sprache (wie Anm. 6), S. 241.
72 Klessmann: Seelsorge (wie Anm. 8), S. 16.
73 Stutz: Auf neue Worte warten (wie Anm. 58).
74 Vgl. Ziemer: Seelsorgelehre (wie Anm. 29), S. 155f.
75 Stutz: Auf neue Worte warten (wie Anm. 58).
76 Klessmann: Seelsorge (wie Anm. 8), S. 137.

Eine weitere Herausforderung, die sich Seelsorgerinnen und Seelsorgern durch die kirchliche Sprachkrise stellt, besteht darin, den christlichen Glauben wieder anschlussfähig an die Lebenswirklichkeit heutiger Menschen zu machen. Wie eingangs beschrieben, hat die Kirche und ihre Sprache in der Gesellschaft erheblich an Plausibilität verloren, werden religiöse Begriffe, traditionelle Bilder und ihre Bedeutungen nicht mehr verstanden. Die mit ihnen verbundenen Inhalte sind deswegen jedoch nicht automatisch unbedeutend geworden. Auch heutige Menschen haben existenzielle Fragen, spirituelle Bedürfnisse und erwarten von einer Institution, die für sich in Anspruch nimmt, Sinn und Orientierung zu bieten, klare Positionierungen. Es muss also darum gehen, „neue Worte zu suchen und zu finden für die Weggeschichte Gottes mit uns Menschen."[77] Das scheint eine Aufgabe zu sein, die das Christentum schon seit jeher beschäftigt. Pierre Stutz stellt im Rückgriff auf Ina Praetorius und Madeleine Delbrêl fest, dass „die Bibel selber eine kontinuierliche Ermutigung" dazu beinhaltet, dass „biblische Worte [...] sich neu hineinweben lassen [möchten] in unsere Existenz" und „die gute Nachricht [...] durch unser Leben weitergeschrieben werden" will.[78] Und Hubertus Schönemann, kritischer Beobachter und Analyst der gegenwärtigen Situation, schreibt: „Es scheint [...], als ob es derzeit neue ‚Auslegungen' des Christlichen braucht. Immerhin: Das Christentum hat sich immer in interkulturellen Austauschprozessen realisiert, in diesem Sinne sich selbst ‚neu erfunden', um seinem Ursprung treu zu bleiben."[79] Aber wie kann das seelsorgerische Personal mit seinem Sprachhandeln konkret dazu beitragen, dass das gelingt?

Zum einen muss der Seelsorger mit Hilfe seiner transversalen Kompetenz[80] versuchen, „die Sprache des Glaubens mit der konkreten Lebenssituation des Individuums zu verbinden"[81], religiöse Bilder und Begriffe wie „Liebe", „Gerechtigkeit" usw. zu elementarisieren[82] und in die Lebenswelt des oder der Menschen, mit denen er es zu tun hat, zu übersetzen, indem er sie mit konkreten Situationen und Erfahrungen aus dem Lebens dieser Menschen verknüpft. Religiöse Sprache wird in diesem Fall also auf die Fragen und Erfahrungen einer konkreten Lebenswelt hin gesprochen. Der Seelsorger kontextualisiert

---

77 Stutz: Auf neue Worte warten (wie Anm. 58).
78 Ebd.
79 Hubertus Schönemann: Impuls „Vom Ehrenamtsmanagement zur Volk-Gottes-Sensibilität". Workshop Kirche im Ausbau. [2015], S. [1], vgl. http://www.zmir.de/wp-content/uploads/2016/01/2015-11-25-Workshop-Volk-Gottes-Sensibilit%C3%A4t_ausform.pdf (abgerufen am: 25.7.17).
80 Gärtner: Zeit, Macht und Sprache (wie Anm. 6), S. 274.
81 Ebd., S. 264.
82 Vgl. Katechese in veränderter Zeit (wie Anm. 37), S. 11.

seine Theologie auf diese Weise neu. Diese Art des Theologietreibens ist nie „fertig" oder abgeschlossen, sondern muss immer wieder neu und ganz individuell vollzogen werden.

Wenn der Pastorand eine gewisse „religiöse Musikalität"[83] zeigt und offen ist für eine Neuinterpretation seiner Erfahrungen, kann der Seelsorger ihm andererseits auch mit der theologischen Perspektive eine neue Sichtweise oder einen Deutungshorizont für seine Lebenswirklichkeit anbieten. Hier spricht man vom sogenannten „Reframing"[84]. Den Erfahrungen des Menschen wird ein neuer „Rahmen" gegeben, in dem sie sich anders einordnen und verstehen lassen. Ausgangspunkt ist hier nicht die Theologie, sondern die Lebenswirklichkeit der Menschen.

In jedem Fall sollte die Deutungskompetenz der Menschen selbst von der seelsorgenden Person nicht unterschätzt, sondern respektiert, gefördert und unterstützt werden. Es gilt: Nicht „für", sondern „mit"! Seelsorgerinnen und Seelsorger sind nicht dazu da, die existenziellen Erfahrungen der Menschen stellvertretend für sie zu versprachlichen und ihre Fragen zu beantworten, sondern ihnen einen Horizont aufzuzeigen, indem sie selbst Fragen entdecken und Antwortoptionen prüfen können. Es geht darum, „das christliche Deutungsangebot in der Welt von heute zu leben und es in Kontakt zu bringen mit einer Lebens-, Alltags- und Deutungskompetenz der Menschen selbst".[85] Das bedeutet auch – und damit tun sich viele Seelsorgerinnen und Seelsorger schwer – zu akzeptieren, dass ein solches Angebot von den meisten Menschen „nur" (man könnte auch sagen „immerhin") für eine bestimmte Zeit oder zu einer bestimmten Gelegenheit und aus „egoistischen"[86] Motiven genutzt wird. In seinen Notizen zum Programm einer raumgebenden Pastoral beschreibt Matthias Sellmann diese Menschen so: „Die Nutzer und Nutzerinnen von pastoralen Gelegenheitsstrukturen werden daher als aktive Subjekte modelliert. Waren sie im überkommenen integralen Raumdenken die im Nahraum zu versorgenden Gläubigen, so geraten sie nun in den Blick als aktive Ich-UnternehmerInnen; als Biographie-Konstrukteure; als anspruchsvolle religiöse Lead-User."[87] Gärtner konstatiert: „Von Gott zu reden bedeutet demnach, so vom Menschen zu reden, dass dieser sich als Subjekt seiner Lebensgeschichte

---

83 Damit ist eine positive Grundhaltung zu oder Ansprechbarkeit auf eher traditionelle kirchliche Sprachspiele gemeint. Vgl. Gärtner: Zeit, Macht und Sprache (wie Anm. 6), S. 274.
84 Vgl. Donald Capps: Reframing. A new method in pastoral care. Minneapolis 1990.
85 Modellprojekt: Taufberufung als Referenzgröße (wie Anm. 8).
86 Der Begriff ist hier nicht wertend zu verstehen.
87 Matthias Sellmann: „Für eine Kirche, die Platz macht!" Notizen zum Programm einer raumgebenden Pastoral". In: Diakonia 48 (2017) 2, S. 74–82, S. 78.

begreift."[88] Wenn Seelsorgerinnen und Seelsorger sich mit ihrem Sprachhandeln als Dienstleisterinnen und Dienstleister an den Biografien der Menschen verstehen, hat Kirche eine Chance.

Ein wichtiges Hilfsmittel für diese „Dienstleistung" kann im gemeinsamen Tun liegen. Gemeinsame Aktivitäten im karitativen Bereich, z. B. in der Flüchtlingshilfe, gemeinsames Unterwegssein in der Natur, ein Filmabend oder eine Studienreise – all das kann eine „Brücke" hin zu den Gelegenheiten bilden, an denen existenzielle Erfahrungen gemacht werden oder Fragen aufbrechen. Eine ähnliche Funktion haben in diesem Zusammenhang Symbole und Rituale, die in der Regel menschliche Grunderfahrungen auf non-verbale, zeichenhafte Weise aufnehmen und Menschen emotional berühren.

Eine letzte, aber keinesfalls unwichtige Anforderung, der sich Seelsorgerinnen und Seelsorger stellen sollten, besteht im „Distanzschaffen"[89] zur eigenen Spracharbeit. Nicht pausenlos Text produzieren, ab und zu innehalten, sich schweigend zurücknehmen und eine gewisse Sprachlosigkeit aushalten, ist das eine, was regelmäßig nötig wäre. Selbstbeobachtung, offensives Einholen von Kritik bis hin zur Etablierung einer Feedback-Kultur, für die z. B. Erik Flügge plädiert,[90] ist eine andere Möglichkeit, um Rückmeldungen zum eigenen Sprachhandeln zu erhalten. Drittens schließlich kann auch ein Blick über den Tellerrand helfen. Andere „alte" Institutionen haben mit ähnlichen Plausibilitäts- und Kommunikationsproblemen zu kämpfen wie die Kirche, beweisen jedoch Mut, indem sie Neues ausprobieren, und kommen z. B. in der Werbung mit einer frischen, jungen Sprache daher. Das gefällt nicht jedem, erregt aber Aufmerksamkeit und macht neugierig – nicht die schlechteste Voraussetzung dafür, sich (wieder) Gehör zu verschaffen.

---

88 Stefan Gärtner: Gottesrede in (post-)moderner Gesellschaft. Grundlagen einer praktisch-theologischen Sprachlehre. Paderborn 2000, S. 151.
89 Stutz: Auf neue Worte warten (wie Anm. 58).
90 Vgl. Erik Flügge: Interview. In: sinnstiftermag 21 (2016), www.sinnstiftermag.de/ausgabe_21/interview_01.htm (abgerufen am: 25.6.17).

## 5. Die Bedeutung der Seelsorgesprache

Binnenkirchlich ist die „Sprache der Seelsorge" in ihrer geschilderten Diversität ohne Zweifel von zentraler Bedeutung. Doch welche Relevanz kann sie darüber hinaus angesichts der säkularisierten Welt, in der wir heute leben, und für die Menschen, die nicht von sich aus Kontakt zur Kirche suchen, haben?

Vorausgesetzt, die oben beschriebenen Anforderungen werden erfüllt, halte ich die Seelsorgesprache in dreifacher Hinsicht für relevant und unverzichtbar:

Erstens kann die Sprache der Seelsorge eine individuell-existenzielle Bedeutung haben, die bestenfalls als „Brücke zur entkirchlichten Welt"[91] fungiert. Ein gutes seelsorgerisches Gespräch hat die Möglichkeit, Menschen – und zwar alle, auch diejenigen, die sich als nicht religiös oder kirchenfern bezeichnen – unmittelbar zu erreichen. Es setzt keine besonderen Kenntnisse voraus und verfolgt nicht die Absicht zu missionieren. Als „Dialog um Seele" kann es Menschen in ihrem „Bemühen um Selbstreflexivität und Tiefe begleiten".[92] Vor allem an Lebenswendepunkten, die jeden Menschen auf die eine oder andere Art betreffen, wie Hochzeit, Geburt, Krankheit, Tod, hat die Sprache der Seelsorge das Potenzial, Menschen, die sonst nicht mit der christlichen Botschaft in Berührung kommen, ein positives Deutungsangebot für ihre existenziellen Fragen zu machen und so einen Dienst an ihrer Biografie zu leisten.

Zweitens hat die Seelsorgesprache eine theologisch-philosophische Bedeutung: Sie kann das in Worte, Zeichen, Gesten fassen, was sich dem menschlichen Formulieren und Verstehen eigentlich entzieht. „Religiöse Sprache kann in meinen Augen das Unsagbare aussprechen. Sie braucht dafür nicht immer nur Worte. Manchmal hält man einem trauernden Menschen einfach die Hand. Ein Andermal gibt man einem Zweifelnden mit ein paar ganz bewusst poetisch klingenden Worten Halt. Das sind die starken Momente religiösen Sprechens."[93] Angemessen eingesetzt, hat die Seelsorgesprache die Möglichkeit, die Begrenztheit des sprachlichen Ausdrucks zu durchbrechen, indem sie auf etwas Unbeschreibliches, die Existenz des Göttlichen in unserer Welt und im Leben eines jeden Menschen, verweist. „Diese Wirkmacht ist so stark, dass wir sie bewusst einsetzen sollten. Es ist eine Sprache für existenzielle Momente, für Tod, Verzweiflung, Liebe und Entsetzen. [...] Es ist eine Sprache der Heilung, die nicht überdosiert werden darf. Sprich: Sparsam damit umgehen und nicht ständig und überall einsetzen."[94]

---

91   Ziemer: Seelsorgelehre (wie Anm. 29), S. 15
92   Ebd., S. 16.
93   Flügge: Interview (wie Anm. 90).
94   Ebd.

Drittens schließlich hat die Seelsorgesprache auch eine gesellschaftspolitische Bedeutung: Ihre ureigenste Aufgabe ist es, die Vision einer gerechten Gesellschaft nicht nur zu formulieren, sondern auch dafür zu appellieren. Wem verleihen Seelsorger Stimme? Wie positionieren sie sich angesichts der Ungerechtigkeiten dieser Welt? Wie ergreifen sie Option für die Armen? Kirche ist eben, wie Bonhoeffer schon sagte, nicht „Selbstzweck". „Die Kirche ist dann bei ihrer Sache, [...] wenn sie mit Engagement und Leidenschaft bei den Armen und Notleidenden ist".[95] Dafür muss die Kirche, muss jede einzelne Seelsorgerin und jeder Seelsorger widerständig sein, für Kritik und Kontroversen sorgen, irritieren und beunruhigen und ernsthaft und glaubwürdig ihre Botschaft vertreten, die nicht in religiösen Wellness-Angeboten oder in einem sentimentalen „Alles wird gut!" besteht, sondern im bedingungslosen Eintreten gegen Unrecht und Gleichgültigkeit.

Abschließend möchte ich mich den Worten von Pierre Stutz anschließen, der zu einem Perspektivwechsel im Verständnis der Seelsorgesprache ermutigt: „Die Aufgabe von Seelsorgenden besteht nicht darin, Postbote des Glaubens zu sein, sondern Geburtshelfer/in. Es gilt freizulegen, wo und wie jeder Mensch mit diesem tiefen Geheimnis in Berührung kommt. Es bedeutet, ganz Ohr zu sein auf das, was Kinder, Jugendliche, Erwachsene aussprechen, um die Sehnsucht zu entdecken, die hinter den Worten steckt."[96]

---

95 Hermann-Josef Große Kracht: Statement. In: sinnstiftermag 21 (2016), www.sinnstiftermag.de/ausgabe_21/statement_05.htm (abgerufen am: 25.7.17).

96 Stutz: Auf neue Worte warten (wie Anm. 58).

# DIE SPRACHE UND SPRACH-PROBLEME „DER THEOLOGIE"

Matthias Scharer

Nach allgemeinem Verständnis bezeichnet Sprache einerseits die Elemente aller (überaus komplexen) Systeme der Kommunikation und andererseits die Einheiten und Regeln, über welche die Angehörigen von Sprachgemeinschaften als Mittel zur Verständigung verfügen. Schon bei einer solch allgemeinen Definition von Sprache tauchen Fragen im Hinblick auf die Sprache der Theologie auf. Sind der „Sprache der Theologie" spezifische Elemente eines Kommunikationssystems eigen, die sie von anderen Sprachen, speziell von anderen „Fachsprachen", unterscheiden? Wer gehört zur Sprachengemeinschaft der Theologie und welche Einheiten und Regeln ermöglichen die Verständigung in ihr?

## 1. Generelle Fragen

Bis in die Neuzeit herein haben sich speziell katholische Theologen in lateinischer (vorher in griechischer) Sprache verständigt, um die Präzision ihrer Fachsprache zu wahren und zeit- und kontextbedingten (Miss-)Verständnissen entgegen zu wirken. Die neuscholastische Theologie erreichte im Hinblick auf eine definitorische Sprache der Theologie und der Kirche – die weitgehend Eins waren – einen gewissen Höhepunkt, was nicht zuletzt in den Texten des I. Vatikanischen Konzils (1868–1870) seinen Ausdruck fand. Die Verwendung der lateinischen Sprache hat die Theologie wohl generell vom „gemeinen Volk" abgehoben und in eine Expertensprache hineingeführt, die nur – im wahrsten Sinne des Wortes – „Eingeweihte" verstanden. Das waren die Theologen und die Autoritäten der Kirche.

Spätestens seit dem II. Vatikanischen Konzil ist auch in der katholischen Kirche aus dem „gemeinen Volk", dem die kirchliche Hierarchie und die Theologen gegenüberstehen, das „Volk Gottes" geworden, das alle einschließt: die „einfachen" Gläubigen, die „Hirten" der Kirche und auch die Theolog/innen. Das Volk Gottes wird in der Dogmatischen Konstitution über die Kirche *Lumen Gentium* ausdrücklich *vor* der hierarchischen Verfassung der Kirche beschrieben. Mit dieser theologischen Würdigung des Volkes Gottes verändert sich die Frage nach der „Sprachgemeinschaft" der Theologie entscheidend. Dazu kommt, dass sich auch das Verständnis der Wissenschaften, speziell durch das Aufkommen der Naturwissenschaften, erheblich verändert. Die Theologie steht seitdem in der Spannung zwischen einer möglichst präzisen Expertensprache, die ihren Diskurs wissenschaftlich nachvollziehbar sein lässt und einer weithin dem Volk Gottes verständlichen Sprache. Zahlreiche Versuche, zu einer allgemein verständlichen Sprache der Theologie zu kommen, wurden im Gefolge des II. Vatikanischen Konzils unternommen. Man denke nur an die vielfachen Auflagen der Werke von Hans Küng oder an den sogenannten Holländischen Katechismus. Gleichzeitig wurden von kirchlichen Autoritäten, zumindest der katholischen Kirche, die Versuche einer „anthropologisch gewendeten Theologie" (K. Rahner) und einer allgemein verständlichen theologischen Sprache immer auch mit Skepsis begleitet. Die lateinamerikanische Befreiungstheologie hatte unter der kirchlichen Skepsis besonders zu leiden, weil sie in ihre Sprache gesellschaftlich relevante soziologische Begrifflichkeiten aufnahm, die unter Marxismusverdacht standen.

Bis heute scheint mir die Frage, wer durch die Theologie angesprochen wird und wer demnach die Angehörigen der Sprachgemeinschaft (wissenschaftlicher) Theologie sind, nicht wirklich geklärt zu sein: Sind es die Expert/innen in einer internationalen wissenschaftlichen Community, wie das bei anderen Fachsprachen, etwa der Medizin, der Fall ist? Sind es die „Amtsträger" bzw. die sogenannten „Hauptamtlichen" in der Kirche? Ist es das ganze Volk Gottes? Oder ist es die gesellschaftliche Öffentlichkeit? Damit verbunden ist die Frage, für wen (welche) Theologie „gut" ist. Gerade weil der theologische Fachdiskurs für nicht einschlägig gebildete Menschen oft schwer nachvollziehbar ist, kommt der Wunsch nach vereinfachenden Übersetzungen theologischer Inhalte in die Alltagssprache von Menschen auf. So gab es z. B. religionspädagogische Ansätze, die ihr Hauptgeschäft in solchen theologischen Übersetzungs- und Anwendungsbemühungen fanden.

Sprache bewegt sich im Spannungsfeld von Kommunikation und Verständigung. Wenn Menschen in einer Sprache kommunizieren, die vom Anderen nicht verstanden wird, entstehen Kommunikationsbarrieren. Die Kommunikationsbarrieren wissenschaftlicher Theologie sind hinlänglich bekannt. Die vorhin angeführten Übersetzungs- und Anwendungsbemühungen führen in der Regel ins Leere, weil sprachliche Übersetzungen oder Vereinfachungen die Komplexität theologischer Argumentationen nicht wirklich reduzieren können. So führen die vielen Kommunikationsbarrieren wissenschaftlicher theologischer Diskurse nicht selten dazu, dass theologische Einsichten generell ausgeblendet werden und dass „die Praxis" der Kirche(n) ohne sie ganz gut auszukommen scheint. Andere Einsichten als theologische gewinnen im Handeln der Kirche(n) an Bedeutung. Ein klassisches Beispiel dafür scheint mir im Moment die „Lösung" der Leitungsfrage in der katholischen Kirche durch eine sogenannte Strukturreform zu sein, in der etwa systemische und pragmatische Argumentationen gegenüber theologischen längst die Oberhand bekommen haben.

Aber auch eine „verständliche" Sprache garantiert noch lange nicht das Gelingen menschlicher Kommunikation. Wie Psychologie und Kommunikationswissenschaften aufgedeckt haben, können wir uns ohne Übertragungen aus anderen Kommunikationserfahrungen gar nicht orientieren und verständigen. Noch tiefer als Übertragungen wirken in der menschlichen Kommunikation Projektionen, in denen unbearbeitete oder traumatisierte Erlebnisse mit denen wir nicht zurechtkommen, die Verständigung erschweren oder gar unmöglich machen. Dass Sexualität wie auch Weltanschauung und Religion – beides Intimbereiche des Menschen – höchst projektionsanfällig sind, hat schon der Vater der Psychoanalyse, Sigmund Freud, gewusst. In all diese Verständigungsprobleme ist auch die Sprache der Theologie verwoben. Doch auf diese generellen Fragen menschlicher Kommunikation und Verständigung kann hier nur allgemein verwiesen werden.[1]

Ein weiterer Bereich, der die Sprache der Theologie tangiert, ist das Phänomen, dass es neben den zahlreichen gesprochenen Einzelsprachen mit denen Menschen in der Welt kommunizieren, auch andere Ausdrucksmittel gibt. Hinlänglich bekannt sind z. B. Körpersprache oder Gebärdensprache, die mit Recht als Sprache bezeichnet werden, obwohl darin keine Laute und Wörter verwendet werden. Im Bereich von Theologie und Kirche ist in diesem Zusammenhang auf die Vielfalt der performativen Ausdrucksweisen des Glaubens, wie sie vor allem der Liturgie eigen sind, zu verweisen. Für das Verständnis des Glaubens sind performative Handlungen zentral.

Wenn es um die Sprache „der Theologie" geht und Theologie als Wissenschaft im modernen Sinn verstanden wird, was umstritten ist, dann stehen ihre „Fachsprachen" im Kontext ihres Selbstverständnisses besonders zur Debatte. Wie ich bereits angedeutet habe, steht gerade die „wissenschaftliche" Theologie mit ihren spezifischen Verständigungsmitteln nicht selten in einer mehrfachen Spannung:

- Mit „ihrer" je spezifischen Kirche bzw. Religionsgemeinschaft, der sie nach Ansicht der Autoritäten mehr oder minder „dienen" soll.

---

1 Vgl. u. a. Matthias Scharer: Kommunikation. In: Burkard Porzelt; Alexander Schimmel (Hrsg.): Strukturbegriffe der Religionspädagogik. Bad Heilbrunn 2015, S. 98–103.

- Mit dem „Volk Gottes", mit dem die wechselseitige Verständigung insofern gelingen soll, als sowohl die theologische Erkenntnis als auch die Kommunikation theologischer Einsichten eng mit diesem verknüpft sind.
- Mit der (medialen) Öffentlichkeit, die von der Theologie allgemein verständliche und medial vermittelbare Aussagen und Ergebnisse erwartet.

Die Kommunikation im öffentlichen Raum stellt für die Theologie eine besondere sprachliche Herausforderung dar, der sie nicht beliebig nachkommen oder sich verweigern kann. Nachdem die Theologie – zumindest seit dem II. Vatikanischen Konzil – im Hinblick auf ihre Erkenntnisorte nicht mehr nur auf die Tradition verwiesen ist, sondern auch auf die „Zeichen der Zeit" (vgl. *Gaudium et spes* 4), ist eine öffentliche Verständigungsmöglichkeit für die Theologie unausweichlich. Dass in diesem Zusammenhang die Kommunikation über digitale Medien eine besondere Herausforderung darstellt, versteht sich von selbst. Auf dem Hintergrund der vielen angedeuteten Probleme zur Sprache der Theologie, werde ich mich im Folgenden auf vier Fragenbereiche konzentrieren und sie näher beleuchten:

- Auf die Frage nach der wissenschaftlichen Theologie und ihren Fachsprachen
- Auf das Problem von „kirchlicher" Sprache und Theologie
- Auf den Zusammenhang der Sprachen der Theologie, der Kirche (des kirchlichen Lehramts) und des Volkes Gottes im „Trialog"
- Auf den Zusammenhang von theologischer Sprache und (medialer) Öffentlichkeit

## 2. Wissenschaftliche Theologie und ihre Fachsprache(n)

Ob Theologie eine Wissenschaft im Sinne moderner Wissenschaftsverständnisse sei, wird seit langem diskutiert.[2] Ich will diese Frage hier auch nicht theoretisch erörtern. Das ist hinlänglich geschehen. Als Professor an einer säkularen Universität habe ich die Theologische Fakultät Innsbruck über mehr als zehn Jahre im Senat vertreten. Dort wurden, speziell bei Umstrukturierungsprozessen der Universität, viele Einwände diskutiert, die gegen die Theologie als anerkannte Wissenschaft und damit als „universitätswürdig" sprechen könnten. Sie richten sich vor allem gegen die kirchliche

---

2 Vgl. u. a. Rudolf Bultmann: Theologie als Wissenschaft. In: Zeitschrift für Theologie und Kirche 81 (1984) 4, S. 447–469.

Bindung der Theologie. Ich fasse die Anfragen an die Theologie als Wissenschaft hier kurz zusammen:

- Durch das sogenannte *Nihil obstat*, das bei Berufungen von Professor/innen in der Theologie von der römischen Bildungskongregation eingeholt und durch die Unterschrift unter die sogenannte *Confessio Fidei* bestätigt werden muss, ist die Unabhängigkeit und Freiheit der Theolog/innen in Forschung und Lehre in Frage gestellt.
- Die notwendige Zustimmung der römischen Bildungskongregation zu theologischen Curricula gefährdet die Lehr- und Gestaltungsfreiheit Theologischer Fakultäten als Teil einer säkularen Universität.
- Die Bindung an die kirchliche Tradition schränkt die Forschungs- und Lehrfreiheit von Theolog/innen generell ein und lässt sie nicht offen am wissenschaftlichen Diskurs teilhaben. So kommen etwa Sprachwissenschaftler/innen oder Historiker/innen, die sich mit den „heiligen Texten" etwa des Christentums oder des Islam wissenschaftlich beschäftigen, zu teilweise anderen Ergebnissen als die Theolog/innen.
- Das Interesse, „die Theologie" in die Gemeinden und in die Öffentlichkeit zu bringen, schränkt ihre Diskursfähigkeit ein und verführt zu einer pastoral und katechetisch „angemessenen" Sprache.

In den Auseinandersetzungen mit meinen Kolleg/innen aus den nichttheologischen Disziplinen der Gesamtuniversität, speziell auch mit Naturwissenschaftler/innen und Mediziner/innen, konnte ich dem Problem der kirchlichen Abhängigkeit der Theolog/innen entgegen halten, dass deren eigene Forschungsinteressen keineswegs so „neutral" seien, wie das auf den ersten Blick erscheinen mochte. Die Abhängigkeit heutiger Forschung von Pharmaindustrien, Geldgebern für Großprojekte usw. wurde nie geleugnet. In einem langen Gespräch konnte ich einen Kollegen aus einer naturwissenschaftlichen Disziplin davon überzeugen, dass ich als Praktischer Theologe möglicherweise freier forschen kann als er, weil meine Forschungsergebnisse, im Unterschied zu solchen aus der Dogmatik oder Moraltheologie, von den kirchlichen Autoritäten kaum als theologisch relevant erachtet wurden.

Jedenfalls muss man in der wissenschaftlichen und gesellschaftlichen Öffentlichkeit damit rechnen, dass die Anerkennung der Theologie als Wissenschaft vielfach in Frage gestellt wird. Dies ist umso erstaunlicher, als Theolog/innen aller Disziplinen seit dem II. Vatikanischen Konzil große Anstrengungen unternommen haben, den Wissenschaftsdiskurs mit verwandten Disziplinen, wie den Sprachwissenschaften, den historischen Wissenschaften, den Rechtswissenschaften, der Soziologie und Psychologie u. a. aufzunehmen und redlich zu führen.

Wenn ich von meiner eigenen Disziplin, der Religionspädagogik, ausgehe, dann hat das dazu geführt, dass sich die Fachsprache meiner Disziplin von der Fachsprache anderer theologischer Disziplinen, wie der Dogmatik oder der Exegese, so weit entfernt hat, dass sie für Angehörige dieser Disziplinen mitunter kaum verständlich wird. Bereits in den 1970er Jahren soll ein Kollege aus der Systematischen Theologie gesagt haben: „Wenn ich das Wort ‚Curriculum' höre, möchte ich immer eine Kniebeuge machen". Er wollte damit die Fremdheit, aber wohl auch den Respekt gegenüber einer religionspädagogischen Fachsprache ausdrücken, wie sie nicht zuletzt den kirchlichen Text der Würzburger Synode zum Religionsunterricht maßgeblich geprägt hatte.[3]

Generell lässt sich sagen: Das Bemühen der theologischen Disziplinen, sich als wissenschaftliche Fächer zu etablieren und in den Diskurs mit verwandten Disziplinen außerhalb der Theologie einzutreten, hat zur Etablierung unterschiedlicher Fachsprachen innerhalb der Theologie geführt, die im Hinblick auf die Theologie als Ganzes durchaus zu Verständigungsschwierigkeiten führen können. So ist speziell in der Praktischen Theologie die Übernahme von pädagogischen, psychologischen, soziologischen u. a. Sprachspielen so selbstverständlich geworden, dass ein ernsthafter Fachdiskurs ohne die Begrifflichkeiten aus diesen Fachdisziplinen kaum denkbar ist. Wenn wir an Begriffe wie „Kompetenz" oder „Bildungsstandards" denken, dann ist darin auch der politische Einfluss, etwa durch die Diskussionen um die Ergebnisse der Pisa Studien, unverkennbar. Das Auseinanderdriften der Theologie in vielfache Diskurse wird von manchen Theologen insofern kritisch gesehen, als sich darin eine übertriebene Anpassung an die Terminologien humanwissenschaftlicher Partnerdisziplinen zeigen könnte, die nicht zuletzt aus dem bereits erwähnten Anerkennungsbedürfnis der Theolog/innen in der modernen Wissenschaft herrührt.[4]

## 3. Die Sprachen der Theologie(n) und die Sprache der Kirche

Wie groß die Kluft zwischen den Sprachen der theologischen Disziplinen und der „Sprache der Kirche" (oder zumindest der Sprache, die dafür gehalten wird) geworden ist, zeigt am deutlichsten die Rede Kardinal Ratzingers, des späteren

---

3 Ludwig Bertsch u. a. (Hrsg.): Beschlüsse der Vollversammlung. (Gemeinsame Synode der Bistümer in der Bundesrepublik Deutschland. 1). Freiburg i. Br. 1978.
4 Vgl. u. a. Raymund Schwager: Theologie – Geschichte – Wissenschaft. In: Zeitschrift für katholische Theologie 109 (1987) 3, S. 257–275.

Papstes Benedikt XVI., zur Krise der Katechese[5]. In dieser Rede diagnostiziert Ratzinger eine Krise, die zunächst ein „Problem der Quellen" sei[6]. Es sei ein „schwerwiegender Fehler" gewesen, „den Katechismus abzuschaffen und ganz allgemein die Gattung ‚Katechismus' als überholt zu erklären. [...] Durch die Absage an eine strukturierte, aus dem Ganzen der Überlieferung schöpfenden Grundgestalt der Glaubensvermittlung kam es zu einer Fragmentierung der Glaubensaussage, die nicht nur der Beliebigkeit Vorschub leistete, sondern zugleich die Ernsthaftigkeit der einzelnen Inhalte fraglich werden ließ, die einem Ganzen zugehören und, von diesem losgelöst, zufällig und zusammenhanglos erscheinen."[7] Schuld an dieser Zerstückelung der Glaubensaussage waren nach Ratzinger zunächst die „didaktische und pädagogische Entwicklung", die von einer „Hypertrophie der Methode gegenüber den Inhalten"[8] gekennzeichnet war.

Die praktische Theologie habe ihre Orientierung verloren, indem sie sich „nicht mehr als Weiterführung und Konkretisierung der Dogmatik bzw. der systematischen Theologie, sondern als eigener Maßstab"[9] verstand. Ein „Vorrang der Anthropologie vor der Theologie", die neue „Herrschaft der Soziologie" oder auch der „Primat der Erfahrung" seien „zum Maßstab für das Verständnis des ererbten Glaubens"[10] geworden. Hinter all dem stand die tiefere Ursache, dass man den Glauben unmittelbar aus der Bibel und nicht mehr vom Dogma ableiten wollte. In der Auslegung der Bibel schob sich aber das Historische so sehr in den Vordergrund, dass diese zerfällt: „Unter dem Maßstab des jeweils ältesten Stadiums als des verläßlichsten historischen Zeugnisses verschwindet die wirkliche Bibel, wie sie eigentlich sein sollte."[11]

Durchgängig kann man in der Rede Kardinal Ratzingers das tiefe Misstrauen eines (Konzils-)Theologen gegenüber dem Einfluss der modernen Wissenschaften auf die Sprache der Theologie sehen. Einzig eine Rückkehr zur Sprache der Kirche, wie sie in den Lehrentscheidungen der Kirche und im Katechismus vorzufinden ist, würde der Krise abhelfen. Dieses Extrembeispiel kann selbstverständlich nicht generell dafür gelten, wie „die Kirche" die Sprache der Theologie einschätzt und was sie von ihr wünscht. Im Grunde müsste

---

5   Joseph Kardinal Ratzinger: Die Krise der Katechese und ihre Überwindung. Rede in Frankreich. Einsiedeln 1983.
6   Ebd., S. 13.
7   Ebd., S. 15.
8   Ebd., S. 16.
9   Ebd.
10  Ebd.
11  Ebd., S. 20.

an dieser Stelle der theologischen Rezeption der Texte des II. Vatikanischen Konzils und zentraler Texte anderer christlicher Kirchen ausführlich nachgegangen werden. Zusammenfassend kann man feststellen, dass sich im Hinblick auf die kirchlichen Erwartungen an die Theologie und ihre Sprache(n) ein sehr buntes Bild abzeichnet.

Am (Gegen-)Beispiel von Papst Franziskus können wir die ganze Bandbreite der Verhältnisbestimmungen zwischen Kirche und Theologie, speziell in der katholischen Kirche und Theologie, erkennen. Für ihn tragen die „Exegeten und Theologen", aber auch die „anderen Wissenschaften" zum Reifen des Urteils der Kirche bei. Dabei erwähnt er ausdrücklich die Sozialwissenschaften und die „große Freiheit" der Forschung innerhalb der Kirche. Er ruft dazu auf, „die ewigen Wahrheiten in einer Sprache auszudrücken, die deren ständige Neuheit erscheinen lässt". Es kann vorkommen, dass wir zwar „einer Formulierung treu" sind, aber nicht „die Substanz" überbringen. Eine „Erneuerung der Ausdrucksformen erweist sich als notwendig, um die Botschaft vom Evangelium in ihrer unwandelbaren Bedeutung an den heutigen Menschen weiterzugeben."[12]

Für die „Pastoraltheologie" sieht es der Papst als selbstverständlich an, dass sie „mit anderen Wissenschaften und menschlichen Erfahrungen im Dialog steht. [...] Die in der Evangelisierung engagierte Kirche würdigt und ermutigt das Charisma der Theologen und ihr Bemühen in der theologischen Forschung, die den Dialog mit der Welt und der Kultur und der Wissenschaft fördert."[13] Die Position von Papst Franziskus orientiert sich eindeutig an den Texten des II. Vatikanischen Konzils, speziell der Pastoralkonstitution *Gaudium et spes* und führt sie kontinuierlich weiter.

## 4. Die Sprache der Theologie, der Kirche und des Volkes Gottes – ein „Trialog"?

Wer sich auf das (konfliktive) Verhältnis der Sprache der Theologie mit der Sprache der Kirche und umgekehrt fixiert, vergisst nicht selten die dritte „Bezeugungsinstanz" des Glaubens, die Sprache des Volkes Gottes. Der „Glaubenssinn" dessen ist es aber gerade, der Kirche und Theologie herausfordern und „belehren" kann. Mein Kollege und Freund Bernd Jochen Hilberath, mit

---

12 Franziskus: Apostolisches Schreiben *Evangelii gaudium*. Rom 2013, Nr. 40f. (Das letzte Zitat ist wiederum ein Zitat von Franziskus aus der Enzyklika *Ut unum sint* von Johannes Paul II. [1995].)
13 Franziskus: Evangelii gaudium (wie Anm. 12), Nr. 133.

dem ich jahrelang an einer „Kommunikativen Theologie"[14] gearbeitet habe, spricht vom notwendigen „Trialog" zwischen Theologie, Lehramt und Volk Gottes. Nur wenn die Sprachspiele zwischen diesen Bezeugungsinstanzen in einer „Dynamischen Balance" stehen – um einen Begriff der Jüdin Ruth C. Cohn zu verwenden, der in der Themenzentrierten Interaktion eine Rolle spielt – kann Kirche glaubwürdig in der Welt kommunizieren. Mit „Dynamischer Balance" ist hier gemeint, dass sich nicht eine Instanz über die andere erhebt oder auf die anderen mit Überheblichkeit herabsieht, sondern dass in einem lebendigen Spiel der Kräfte nach jenen Ausdrucksformen des Glaubens, nach jener Sprachgestalt gesucht wird, die Menschen zum Nachdenken und zur Umkehr bewegt, die sie tröstet und heilt und ihnen Mut zum Leben gibt; die ihnen Zukunft eröffnet, die letztlich von einem Anderen herkommt, der das Leben in Fülle ist.

Dass ein ausbalanciertes Sprachspiel zwischen den Bezeugungsinstanzen aus dem Evangelium heraus nicht konfliktfrei vor sich geht und dabei gerade die menschliche Seite der Kirche(n) erkennen lässt, liegt auf der Hand. Das schützt auch davor, dass die Kirche als uniformistische Gemeinschaft, als ein ideologisches Wir, angesehen werden könnte, in der es keine Auseinandersetzung und Widerrede gibt. Nicht die Konflikte zwischen Theologie, Lehramt und Glaubenssinn des Volkes sind es, die den Glauben unglaubwürdig machen; vielmehr ist es die Konfliktscheu und Konfliktverweigerung, wenn Fragen unter den Teppich gekehrt werden, die ausgetragen werden müssten. Je authentischer, offener und konsensbereiter sich solche Auseinandersetzungen um existenziell bedeutsame Wahrheiten zeigen und je weniger ein monopolisierter Wahrheitsanspruch autoritativ durchgesetzt wird, umso heller scheint das Licht jener Gemeinschaft, die ihr Gründer als Salz der Erde und Licht der Welt (vgl. Mt 5,13a;14a) gedacht hatte.

## 5. Theologische Sprache und (mediale) Öffentlichkeit

Wie wir bereits gesehen haben, lässt sich die Frage nach der Sprache der Theologie und ihren Problemen nicht außerhalb der anderen Bezeugungsinstanzen des Glaubens betrachten, so als wäre die wissenschaftliche Theologie ein Selbstzweck und nur für sich selber da. Sie muss sich innerhalb des Volkes Gottes grundsätzlich verständlich machen können, wenn auch nicht jede spezifische Einsicht wissenschaftlicher Theologie zu jeder Zeit allen sprachlich vermittelbar sein wird.

---

14 Vgl. u. a. Bernd J. Hilberath; Matthias Scharer: Kommunikative Theologie. Grundlagen – Erfahrungen – Klärungen. Ostfildern 2012 (Kommunikative Theologie. 18).

Gemäß der bereits erwähnten Pastoralkonstitution *Gaudium et spes* sind die Kirche und damit auch „ihre" Theologien „in" der Welt zu Hause. Nicht ein Verhältnis von Kirche *und* Welt, wie das die deutsche Kurzbezeichnung von *Gaudium et spes* nahelegt, steht den Konzilsvätern vor Augen. Man kann Kirche und Welt nicht als zwei getrennte Einheiten betrachten, die erst nachträglich miteinander verbunden werden; die Kirche ist in der Welt von heute. Sie ist auch nicht *für* die Welt da, so als müsste diese von der Kirche „geistlich" versorgt oder gar gerettet werden. Die Rettung der Welt steht ausschließlich Gott zu.

Wenn Kirche ohne Wenn und Aber Kirche in der Welt ist, dann hat das enorme Folgen für das theologische Sprechen und die kirchliche Verständigung in der (spät-)modernen Welt mit ihrer ganzen Vielfalt von Überzeugungen, religiösen Einstellungen, Religionen und Weltanschauungen. Jegliches Monopol christlich-theologischer oder christlich-kirchlicher Sprache ist – sollte es noch irgendwo in dieser Gesellschaft bestehen – ein Relikt der Vergangenheit. Theologie und Kirche sind öffentlich. Auch das „Lernen" in bzw. durch Religion, wie es im konfessionellen Religionsunterricht säkularer Schulen noch immer versucht wird, geschieht in der Gegenwart der Anderen[15], also öffentlich.

Die Pluralität an weltanschaulichen und religiösen Überzeugungen wird durch die sogenannten sozialen Medien erheblich gesteigert. Im Moment sehen wir auch, wie sich die Kommunikationskultur auf dramatische Weise verändert. Die sozialen Medien, die auf der einen Seite unzähligen Menschen, nicht zuletzt den Wissenschaftler/innen, eine globale Kommunikation erschließen, wie sie in der Menschheitsgeschichte einmalig ist, werden auf der anderen Seite für populistische Propaganda, ja für das Schüren von Hass und Gewalt eingesetzt. Was in den publizistischen Medien durch öffentlichen Einfluss noch kontrollierbar war, gerät in den „sozialen" Medien außer Kontrolle.

Wie können sich in einer solchen Kommunikationswelt Kirche und Theologie verständlich machen und welche Rolle könnte die theologische Sprache in der pluralen Öffentlichkeit spielen? Dazu bedarf es einer kommunikationswissenschaftlichen und gleichzeitig theologischen Analyse des spätmodernen Kommunikationsgeschehens, die hier in ihren Fragestellungen nur angedeutet werden kann. Als Beispiel für das Problem kann man auf die Unbedachtheit hinweisen, mit der höchste kirchliche Autoritäten die sozialen Medien für die

---

15 Matthias Scharer: Learning (in/through) Religion in the Presence of the Other. Accident and/or Test Case in Public Education? In: Maria Juen u. a. (Hrsg.): Anders gemeinsam – gemeinsam anders? In Ambivalenzen lebendig kommunizieren. Ostfildern 2015 (Kommunikative Theologie. 18), S. 223–238.

Verbreitung des *YouCat*[16] nützen wollten: Sie riefen Jugendliche dazu auf, über Internet die „Glaubenswahrheiten" aus dem *YouCat* zu kommunizieren. Dieses Beispiel weist auf die mediale, aber auch theologische Naivität gegenüber der Problematik eines solchen Kommunikationsgeschehens hin. Neben der Frage nach der kommunikativen Wirkung dieser Medien, die etwa in der Hirnforschung höchst kontrovers beurteilt wird[17], zeigt sich in einem solchen Aufruf, dass die Sprache der Theologie und der Kirche noch immer nur von ihrer inhaltlichen Seite her beurteilt wird. Was theologisch und von der kirchlichen Tradition her wahr und schlüssig ist, soll möglichst effektiv an möglichst viele Menschen weiterverbreitet werden. Dabei wird völlig übersehen, dass in der spätmodernen Kommunikationswelt, das „Wie" der Kommunikation für die Glaubwürdigkeit einer Botschaft immer wichtiger wird. Im kommunikativen Handeln Jesu lässt sich die Einheit von Inhalt und Form klar erkennen. Auch in der sogenannten „Arkandisziplin" hätte die Kirche ein Bewusstsein dafür, dass die innersten Vollzüge und Wahrheiten christlichen Glaubens einer besonderen Kommunikationskultur bedürfen, damit sie nicht missverstanden werden. *Fides qua* und *fides quae creditur* sind nach alter kirchlicher Tradition unentschränkbar miteinander verflochten. Wer sie um die Effizienz der schnellen Verbreitung theologischer Wahrheiten willen auseinanderreißt, begeht einen großen kommunikativen Fehler, der sich in der spätmodernen Kommunikationswelt dramatisch auswirkt[18].

Das theologische (und kirchliche) Sprechen in der spätmodernen medialen Öffentlichkeit muss sich – will es glaubwürdig bleiben – radikal von der einlinigen Propagandasprache weltanschaulicher und religiöser Ideologien unterscheiden, die den Menschen vorgaukeln, Antworten auf alle Fragen zu haben und alle Probleme kurzschlüssig lösen zu können. Vielmehr eröffnet theologisches Sprechen einen Raum für das eigene Fragen, Suchen und Entscheiden. Mit J. Werbick kann man sagen, dass eine theologische und kirchliche Sprache umso sinnstiftender und heilsamer ist, je mehr Raum sie dafür lässt, sich selbst hinein zu buchstabieren und nicht Menschen mit vorgefertigten Antworten abspeist.[19]

---

16  YouCat. Hrsg. von der Österreichischen Bischofskonferenz mit einem Vorwort von Papst Benedikt XVI. München 2011.

17  Vgl. u. a. Manfred Spitzer: Digitale Demenz: Wie wir uns und unsere Kinder um den Verstand bringen. München 2012.

18  Vgl. Matthias Scharer: Living Communication in a Digital Media Context: Meanings (Criteria) from the Perspective of Communicative Theology. In: Communication Research Trends. Centre for the Study of Communication and Culture 32 (2013) 3, S. 6–12.

19  Jürgen Werbick: Glaubenlernen aus Erfahrung: Grundbegriffe einer Didaktik des Glaubens. München 1989.

Dieter Funke hat aufgezeigt, wie sehr Religion in Gefahr steht zu einem „Stabilisierungssystem kontingenter Systeme"[20] zu werden, wenn sie nicht zur „Thematisierung der Tiefenstruktur der Wirklichkeit"[21] vordringt. Die Alltagssituation mit ihrer Routine repräsentiert nach Funke ein „autistisches Milieu", in dem Thematisierungsprozesse abgewehrt werden. Der „Small Talk", die klischeebildende Werbung oder die vereinfachende Propaganda scheinen den Ton anzugeben. Demgegenüber sind es Thematisierungsprozesse, die den Sinnverlust abwehren und zu einer „thematisch-symbolischen Orientierung" als „Gegenprinzip zu den Abwehrmechanismen des Alltagsbewusstseins" führen können.

Funke greift das Konzept der Themenzentrierten Interaktion Ruth C. Cohns auf,[22] um ein „Modell religiöser Resymbolisierung" im „Wechselspiel zwischen tradierten Symbolen und sozialen Interaktionen" zu schaffen[23]. Die Alternative zum sinnentleerten Sprechen besteht im Thematisieren der existenziellen Fragen, die Menschen auf dem Hintergrund grundsätzlicher Sinn und Orientierungsfragen bzw. der Glaubenstradition bewegen. Auf der pädagogischen Ebene verfolgte der brasilianische Befreiungspädagoge Paulo Freire ein ähnliches Modell, wenn er in die brasilianischen Dörfer ging und mit den Menschen nach ihren generativen Themen fragte, an denen er anschließend alphabetisierte.[24]

Thematisieren nach Ruth C. Cohn meint im theologischen Kontext auch „den ausgeblendeten, nicht sozialisierten, in Sprach- und Bewußtlosigkeit verharrenden Themen eine Sprache anzubieten [...]."[25] Theologische Inhalte über Themen zu erschließen, heißt nach Matthias Kroeger, „mit einer Sprache zu konfrontieren, die jene Reduktion der Lebensmöglichkeiten nicht enthält, die die Erinnerung an die *Lebensform* anbietet." Es geht um eine „Methode übbaren, offenen Sprachlernens [...], welche auch das Recht und die Stärke der Abwehr in jenen Ausblendungen thematisiert." Zu den Texten „jener nicht reduzierten Lebensform" kann sich jede und jeder selektiv verhalten; ich kann

---

20 Dieter Funke: Verkündigung zwischen Tradition und Interaktion. Praktisch-theologische Studien zur Themenzentrierten Interaktion (TZI) nach Ruth C. Cohn. Frankfurt a. M. 1984, S. 96–98.
21 Ebd., S. 103–105.
22 Die Themenzentrierte Interaktion nach Ruth C. Cohn (TZI) ist auch eine der wesentlichen kommunikationstheoretischen und praktischen Grundlagen der Kommunikativen Theologie.
23 Funke: Verkündigung (wie Anm. 20), S. 423–431.
24 Vgl. u. a. Margit Ostertag: Von Ruth Cohn und Paulo Freire lernen. Annäherungen an eine bildungstheoretisch fundierte Hochschuldidaktik. In: Tilly Miller; Margit Ostertag (Hrsg.): Hochschulbildung. Wiederaneignung eines existentiell bedeutsamen Begriffs. Oldenburg 2017, S. 123–133.
25 Matthias Kroeger: Themenzentrierte Seelsorge: Über die Kombination Klientzentrierter und Themenzentrierter Arbeit nach Carl R. Rogers und Ruth C. Cohn in der Theologie. Stuttgart 1973, S. 207.

„*in ihrer Nähe* gerne leben, ohne mich ganz mit ihnen identifizieren zu müssen; sie können allmählich, wenn ich es will, zu Begleitern und zu Spiegeln, in denen ich neue Facetten meiner selbst entdecke, werden."[26]

Das Thematisieren existenziell und theologisch bedeutsamer Themen steht im krassen Gegensatz zu jeder Form theologischer Ableitung, Übersetzung oder Anwendung. Ruth C. Cohn würde theologische Diskurse als ein „Es" bezeichnen, dessen bloße Weitergabe oder Vereinfachung in eine „tote Kommunikation" hinein führt, die existenziell nichts bedeutet, also bloß angelerntes Sachwissen – Erich Fromm würde sagen – „Haben-Wissen" ist. Erst wenn „die Sache" in ihrem existenziellen Gehalt tief ergründet ist – das geschieht z. B. in einer dogmengeschichtlichen oder exegetischen Analyse, die eine hohe fachtheologische Kompetenz erfordern – kann sie in das „Spiel" der Themensuche gebracht werden. Dabei spielt die bereits in einem anderen Zusammenhang erwähnte „Dynamische Balance" eine entscheidende Rolle. Beim existenziellen Thematisieren geht es darum, aus einer dynamischen – d. h. beweglichen und nicht starren – Balance der tiefen Anliegen der Glaubenstradition (ES), der Befindlichkeit der einzelnen Menschen als Subjekte der Kommunikation (ICH) und ihrer Interaktion (WIR) heraus, die entscheidenden Themen zu formulieren und aufzugreifen, wobei der Kontext (GLOBE), in dem sich Menschen und Gesellschaft bewegen, eine entscheidende Rolle für die Thematisierung spielt.

Ob solche Thematisierungsprozesse auch intermedial möglich und verantwortbar sind, muss diskutiert werden.[27] Grundsätzlich ist es nicht ausgeschlossen. Sie könnten wegen der Authentizität ihrer Genese jedenfalls einen Kontrapunkt zu den ideologisierten Formen weltanschaulicher und religiöser Propaganda setzen. Die Aufgabe von Theolog/innen – ob sie eher im theoretischen Diskurs oder in der Praxis stehen – ist es, solche Prozesse, seien sie face to face oder medial, anzustiften, zu verstehen und kritisch zu begleiten. Dazu sollte „die Theologie" sie befähigen.

---

26 Ebd., S. 207f.
27 Vgl. Matthias Scharer; Gerlinde Geffers: Tot oder lebendig? Kommunikation in digitalen Medien. Matthias Scharer im Gespräch mit Gerlinde Geffers. In: Themenzentrierte Interaktion. theme-centered interaction 29 (2015) 2, S. 30–39.

# III. FEIERN – ORDNEN: ZUR SPRACHE IN HEILIGEN TEXTEN, RITUS UND KIRCHENRECHT

# GEORDNETE VIELSTIMMIGKEIT: DIE SPRACHEN DER LITURGIE

Peter Dückers

Liturgie als Gottesdienst der Kirche[1] wird immer in der Spannung stehen, einerseits tradierte, zum Teil jahrhundertealte Riten zu wiederholen und damit Verbindlichkeit und Verlässlichkeit zu schaffen, andererseits eine individuelle Gottesbegegnung der Mitfeiernden zu ermöglichen, die sich aus der „tätigen Teilnahme" (*participatio actuosa*)[2] an der jeweiligen Feier und aus der persönlichen Aneignung des Geschehens speist. Das gilt auch für die Sprache bzw. die Sprachen in der Liturgie, zumal die Liturgie nach wie vor den Blick der Gesellschaft auf die Kirche entscheidend beeinflusst. Einerseits sind liturgische Texte zu einem nicht unerheblichen Teil vorgegeben, andererseits müssen sie verstanden werden, um in jedem Einzelnen wirksam zu werden. Diese Spannung mag zur einen oder anderen Seite hin gelockert werden – und zu welcher Seite, ist nicht selten Gegenstand heftiger Auseinandersetzungen –, gänzlich aufgehoben werden kann sie nicht. Dabei ist zunächst darauf hinzuweisen, dass nicht von einer einzigen „liturgischen Sprache" die Rede sein kann, sondern dass es auch im Kommunikationgeschehen Gottesdienst unterschiedliche Sprachen gibt, die sich im Idealfall bereichern und befruchten (1). In der römisch-katholischen Kirche kommt hinzu, dass wesentliche Texte des Gottesdienstes übersetzte Texte sind, die biblischen aus dem Hebräischen oder Griechischen, die Gebete aus dem Lateinischen. Mithin ist nach den Kriterien für eine sach- und personengerechte Übersetzung zu fragen (2). Dies führt zu der Überlegung, inwiefern liturgische Sprache überhaupt „verständlich" sein muss und kann, oder ob es einer „Sakralsprache" bedarf, die sich von der Alltagssprache deutlich abhebt (3).

## 1. Die Vielfalt der Sprache in der Liturgie

Sprache ist ein wesentliches Ausdrucksmittel menschlicher Kommunikation und damit auch der Liturgie. Denn in der Liturgie ereignet sich sowohl zwi-

---

1   Zur Begriffsgeschichte des Wortes ‚Liturgie' vgl. Albert Gerhards; Benedikt Kranemann: Einführung in die Liturgiewissenschaft. Darmstadt ³2013, S. 16–18.
2   Programmatisch heißt es in der Liturgiekonstitution *Sacrosanctum Concilium* (SC) des II. Vatikanischen Konzils (SC 14): „Die Mutter Kirche wünscht sehr, alle Gläubigen möchten zu der vollen, bewussten und tätigen Teilnahme an den liturgischen Feiern geführt werden [...]".

schenmenschliche Begegnung in bestimmten Rollen als auch und eben darin die Begegnung zwischen Gott und Mensch.³

Allerdings wäre es eine verkürzte Sicht, lediglich die verbale Kommunikation als Ausdrucksmittel dieser Begegnungen in den Blick zu nehmen. Gewiss ist die Wortsprache mit ihren Sprachcodes (Liturgiesprachen wie Hebräisch, Griechisch, Latein, Deutsch usw.), ihren Sprechcodes (z. B. Sprechgeschwindigkeit, Lautstärke, Tonhöhe, Betonung, Pausen) und ihren Schriftcodes (z. B. Inschriften, Aufschriften, Schrifttexte, Liednummern), also die mündliche Rede und ihre schriftliche Gestalt, eine wichtige Ausdrucksform im Kommunikationsgeschehen Gottesdienst.⁴

Aber sie ist nicht die einzige! Neben der Wortsprache prägt auch die Körpersprache das liturgische Geschehen. Dazu zählen Mimik (das Gesicht, der Blick) und Gestik (die Gliedmaßen), Haltungen (Sitzen, Stehen, Knien, Gehen, Tanzen, Liegen), Bewegungen durch den Raum, einzeln oder gemeinschaftlich (Prozessionen), Zuwendung oder Abwendung (Stellung beim Beten oder am Altar), Nähe oder Distanz (Entfernung zwischen Gottesdienstleiter/in und Gemeinde, Sitzordnung), Berührungen (Handauflegung, Friedensgruß, Salbung), Geschmack (Brot und Wein) und Geruch (Weihrauch, Blumen, Kerzen, Öl, Raum- und Körpergerüche), Empfindungen von Wärme, Kälte und Luft.

Hinzu kommt die Klangsprache mit akustischen Codes (Klänge und Geräusche, Glocken, Klingeln) und insbesondere musikalischen Codes (Vokal- und Instrumentalmusik: Gemeinde- und Chorgesang, Kantillation, Orgel und andere Instrumente).

Auch die Objektsprache mit den Raumcodes (Kirchenbau und Kirchenraum: Architektur und Ausstattung), den textilen Codes (liturgische Gewänder, Bekleidungsgewohnheiten) und ikonischen Codes (liturgische Geräte und Gefäße, Bücher, Bilder, Plastiken, Ornamente) sind von Bedeutung.

Und schließlich sind soziale Sprachen zu nennen, näherhin hierarchische Codes (liturgische Rollen und Kompetenzen), szenische Codes (rituelle Abläufe und Handlungsabfolgen) und heortologische Codes (Gliederung der Zeit: Tag, Woche, Monat, Jahr, Feste und Festzeiten; Kirchenjahr).

---

3 Zum Gottesdienst als Kommunikationsgeschehen vgl. Gunda Brüske; Josef-Anton Willa: Gedächtnis feiern – Gott verkünden (Studiengang Theologie. 7). Zürich 2013, S. 53–55.

4 Vgl. Karl-Heinrich Bieritz: Liturgik. Berlin, New York 2004, S. 42–46, dort auch die folgende Systematisierung weiterer ‚Sprachen' im Gottesdienst; vgl. auch Karl-Heinrich Bieritz: Das Wort im Gottesdienst. In: Gottesdienst der Kirche. Handbuch der Liturgiewissenschaft. Hrsg. von Hans Bernhard Meyer u. a. Teil 3: Gestalt des Gottesdienstes. Sprachliche und nichtsprachliche Ausdrucksformen. Regensburg: 1987, S. 47–76, hier S. 54f.

Es ist klar, dass die Sprachen in der Liturgie zusammenpassen müssen, um stimmig zu sein und Kommunikation zu ermöglichen. Wo sich unterschiedliche Codes widersprechen, entstehen, oft unbewusst, Irritationen.

Wenn z. B. das Evangeliar in einer Prozession zum Ambo getragen und das Evangelium als Höhepunkt des Wortgottesdienstes der Messe oder einer Wort-Gottes-Feier feierlich verkündet wird, das Buch aber danach zugeklappt auf einer Ablage verschwindet, stimmen Inszenierung und behauptete Bedeutung nicht miteinander überein. Wenn der Ambo als „Tisch des Wortes" gedeutet und im Kirchenraum als Pendant zum Altar, dem „Tisch des Mahles", positioniert wird, eben dieser Ambo aber als Lesepult für alle möglichen Texte oder bei der gesamten Eröffnung einschließlich Tages- oder Eröffnungsgebet als einziger liturgischer Funktionsort genutzt wird, dann wird die Bedeutung des Wortes Gottes alleine durch die Raumsprache derart abgeschwächt, dass seine Wertschätzung nicht wirklich glaubhaft ist.

Wenn es in einer Präfation von Christus heißt: „er selbst ist der Priester, der Altar und das Opfer"[5], der Altar aber kaum als Christussymbol erkennbar ist, weil der Blick auf die eucharistischen Gaben durch Blumen, Kerzen, Buch- und Mikrofonständer verstellt oder weil an ihm gar Plakate für ein kirchliches Hilfswerk oder Fotos der Kommunionkinder angeklebt worden sind, dann entsteht eine irritierende Diskrepanz zwischen Wort- und Objektsprache[6].

Diese Beispiele können beliebig erweitert werden. Sie sollen auch nicht als Anklage verstanden werden, eher als Appell, die verschiedenen Sprachen im Gottesdienst miteinander in Einklang zu bringen und nicht das in der verbalen Kommunikation Ausgesagte durch nonverbale Kommunikation zu konterkarieren.

Selbst wenn man unter liturgischer Sprache primär die Wortsprache im Gottesdienst versteht, ist festzustellen, dass es sich dabei um ganz verschiedene Sprachformen handelt.

Schon die biblischen Lesungen bieten eine große Bandbreite unterschiedlicher literarischer Gattungen: Von Erzählungen (im Alten Testament, insbesondere aber auch an zentraler Stelle in der christlichen Liturgie aus dem Neuen Testament über Jesus von Nazareth) über Gesetzestexte, Prophezeiungsdichtung, Lyrik (insbesondere in den Psalmen), apokalyptischer Visionsprosa, bis hin zu paränetisch-lehrhaften Abschnitten in der neutestamentlichen Briefliteratur.

---

5   Präfation für die Osterzeit V; Messbuch 392f.
6   Martin Stuflesser; Stephan Winter: Wo zwei oder drei versammelt sind. Was ist Liturgie? Regensburg 2004, S. 112; Stuflesser/Winter führen weitere Beispiele an und erinnern an den einfachen liturgischen Grundsatz: „Tut, was ihr sagt, und sagt, was ihr tut!" (ebd., S. 112f.).

Die Heilige Schrift kommt aber nicht nur als Lesung, Evangelium oder Antwortpsalm in der Liturgie vor; zahlreiche Rufe und Akklamationen sind Zitate aus der Heiligen Schrift oder biblisch inspiriert[7].

In der Eucharistiefeier, dem bedeutendsten und hinsichtlich der Sprachgestalt vielfältigsten christlichen Gottesdienst, gibt es daneben aber auch zahlreiche andere Texte, Gebete etwa (besonders die so genannten Präsidialgebete: Tages-, Gaben- und Schlussgebet und, an zentraler Stelle, das Eucharistische Hochgebet und das Gebet des Herrn), Rufe und Akklamationen (Kyrie, Halleluja/Ruf vor dem Evangelium, Agnus Dei), Bekenntnisse (Schuldbekenntnis, Glaubensbekenntnis) und Zusagen (Eröffnung, Friedensgruß, Segen und Entlassung). In Liedern, Hymnen und Gesängen, besonders dem Gloria und dem Sanctus, lobt und preist die Gemeinde Gott oder fasst einzelne Aspekte gläubigen Lebens ins lyrische Wort. Neben diesen tradierten Texten gibt es zahlreiche Möglichkeiten, frei zu formulieren. Dabei ist nicht nur an die Predigt bzw. Homilie zu denken[8], sondern auch an die Begrüßung/ Einführung, die Einladung zum Schuldbekenntnis, Christusprädikationen beim Kyrie, Hinführungen zu den biblischen Texten, das Allgemeine Gebet (Fürbitten), die Einladung zu Vaterunser, Friedensgebet und Friedensgruß und Verlautbarungen zum Schluss[9]. So gut es ist, an verschiedenen Stellen einen aktuellen Bezug zu den Mitfeiernden herzustellen und das liturgische Geschehen erschließen und kommentieren zu können, so groß ist die Gefahr, die Zeichen zu zerreden – vielleicht weil man ihnen nicht mehr so recht zutraut, aus sich selbst zu sprechen – und den Gottesdienst zu verworten. Außerdem wohnt zu vielen und zu langen Ein- und Hinführungen die Gefahr inne, den Gottesdienst zu katechetisieren und zu verzwecken.

Alle liturgischen Texte lassen sich jedenfalls theologisch drei Kategorien zuordnen[10]: Gott spricht zu den Menschen (katabatische Dimension), Menschen

---

7   Vgl. die Zusammenstellung bei Marcus Jacobs: Ein unentdeckter Schatz. Bibelzitate in der Messfeier. In: Gottesdienst 41 (2007), S. 140–142.

8   Die *Allgemeine Einführung in das Römische Messbuch* [AEM] (In: Die Messfeier – Dokumentensammlung. Auswahl für die Praxis. Hrsg. vom Sekretariat der Deutschen Bischofskonferenz [Arbeitshilfen. 77]. Bonn 2009) stellt die Bedeutung der Homilie heraus (vgl. AEM 42) und bestimmt, dass sie an Sonn- und gebotenen Feiertagen verpflichtend ist und nur aus einem scherwiegenden Grund ausfallen darf. Für die übrige Zeit, besonders für die Wochentage des Advents-, der Fasten- und der Osterzeit, wird sie empfohlen, ebenso wie für andere Feste und größere Gottesdienste (vgl. ebd. 42).

9   Vgl. Eduard Nagel: Frei formulierte Texte in der Eucharistiefeier. In: Andreas Odenthal; Albert Urban (Hrsg.): Liturgie und Sprache. Trier 2014, S. 137–146, hier S. 141–143.

10   Vgl. Stefan Rau: Vielfalt der Formen – Vielfalt der Texte. Die Sprachgestalt der verschiedenen Texte in der Eucharistiefeier. In: Liturgie und Sprache (vgl. Anm. 9), S. 21–53, hier S. 35. Eine Zusammenstellung aller Feier-Elemente einer Eucharistiefeier unter Anführung ihrer Dimension findet sich bei Martin Stuflesser; Stephan Winter: Geladen zum Tisch des Herrn. Die Feier der Eucharistie. Regensburg 2004, S. 9–11.

sprechen zu Gott (anabatische Dimension) und Menschen sprechen zu Menschen (diabatische Dimension). „Diese Grundbewegungen finden sich in allen christlichen Gottesdienst- und Gebetsformen wieder, sie sind Ausdruck des Grundaxioms christlicher Liturgie, die sich als Dialog zwischen Gott und Menschen beschreiben lässt und entsprechend zu gestalten ist."[11]

Vielleicht ist die mitunter beklagte Eintönigkeit im Gottesdienst auch darauf zurückzuführen, dass die unterschiedlichen Sprachformen alle ziemlich gleich, also monoton vorgetragen werden. Gottesdienstleiter/innen und Lektor/innen sollten alles daran setzen, sich gut vorzubereiten, und zu wissen, was sie da vortragen, lesen oder beten. Die Kenntnis und Beachtung von Grundregeln der Phonetik (Atmung, Aussprache) und Rhetorik (Sprechmelodie, Betonungen, Pausen) sollte sowieso selbstverständlich sein.

Zum christlichen Gottesdienst gehört allerdings nicht nur die Sprache der Worte. Konstitutiv ist auch die Abwesenheit von Worten, die Stille. „Die Stille ist nicht Leere, sondern Raum, in dem der liturgische Dialog zwischen Gott und den Menschen persönlich werden kann."[12]

## 2. Liturgische Sprache als übersetzte Sprache

Wenn jemand einer Aussage zustimmen soll, dann muss er diese verstanden haben. Wer einen Gottesdienst mitfeiert und zu wesentlichen Texten sein „Amen" sprechen soll, muss zumindest die Chance haben, zu erfassen, was gesagt worden ist. Insofern liegt es in der Konsequenz der vom II. Vatikanischen Konzil geforderten „tätigen Teilnahme" aller Gläubigen an der Liturgie, dass diese in der Muttersprache gefeiert wird.

Zwar wünschte die Liturgiekonstitution *Sacrosanctum Concilium*: „Der Gebrauch der lateinischen Sprache soll in den lateinischen Riten erhalten bleiben, soweit nicht Sonderrecht entgegensteht." (SC 36 § 1). Aber sie ermöglichte auch einen weitergehenden Gebrauch der Muttersprache: „Da bei der Messe, bei der Sakramentenspendung und in den anderen Bereichen der Liturgie nicht selten der Gebrauch der Muttersprache für das Volk sehr nützlich sein kann, soll es gestattet sein, ihr einen weiteren Raum zuzubilligen, vor allem in den Lesungen und Hinweisen und in einigen Orationen und Gesängen" (SC 36 § 2).

---

11  Rau: Vielfalt (vgl. Anm. 10), S. 36.
12  Brüske; Willa: Gedächtnis (vgl. Anm. 3), S. 55. Zur Stille im Gottesdienst grundlegend Andreas Heinz: Schweigen – Stille. In: Handbuch der Liturgiewissenschaft, Teil 3 (vgl. Anm. 4), S. 240–248.

Damit war eine Entwicklung angestoßen, die innerhalb weniger Jahre dazu führte, dass grundsätzlich alle Teile der Liturgie in den unterschiedlichen Muttersprachen vollzogen werden konnten.

Die 1969, bezeichnenderweise in Französisch veröffentlichte Übersetzerinstruktion *Comme le prévoit* bestimmte programmatisch: „In der Liturgie dienen die Übersetzungen [...] dazu, den Gläubigen die Frohe Botschaft vom Heil zu verkünden und dem Gebet der Kirche zu ihrem Herrn Ausdruck zu verleihen [...]. Um dieses Ziel zu erreichen, genügt es nicht, wenn man eine für die Liturgie bestimmte Übersetzung herstellt, die einfach den wörtlichen Inhalt und die Grundgedanken des Originaltextes in eine andere Sprache überträgt. Es kommt vielmehr darauf an, einem bestimmten Volk in dessen eigener Sprache getreu zu vermitteln, was die Kirche durch den Originaltext einem anderen Volk in einer anderen Sprache mitgeteilt hat."[13]

Damit war eine eindeutige Zielsprachenorientierung verbunden, denn das „Gebet der Kirche ist stets Gebet von Menschen, die hier und jetzt beten. Darum genügt häufig nicht die wörtliche Übersetzung von Texten, die in einer anderen Zeit und Kultur entstanden sind. Die versammelte Gemeinde soll den übersetzten Text zu ihrem eigenen lebendigen Gebet machen können, und jedes ihrer Glieder soll sich in ihm aussprechen können."[14]

In Folge des II. Vatikanischen Konzils und nach den Maßgaben dieser Instruktion entstanden volkssprachliche Ausgaben des Messbuches und der übrigen liturgischen Bücher, die sich zwar an das lateinische Original anlehnten, jedoch recht frei mit der lateinischen Vorlage umgingen, besonders im angelsächsischen Sprachraum. Das deutsche Messbuch erschien 1975 und erlebte, im Wesentlichen unverändert, 1988 seine zweite Auflage[15]. Im Laufe der Jahre kamen Ergänzungshefte hinzu, vor allem mit Viten und Orationen an neuen Heiligenfesten[16].

---

13 Consilium [Rat zur Ausführung der Liturgiekonstitution], Instruktion „Comme le prévoit" [Die Übertragung liturgischer Texte] (25.1.1969). In: Dokumente zur Erneuerung der Liturgie 1. Kevelaer, Freiburg/Schweiz ²2002, S. 592–605, hier S. 593f. (Comme le prévoit 6).

14 Ebd. 20.3 (Dokumente zur Erneuerung der Liturgie 1,597).

15 Die Feier der heiligen Messe. Messbuch. Für die Bistümer des deutschen Sprachgebietes. Authentische Ausgabe für den liturgischen Gebrauch. Teil I. Die Sonn- und Feiertage deutsch und lateinisch. Die Karwoche deutsch (1975). Teil II. Das Messbuch deutsch für alle Tage des Jahres außer der Karwoche (1975, 2. Auflage 1988).

16 Die Feier der heiligen Messe. Messbuch. Für die Bistümer des deutschen Sprachgebietes. Authentische Ausgabe für den liturgischen Gebrauch. Teil II. Ergänzungsheft zur ersten Auflage (1988). Teil II. Ergänzungsheft zur zweiten Auflage (1995). Teil II. Ergänzungsheft 2 zur zweiten Auflage (2010).

Als 2002 die dritte Auflage des lateinischen Messbuches veröffentlicht wurde[17], war jedoch endgültig klar, dass eine neue deutsche Übersetzung unter veränderten Rahmenbedingungen würde erscheinen müssen. Schon seit den 1990er Jahren hatte sich nämlich abgezeichnet, dass die Prinzipen der Übersetzerinstruktion von 1969 nicht mehr konsensfähig waren und im Vatikan auf zunehmende Ablehnung stießen[18]. Manifest wurde dies in der Instruktion *Liturgiam authenticam* (LA), die 2001 erschien[19].

Als Grundsatz wurde dort formuliert, „dass die Übersetzung der liturgischen Texte der römischen Liturgie nicht in erster Linie ein kreatives Werk ist, sondern viel mehr erfordert, die Originaltexte in die Volkssprache getreu und genau [*fideliter et accurate*] zu übertragen. Zwar mag es erlaubt sein, die Worte so anzuordnen und Satzbau wie Stil so zu gestalten, dass ein flüssiger und dem Rhythmus des Gemeindegebetes angepasster volkssprachlicher Text entsteht. Doch muss der Originaltext, soweit möglich, ganz vollständig und ganz genau [*integerrime et peraccurate*] übertragen werden, das heißt ohne Auslassungen und Zusätze, was den Inhalt betrifft, und ohne Paraphrasen oder Erklärungen" (LA 20). Die Instruktion fordert detailliert, dass die besondere Eigenart des römischen Ritus, der klar, kurz und knapp formuliert, bewahrt werden soll. Deshalb sollen bestehende Zusammenhänge zwischen den Aussagen, z. B. in Neben- und Relativsätzen, in Wortstellung und Parallelismen übernommen werden. Ebenso sollen dieselbe Person, dieselbe Zahl (Singular oder Plural) und dasselbe Genus wie im Original verwendet werden. Konjunktionen, die eine Kausalität, eine Absicht oder eine Wirkung ausdrücken, sollen ebenso gewahrt werden wie Syntax und Stil (vgl. LA 57).

Die Konsequenzen von *Liturgiam authenticam* zeigten sich bei Erarbeitung des Ritualbuches zum kirchlichen Begräbnis, seiner Approbation durch die Bischöfe des deutschen Sprachgebietes und seiner Rekognizierung durch die

---

17 Missale Romanum. Ex decreto Sacrosancto Oecumenici Concilii Vaticani II instauratum auctoritate Pauli pp. VI promulgatum Ioannis Pauli pp. II cura recognitum. Editio typica tertia (2002).

18 Vgl. Winfried Haunerland: Katholisch und deutsch – zur volkssprachlichen Liturgie in der Gegenwart. In: Benedikt Kranemann; Stephan Wahle (Hrsg.): „… Ohren der Barmherzigkeit". Über angemessene Liturgiesprache. Freiburg i. Br. 2011, S. 99–111, hier S. 104.

19 Kongregation für den Gottesdienst und die Sakramentenordnung: Der Gebrauch der Volkssprache bei der Herausgabe der Bücher der römischen Liturgie. Liturgiam authenticam. Fünfte Instruktion „zur ordnungsgemäßen Ausführung der Konstitution des Zweiten Vatikanischen Konzils über die heilige Liturgie" (zu Art. 36 der Konstitution). Lateinisch – Deutsch. 28. März 2001. Hrsg. vom Sekretariat der Deutschen Bischofskonferenz (Verlautbarungen des Apostolischen Stuhls. 154). Bonn 2001. Vgl. dazu Winfried Haunerland: Texttreu und verständlich. Die Leitlinien der Revision des Messbuchs. In: Gottesdienst 39 (2005), S. 153–156.

römische Kongregation für den Gottesdienst und die Sakramentenordnung[20]. Die bald einsetzende harsche Kritik am neuen Buch zeigte, dass die Neuausgabe manchen pastoralliturgischen Erwartungen nicht entsprach[21]. Die Ablehnung des neuen Buches entzündete sich im Einzelnen an seinem gewachsenen Umfang und seiner Unhandlichkeit, am Fehlen eines Formulars für eine Verabschiedung am Sarg vor der Kremation sowie an theologischen Akzentverschiebungen, etwa wenn an vielen Stellen nicht mehr für die Verstorbenen, sondern nur für ihre Seelen gebetet wurde. Der eigentliche Kritikpunkt aber waren unelegante, weil latinisierende Übersetzungen, etwa im Verabschiedungsgebet in allen Grundformen des Begräbnisses[22].

Die Bischöfe nahmen die Kritik ernst, erlaubten für eine Übergangszeit neben dem Buch von 2009 die Verwendung der Ausgabe von 1973[23] und ließen ein Manuale erarbeiten[24], das neben dem eigentlichen Beerdigungsrituale überall dort verwendet werden kann, wo es die pastoralen Bedingungen nahelegen. Faktisch dürfte das Manuale nicht an die Seite der Ausgabe von 2009 getreten sein[25], sondern an ihre Stelle, wenn nicht gar private Zusammenstellungen statt der offiziellen liturgischen Bücher verwendet werden. Das Begräbnisrituale ist damit faktisch gescheitert. Vermutlich erklärt sich die Verzögerung bei der Approbation der dritten Auflage des deutschen Messbuchs aus diesen Erfahrungen. Wenn dieses nämlich *Liturgiam authenticam* folgt, wird die amtlich vorgelegte Sprache eine latinisierende Sondersprache sein.

Die Frage ist: In welchem Verhältnis zueinander stehen bei liturgischen Texten Quellsprache und Zielsprache? Der künstlerische Satzbau der lateinischen Texte, insbesondere der Orationen, kann im Deutschen jedenfalls nicht so

---

20 Die kirchliche Begräbnisfeier in den Bistümern des deutschen Sprachgebietes. Zweite authentische Ausgabe auf der Grundlage der Editio typica 1969 (2009). Dazu Winfried Haunerland: Die kirchliche Begräbnisfeier. Zur zweiten authentischen Ausgabe 2009. In: Liturgisches Jahrbuch 59 (2009), S. 215–245.

21 Vgl. Winfried Haunerland: Das eine gescheitert, das nächste gescheiter? Zwölf Anmerkungen zur Rezeption eines liturgischen Buches. In: Gottesdienst 44 (2010), S. 173–176.

22 Die dort genannten „Ohren der Barmherzigkeit" (*aures misericordiae*) wurden zum Paradebeispiel angeblich unbrauchbarer Texte – und gaben einem Sammelband über angemessene liturgische Sprache (vgl. Anm. 18) den Titel.

23 Die kirchliche Begräbnisfeier in den katholischen Bistümern des deutschen Sprachgebietes. Hrsg. im Auftrag der Bischofskonferenzen Deutschlands, Österreichs und der Schweiz und des Bischofs von Luxemburg (1973).

24 Die kirchliche Begräbnisfeier. Manuale. Hrsg. im Auftrag der Deutschen Bischofskonferenz, der Österreichischen Bischofskonferenz und der Schweizer Bischofskonferenz sowie des Bischofs von Bozen-Brixen und des Bischofs von Lüttich. Trier 2012. Dazu Winfried Haunerland: Eine Ergänzung für die Pastoral. Zum Manuale „Die Kirchliche Begräbnisfeier". In: Gottesdienst 46 (2012), S. 137–140.

25 In der Pastoralen Einführung 1 heißt es: „Das Manuale ergänzt die Ausgabe von 2009, auf deren Grundlage es erarbeitet wurde", Manuale (wie Anm. 24).

ohne weiteres imitiert werden. Sie bestehen oft nur aus einem einzigen Satz und sind von einer Klarheit, Kürze, Dichte und Prägnanz, die auch der sprachbegabteste Übersetzer nicht eins zu eins nachahmen kann[26], jedenfalls nicht, wenn die Übersetzung gutes Deutsch sein soll. Ergebnis wären dann nämlich nicht wirklich volkssprachliche Texte, sondern eine Art „verkleidetes Latein"[27]. „Bei aller Wertschätzung der lateinischen Texte als Symbole und Instrumente kirchlicher Glaubens- und Liturgieeinheit kann es nicht darum gehen, die Zielsprachen zu einem Abbild der Quellsprachen zu machen"[28].

Es ist bezeichnend, dass sich eine vergleichbare Kritik wie bei den Neufassungen der liturgischen Bücher für die Messe und das kirchliche Begräbnis bislang hinsichtlich der angekündigten neuen Mess-Lektionare, also den liturgischen Büchern für die Lesungen, Antwortpsalmen und Evangelien, mit der revidierten Einheitsübersetzung, die sukzessive erscheinen sollen, nicht geregt hat, obwohl auch diese Lektionare approbiert und rekognisziert werden müssen. Vielleicht hängt das damit zusammen, dass es diese neuen Lektionare bisher eben noch nicht gibt und die revidierte Einheitsübersetzung für Gottesdienste bislang wenig genutzt wird, vielleicht auch mit der Einschätzung, dass die von *Liturgiam authenticam* geforderte Quellsprachenorientierung für biblische Texte angemessener ist als für Gebete bei der Feier der Sakramente, vielleicht aber auch mit der Hoffnung, dass *Liturgiam authenticam* nicht das letzte Wort über volkssprachliche Fassungen liturgischer Texte ist.

## 3. Verständliche Sprache oder Sakralsprache in der Liturgie?

Die Frage, in welcher Sprache Liturgie gefeiert wird und welches Sprachniveau im christlichen Gottesdienst angemessen ist, ist nicht neu.

In den ersten beiden christlichen Jahrhunderten setzte sich Griechisch – bzw. das gegenüber dem Attischen einfachere Koine-Griechisch – als Weltsprache der Antike als christliche Liturgiesprache in vielen Regionen des Mittelmeerraumes durch, während die ersten Gemeinden in Palästina in ihren Gottes-

---

26 Vgl. Stephan Wahle: „Volkstümliche Sakralsprache". Liturgiesprache in historischer Entwicklung und Gegenwärtiger Gestalt. In: Odenthal; Urban: Liturgie und Sprache (wie Anm. 9), S. 108–124, hier 120f.; Stephan Wahle: Liturgiesprache im Wandel der Zeit. Eine Einführung aus historischer Perspektive. In: Kranemann; Wahle: „... Ohren der Barmherzigkeit" (wie Anm. 18), S. 74–88, hier 86f.

27 Romano Guardini: Liturgische Bewegung und liturgisches Schrifttum. In: Literarischer Handweiser 58 (1922), S. 49–58, hier S. 58; vgl. dazu Gunda Brüske: „Kein verkleidetes Latein". Sinn und Grenze sakraler Sprache in volkssprachlicher Liturgie. In: Kranemann; Wahle: „... Ohren der Barmherzigkeit" (wie Anm. 18), S. 170–183.

28 Haunerland: Katholisch (wie Anm. 18), S. 107.

diensten wohl auch das Aramäische, die Sprache Jesu, verwendeten. Mit der Septuaginta stand den frühen Gemeinden eine griechische Übersetzung der hebräischen Bibel zur Verfügung. Im polyglotten Rom wurden die Gottesdienste in den ersten Jahrhunderten ebenfalls in Griechisch gefeiert, denn die Mitglieder der jungen Gemeinde hatten zum Großteil griechische Wurzeln. Als ab der zweiten Hälfte des dritten Jahrhunderts der Zustrom von Immigranten aus dem Osten nachließ, hatte der Latinisierungsprozess, der vor allem von Kaiser Decius (249–251) vorangetrieben wurde, auch Auswirkungen auf die Liturgie der christlichen Gemeinde, wenn auch zunächst nicht auf die Eucharistie, die noch ein gutes Jahrhundert in Griechisch gefeiert wurde. Vor allem im Bereich der Initiationsliturgie inklusive der Katechumenatsriten und im Wortgottesdienst (Lesungen, Psalmen) setzte sich sukzessive das Lateinische durch, bis dann im Laufe des 4. Jahrhunderts unter Papst Damasus I. (366–384) auch die Eucharistie in Latein gefeiert wurde. Zeitgleich zum Wechsel der Liturgiesprache setzte sich die Vulgata, die lateinische Bibel-Übersetzung des Hieronymus (um 347–419), gegenüber älteren Übersetzungen (*vetus Latina*) durch.

Die lateinische eine Liturgiesprache war allerdings eine Kunstsprache, die sich von der gewöhnlichen Alltagssprache deutlich unterschied. Sprachniveau, Gräzismen und Neologismen, präzise und knappe Semantik und Syntax (*gravitas romana*), die Übernahme biblischer und paganer Metaphern sowie ein ausgeprägter Sprachrhythmus (*cursus*) mit Anleitungen aus der Rechtsrhetorik prägten dieses Latein.

Es war also eine Liturgiesprache, die nicht allgemein verständlich war, obwohl der Wechsel zum Lateinischen gerade dadurch angestoßen worden war, dass die Möglichkeit des Mitbetens und Verstehens als konstitutiv für den Gottesdienst der christlichen Gemeinde angesehen wurde.[29] Eher war die Übernahme des Lateinischen als Liturgiesprache ein „besagtes Mittel zur Christianisierung der spätantiken römischen Kultur"[30].

Der Überblick über die Entwicklung der Liturgiesprache in den frühen christlichen Gemeinden, insbesondere in Rom, hat gezeigt, dass es schon sehr früh eine Spannung gab, die sich in der Diskussion um die Liturgiesprache durch die Jahrhunderte hindurch niederschlägt: Auf der einen Seite soll die Sprache

---

29  Vgl. zum geschichtlichen Überblick Gerhards; Kranemann: Einführung (wie Anm. 1), S. 183; Wahle: Liturgiesprache (wie Anm. 26), S. 76f.; Wahle: Sakralsprache (wie Anm. 26), S. 110f.

30  Wahle: Liturgiesprache (wie Anm. 26), S. 77; Wahle: Sakralsprache (wie Anm. 26), S. 111 – jeweils unter Berufung auf Uwe Michael Lang: Liturgie – Sprache – Glaube. In: Franz Breid (Hrsg.): Die heilige Eucharistie. Referate der 17. Internationalen Theologischen Sommerakademie des Linzer Priesterkreises in Aigen/M. Augsburg 2005, S. 202–240, hier S. 229.

dem heiligen Geschehen des Gottesdienstes entsprechen und es in gewisser Weise sogar verhüllen, also eine Sakralsprache sein; auf der anderen Seite wird der Anspruch erhoben, dass die Gläubigen die liturgischen Texte verstehen und den Gottesdienst auch sprachlich mitvollziehen können.[31]

Die schon erwähnte Instruktion *Liturgiam authenticam* jedenfalls ist davon überzeugt, „dass das wahre liturgische Gebet nicht nur vom Geist der Kultur geprägt wird, sondern dass es selbst zur Prägung der Kultur beiträgt. Deshalb verwundert es nicht, dass es von der Umgangssprache abweichen kann. Die liturgische Übersetzung, welche in gebührender Weise die Autorität und den vollständigen Sinn der Originaltexte wiedergibt, trägt zur Entstehung einer volkstümlichen Sakralsprache (*lingua sacra vulgaris*) bei, deren Wörter, Satzbau und Grammatik für den Gottesdienst charakteristisch sein sollen; dabei ist nicht ausgeschlossen, dass sie ihrerseits auf die Alltagssprache großen Einfluss haben, wie es bei den Sprachen der schon lange evangelisierten Völker geschehen ist." (LA 47)

Zu welcher Seite ist die eingangs erwähnte Spannung aufzulösen? Eine Antwort hängt nicht unwesentlich davon ab, wen die Bemühungen um eine verständliche Sprache im Blick haben.

Der Münchner Liturgiewissenschaftler Winfried Haunerland setzt bei jenen an, die zur Glaubensgemeinschaft der Kirche gehören. Die liturgischen Texte müssten nicht für alle Menschen verständlich sein, die Deutsch sprechen können. Zumindest die Eucharistiefeier sei kein Ort der Erstkatechese, sondern Feier der Kirche. „Insofern müssen nicht *alle* Menschen etwas verstehen können: jene aber, die in den Glauben wenigstens partiell hineingewachsen sind, müssen soviel verstehen können, dass sie wissen, wozu sie bei den Gebeten ‚Amen' sagen. Verständlichkeit darf aber nicht mit Banalität verwechselt werden. Es wäre fatal, wenn liturgische Texte so trivial wären, dass sich beim wiederholten Male oder gar in der Meditation über den Text nicht noch Neues erschließen könnte."[32] Wenn beispielsweise an einer kirchlichen Begräbnisfeier viele nicht katholisch sozialisierte Menschen teilnehmen, ergebe sich ein Problem, das in der Predigt zu berücksichtigen sei. „Doch sollte die Kirche daran festhalten, dass ihre Liturgie und ihre liturgischen Texte nicht so nivelliert werden können, dass auch jene, die keine religiöse Praxis haben und die religiöse Sprache nie erlernt haben, alles verstehen. Aber auch für jene, die im gottesdienstlichen Geschehen beheimatet sind und die mit

---

31 Vgl. Gerhards; Kranemann: Einführung (wie Anm. 1), S. 183.
32 Winfried Haunerland: Texttreu und verständlich. Die Leitlinien der Revision des Messbuchs (2005). In: Kranemann; Wahle: „... Ohren der Barmherzigkeit" (wie Anm. 18), S. 62–71, hier S. 68.

der liturgischen Sprache vertraut sind, müssen liturgische Texte nicht so sein, dass beim ersten Hören alles verstanden ist. Nur flache Texte sind beim ersten Mal sofort ausgeschöpft. [...] Ein guter liturgischer Text darf also kein flacher Text sein, sondern soll ein Text sein, der es lohnt, häufiger verwendet, gesprochen und gehört zu werden."[33] Ein guter liturgischer Text müsse zweierlei leisten, nämlich zum einen bei einem getauften und in die Gottesdienstgemeinschaft initiierten Christen auch beim erstmaligen Hören einen ersten Sinn des Textes zu ermöglichen und zum anderen beim wiederholten Hören immer noch Neues entdecken zu lassen. Voraussetzung für beides sei jedoch, „dass die Sprachgestalt nicht schon für ein Erstverstehen Rätsel aufgibt [...], weil der vorgegebene Text – obgleich in der Volkssprache verfasst – doch wie ein fremdsprachiger Text klingt. Zum Nachdenken und Nachfragen soll nicht eine den Zugang verstellende Sprachgestalt anregen, sondern der Inhalt dessen, was ausgesagt wird."[34]

Demgegenüber plädiert der Erfurter Liturgiewissenschaftler Benedikt Kranemann für eine „Hermeneutik der Anderen". Die Sprache der Liturgie und damit eines wesentlichen Bereiches kirchlicher Feier und Verkündigung müsse nach ihrer Wirkung auf Menschen befragt werden, die außerhalb der Kirche stehen. „Was wirkt möglicherweise fremd, wo werden Barrieren aufgebaut, wo wird ausgegrenzt, wo wird der Zugang zum ‚Evangelium' regelrecht verstellt? Wo ist eine ‚Fremdheit', eine sprachliche Komplexität durch vielschichtige Metaphern oder eine besondere Rhetorik, wo ist die Sprache der Tradition dem Gottesgeheimnis angemessen? Es geht nicht um eine Simplifizierung der Sprache, die schließlich zur Banalisierung der Botschaft führt. Wohl aber muss das Ziel eine konsequente Befragung aller Sprache im Gottesdienst daraufhin sein, wie sie von denen wahrgenommen wird, die mit Kirche und Glaube, die letztlich mit der Gottesbotschaft nicht vertraut sind." In einigen Liturgien, vor allem in Wortgottesdiensten und in der Stundenliturgie, werde dieser Weg seit längerem beschritten, bei der Feier der Trauung versuche man, auch sprachlich, auf unterschiedliche Glaubenssituationen zu reagieren, neue Feierformen, etwa in Mittel- und Ostdeutschland, wendeten sich ausdrücklich an Nichtchristen und könnten als Versuch gelesen werden, „aus der Perspektive der Anderen den Glauben zu kommunizieren. Mit einer solchen Hermeneutik kann man gewinnend den Glauben bezeugen."[35] Die „Hermeneutik der

---

33 Haunerland: Katholisch (wie Anm. 18), S. 101f; das Beispiel der kirchlichen Begräbnisfeier findet sich auch bei Haunerland: Ergänzung (wie Anm. 24), S. 138.
34 Haunerland: Katholisch (wie Anm. 18), S. 102f.
35 Benedikt Kranemann: Sprache, Sprachqualität und Sprachfähigkeit in der Liturgie. In: Kranemann; Wahle: „... Ohren der Barmherzigkeit" (wie Anm. 18), S. 94f.

Anderen" liegt für Kranemann auf der Linie des Schlüsselbegriffs „tätige Teilnahme" in der Liturgiekonstitution des II. Vatikanischen Konzils. Wenn die Liturgie als ein Weg zum Glauben verstanden werde, dann müsse es umso mehr Teilnahme mit ganz unterschiedlicher Intensität und Intention geben. Diese Partizipation verlange das Ringen um eine Sprache, in der Teilnahme dann auch wirklich gelingen könne. Das habe dann auch Auswirkungen auf das Kirchenbild, denn es verlange eine Kirche, in der 1. die Freiheit des Evangeliums herrsche, die 2. offen sei, um etwas von den Menschen zu erfahren und zu lernen, und die 3. dynamisch zur ständigen Veränderung bereit sei[36].

Wie immer man die Funktion liturgischer Sprache gewichtet, mehr innerkirchlich oder mehr missionarisch argumentiert, eher ihre sachliche Angemessenheit oder eher ihre personengerechte Ausrichtung einfordert, es ist klar, dass in ihr eine letzte Spannung bei der Verbindung von Glauben und Leben notwendig bestehen bleibt. Denn der Glaube hat immer eine herausrufende und verändernde Kraft und das Leben bringt immer neue Erfahrungen, die als Auslegung des einmal geschehenen Heilshandelns Gottes gedeutet werden können. Für die Liturgie bedeutet das, dass zunächst einmal die Erfahrungen der Heilsgeschichte treu bewahrt werden müssen; und da es sich um fremde, vorgegebene Erfahrungen handelt, die den Kern christlicher Identität bilden, bleibt eine gewisse Fremdheit der liturgischen Sprachen notwendig. Zum anderen aber erfordert das eine Sprache, in der die Mitfeiernden sich wiedererkennen können, die relevant ist für das eigene Leben und die in aktuelles Lebenswissen münden kann.[37] Festzuhalten bleibt jedenfalls, dass es in der Liturgie eine Spannung zwischen vorgegebenen, tradierten Sprachelementen und solchen, die freier gestaltet und dem Verständnishorizont der versammelten Menschen angepasst sind, nicht nur geben darf, sondern geben muss.

---

36 Vgl. ebd., S. 95f.
37 Vgl. Andreas Odenthal: Sich selbst und Züge seines Lebens wiedererkennen. Symboltheoretische Überlegungen zur liturgischen Sprache anhand der Instructio „Liturgiam authenticam". In: Kranemann; Wahle: „... Ohren der Barmherzigkeit" (wie Anm. 18), S. 125–131, hier S. 131.
Für Brüske – „Kein verkleidetes Latein" (wie Anm. 27), S. 170–183, hier S. 175f. – ist Sakralsprache „der durch vorhergehende Erfahrung göttlichen Handelns evozierte, dann durch eine Gemeinschaft tradierte sprachliche Ausdruck für die erfahrene Differenz zum sonstigen, alltäglichen Dasein insbesondere mit Hilfe archaisierender, bildhaft-analoger oder radikal-paradoxer Wortwahl sowie der Rhythmisierung des sprachlichen Flusses". Das Gegenteil wäre nicht die alltäglich-profane Sprache, sondern der Kitsch. Sprach-Kitsch wäre „gefällig, eingängig, egalitär. Die Intention wäre nicht, Anders-Sein, Differenz zu markieren, sondern tendiere im Gegenteil zum Verwischen von Unterschieden".

# LITURGISCHE SPRACHE – KRITISCH BETRACHTET MITHILFE DER „POESIE"

Christiane Bongartz

## 1. Über Liturgie

### 1.1 Annäherung an das Wesen katholischer Liturgie

Wir wissen es alle: der Text steht schon fest. Vielmehr: die Texte. Festgeschrieben seit langem und für lange, in dicken mittelalterlich anmutenden Prachteinbänden. Nehmen wir doch mal an, es wäre nicht so. Um in einer Sache weiterzukommen, kann es hilfreich sein, das Starre mal beiseite zu lassen. Nehmen wir also an, es gäbe keine Lektionare, keine Bibelleseplane, keine vorgeschriebenen Gebete – dass das alles auch sinnvoll ist, vor allem im Sinne der Einheit sowie der Kontinuität durch die Jahrhunderte, soll damit nicht grundsätzlich in Frage gestellt werden. Wir legen diese nur beiseite.

Dann sehen wir Menschen, die in eine Kirche kommen, sich dorthin setzen und eine gewisse Zeit dort verbringen können und wollen. Und andere Menschen, die für diese etwas vorbereitet haben, haupt- oder ehrenamtlich, und verantwortlich sind für das, was gesprochen und gesungen und inszeniert wird. Worum geht's bei diesem „Meeting"? Um Gott. Klar, worum sonst. Um Gott?

Das katholische Verständnis von Liturgie wird da etwas genauer: Gott ist der, der die Initiative ergreift. Die Kirche wird nicht aus eigener Leistung zur Kirche, sondern durch das Handeln Gottes in Christus.

Es geht darum, dass die Menschen, die da sind, in die heil-volle Beziehung des trinitarischen Gottes hineingenommen werden. Den Menschen geschieht also etwas Gutes, indem sie sich hineinbegeben in eine Beziehung, und zwar die trinitarische, in die die Kirche durch den Heiligen Geist hineingehört.

Man schafft mit der Liturgie für dieses Heil, das nicht statisch, sondern dynamisch verstanden wird, gewissermaßen einen Raum. Der Mensch ist nicht bloßes Objekt und „Heilsempfänger", sondern handelnder Teil des Ganzen. Er erinnert sich, er dankt, bekennt, kehrt um, versöhnt sich. Ohne diese konkreten liturgischen Handlungen bliebe die Liturgie hohl.

"Neuerdings wird innerhalb der röm.-kath. Liturgiewissenschaft vermehrt die Frage thematisiert, wie sich das Heil in konkreten liturgischen Vollzügen konkretisiert und verkörpert. Die Liturgie vermittelt als Raum-Zeit-Geschehen die im Glauben bezeugte Wirklichkeit in die konkrete Erfahrung, ist somit ein intermediärer (Zwischen-)Raum. Diese Einsicht steht hinter der Metapher der *himmlischen Liturgie*, die in eschatologischer Sprache die Vor-läufigkeit irdischer Liturgie, d. h. ihr Noch-nicht-vollendet-Sein, zum Ausdruck bringen will. Liturgie ist also kein imaginärer Dialog im Sinne einer bloßen Phantasie, sondern ein Ritual, das zwischen den subjektiven Erfahrungen des Menschen heute und den *geronnenen Erfahrungen* der Menschen der Vergangenheit (Bibel und Glaubenstradition der Kirche) vermittelt. In der Liturgie kann also Gottesbegegnung erfahrbar werden, jedoch als vermittelte Erfahrung, im Fall der christlichen Liturgie vermittelt durch die Kirche."[1]

Es geht also, bei aller Liebe, weil wir Menschen sind, immer auch um uns Menschen, denn von was anderem als von unserem Leben haben wir ja auch keine Ahnung. Davon jedoch oft ganz schön viel. Von denen, die Glückstagebücher schreiben, Yogakurse machen, Kinder erziehen, köstlich kochen bis hin zu denen die alt werden, denen die Knie weh tun, die schon viele haben sterben sehen und die deshalb irgendwie weise sind.

Und um dieses Leben, das wir haben, und dessen Fragen, dessen Sinnhaftigkeit und dessen Gott und seine Bilder uns oft geheimnisvoll erscheinen. Die Verkündigung des Jesus als Christus weist da eine Idee auf, die das Leben von uns Menschen einfängt. Sie beginnt mit der Erschaffung eines jeden individuellen Menschen durch einen liebenden Gott, führt über ein Leben in Freiheit, Gerechtigkeit und Liebe für alle hin zu einem Tod, der nicht das letzte Wort hat, sondern überwunden wurde, worauf wir hoffen können. So bleibt das menschliche Leben nicht sinnlos. Soweit die Lehre.

Um das in Erinnerung zu behalten und immer wieder neu durch alle schweren und schönen Zeiten des Lebens zu versuchen, werden Geschichten über Jesus vorgelesen und Erzählungen aus dem Ersten Testament, der Grundlage des christlichen Glaubens. Es wird in vorformulierten Gebeten (teilweise jahrtausendealt, wie die Psalmen) vorsichtig zu Gott gesprochen. Und der Vorsteher des Gottesdienstes hat auch die Freiheit, eigene, aktuelle, persönliche Worte zu finden.

Verbunden mit der Versammlung (also den anderen, die auch das ungefähr glauben und deshalb da sind), und sogar in Verbundenheit mit der ganzen

---

[1] Kim de Wildt; Albert Gerhards: Art. Gottesdienst, katholisch. [2016] In: WiReLex – Das Wissenschaftlich Religionspädagogische Lexikon im Internet, https://www.bibelwissenschaft.de/stichwort/100329 (abgerufen am: 23.7.17).

katholischen Welt, wird zeichenhaft agiert, Brot und Wein werden gewandelt und geteilt in aktualisierter Gegenwart Christi. An einem Ort, an dem in der Regel schon lange so gefeiert wird, mit Musik, dem Gesang, all dem zusammen wird so der ganze Mensch hineingezogen in ein Geschehen, das man, wenn man daran glaubt, als Dienst am eigenen Menschsein und an einer gerechteren solidarischeren Welt begreifen kann.

Sprachlich wird der Feiernde durch einen Text-Teppich geleitet, der von der Dramaturgie her immer gleich ist: Nach einer Eröffnung und Begrüßung wendet sich der Blick auf die eigene Person und ihre Situation, mit der man sich in Gemeinschaft vor Gott stellt, dessen freundliche Annahme eines jeden Menschen trotz aller Schuld deutlich ausgedrückt wird.

Es folgen „Worte Gottes", also Lesungen aus den biblischen Büchern, die als befreiende Botschaft inszeniert werden und die die Gemeinschaft hörend mitvollzieht und mit Formeln bestätigt. Eine Auslegung dieser Texte ist Aufgabe des Priesters. Eine anspruchsvolle Aufgabe, angesichts der gemischten Menschenmenge, die dort ist und der großen zeitlichen Distanz zum Entstehen dieser Texte.

Die Menschen wenden sich dann mit Bitten an Gott. Auch diese können sprachlich an die heutige Zeit angepasst werden. Darauf folgt die Vorbereitung des Sakraments von Brot und Wein, die Bereitung der Gaben, das Decken des Tisches, begleitet von verschiedenen Gebeten, daraus sticht das Hochgebet besonders hervor, bei dem die Heilsgeschichte Jesu (sein Leben, Sterben und Auferstehen) nicht nur im Gebet vorgetragen, sondern im Glauben nachvollzogen wird. Dies hat seinen Höhepunkt in der Wandlung von Brot und Wein, die Leib und Blut Jesu Christi werden. Die Menschen können davon kosten.

Nach dieser gemeinsamen rituellen „Mahlzeit" folgen abschließende Riten, Gebete und der Segen, der erbeten wird für die Menschen, die dort sind und nun wieder in ihr Leben zurückkehren.

Diese kurze und nur rudimentäre Beschreibung (viele Details sind nicht erwähnt) macht verschiedenes deutlich:

1. Es handelt sich um ein hochkomplexes Geschehen, dessen theologische Grundlage lange und immer wieder erforscht wurde und (wechselseitig) Einfluss nimmt.

2. Ein hohes Maß an Vertrautsein ist nötig, um diesem hohen Anspruch zu folgen. Bild Sprache aus einer anderen Welt, Glaubensgrundsätze, theologische Topoi wie die Trinität und die Parusieerwartung nur als Beispiele, die man kennen sollte, das alles ist vielen Menschen heute nicht mehr zugänglich.

3. Unter anderem dieses führt dazu, dass das Geschehen von vielen aus dem „Zuschauerraum" heraus wahrgenommen wird und in seiner Ästhetik und Inszenierungsdramatik geschätzt wird. Reicht das?
4. Die Dramaturgie funktioniert durch ihre ausgeklügelte Komposition. Für unsere Frage, inwieweit auch zusätzliche poetische Elemente hier noch eine Rolle spielen oder gar eingefügt werden können, werden wir dies im Hinterkopf behalten müssen.

### 1.2 Liturgie als Textteppich – die mediale Realisierung

Liturgie funktioniert durch Worte. Das Christentum ist keine Schrift-, sondern eine Wortreligion. Gesprochene, gesungene, vorgegebene und freie, ritualisierte, pathetische, bedeutungsvolle und eher vulgäre, ästhetische und weniger ästhetische Worte, Sätze, Geschichten, in den unterschiedlichsten Funktionen.

Im Jahr 1969 veröffentlichte das Consilium (Rat zur Ausführung der Liturgiekonstitution) eine Instruktion zur Veröffentlichung liturgischer Texte *Comme le prévoit*. Unter „I. Allgemeine Grundsätze" wird dort gesagt: „5. Der liturgische Text als Grundlage der heiligen Handlung dient der personalen Begegnung durch das Mittel der Sprache. Er ist in erster Linie ein sinnenfälliges Mittel, durch das die betenden Menschen miteinander in Verbindung treten. Für die Gläubigen aber, die Liturgie feiern, ist das Wort gleichzeitig Mysterium: Durch das Medium der gesprochenen Worte redet Christus selbst zu seinem Volk, und das Volk antwortet seinem Herrn; die Kirche aber redet zu ihrem Herrn und läßt den Geist sprechen, von dem sie belebt ist."[2]

Worte – Begegnung – Verbindung – Mysterium. Worte und Sprache schaffen Beziehung. Wobei Beziehung eben gerade niemals einfach ist. Sie ist fragmentarisch, sie scheitert, sie gelingt manchmal für eine gewisse Zeit, es gibt in ihr Nähe, aber auch Distanz, Widersprüchliches und alles, was denkbar ist. Und sie ist nicht nur „privat", sondern auch politisch, größer gedacht, sozial, gesellschaftlich, anspruchsvoll. All dies gilt auch für die Gottesbeziehung. Sie ist liebevoll und heilsam, aber auch widersprüchlich und schmerzlich und bleibt letztlich ein Mysterium.

Der große Liturgiewissenschaftler Romano Guardini stellte vor langer Zeit die Frage, die heute ungelöster denn je erscheint, wie die Brücke zu schlagen sei zwischen Glaubensformen und Glaubensinhalten einerseits und dem gegen-

---

[2] Zitiert nach: Instruktion Comme le prévoit vom 25. Januar 1969. In: Benedikt Kranemann; Stephan Wahle (Hrsg.): „… Ohren der Barmherzigkeit". Über angemessene Liturgiesprache. Freiburg i. Br. 2011, S. 14–17, hier S. 14.

wärtigen Menschen andererseits. In dieser Frage steckt das Bild eines tiefen Grabens zwischen den Teilnehmenden an der Liturgie und der Kirche. Jeder und jede, der und die um die Liturgie bemüht ist und schon einmal mit ihrer Vorbereitung beschäftigt war, kennt die Mühen, diesen Graben zu überwinden. Und immer mit folgender Befürchtung: „Wenn die Liturgie zu sehr an das Verständnis und Bedürfnis der Gläubigen angepasst wird, besteht die Gefahr eines Substanzverlusts und der Banalisierung der Liturgie."[3]

Der Weg führt auch hier zwischen den Extremen hindurch: Weder regulative Starrheit noch banale Alltagssprache können die Lösung sein. Aber ich gebe zu bedenken: Wenn es in der Liturgie um ein Beziehungsgeschehen, eine Begegnung mit den Menschen geht, die sogar als Subjekte gelten, dann sind es doch ihre Worte, ihre Themen, ihre Lebenswege, ihre Suche nach Gerechtigkeit, ihr Kampf um ein gutes Leben, die das Wesen der Liturgie ausmachen. Und es könnte spannend sein, gerade hier neu zu denken, wie die Sprache diesbezüglich eine neue Qualität gewinnen könnte. Und welche Form diese Sprache annehmen müsste, vielleicht ja eine poetische.

Wenn weniger klar wäre, was von Gott und seinem Wesen in der Liturgie vermittelt werden soll, wenn es da eine größere Zurückhaltung gäbe, ein vorsichtigeres Schreiten auf dünnem, altem Papier, mehr Respekt vor dem Geheimnis, dann könnte eine neue Sprache Raum gewinnen.[4] Jede Beziehung schafft sich eine eigene Sprache, die angemessen und praktikabel ist, wie also kann heute Gottesbeziehung sprachlich so zum Ausdruck gebracht werden, dass Menschen sich darin wiederfinden?

## 2. Über Poesie als Sprache im Fragment

In diesem Artikel kann die Poesie nur in einem winzigen Ausschnitt betrachtet werden, zunächst praktisch und daraufhin überblicksartig, und aus der durchaus speziellen Perspektive einer Liturgiewissenschaftlerin, die in breitem Maße poetische Sprache erforscht hat.[5] Nicht in den Blick genommen wird die „poetische Dimension" der bereits bestehenden liturgischen Texte.

---

3 Albert Gerhards: Erneuerung kirchlichen Lebens aus dem Gottesdienst. Stuttgart 2012, S. 41–48, hier S. 46.
4 Vgl. Albert Gerhards: Liturgische Sprache. Alltagssprache und das Problem der Übersetzungen. In: Martin Kirschner; Joachim Schmiedl (Hrsg.): Liturgia. Die Feier des Glaubens zwischen Mysterium und Inkulturation. Freiburg i. Br. 2014, S. 119–141. Vgl. auch zur „tätigen Teilnahme" den Überblick über die umfangreiche Literatur: Birgit Jeggle-Merz: Tätige Teilnahme in Sacrosanctum Concilium – Stolperstein oder Impulsgeber für gottesdienstliches Feiern heute? In: Liturgisches Jahrbuch 63 (2013), S. 153–166.
5 Vgl. Christiane Bongartz: Die Zeichen deuten. Betende Menschen, schweigende Engel und ein ‚überströmender' Gott in den Schriften deutsch-jüdischer Dichterinnen des 20. Jahrhunderts. Münster 2004.

## 2.1 Rites de passage – poetische Punkte auf der Landkarte des Lebens

Wir wechseln mal die Location und stellen uns eine Hochzeitsfeier vor, nicht den Gottesdienst, sondern die anschließende Feier, die ja häufig genug heute auch ohne Gottesdienst auskommt.

Auch hier treffen sich Menschen. Es gibt gutes Essen und leckere Getränke. Das Brautpaar hat für die Gäste alles vorbereitet. Der Vater der Braut hält klassischerweise eine Rede. Vielleicht auch noch die Trauzeugin. Freunde tragen etwas vor, ein Lied oder ein Spiel.

Vieles ist rituell, denn die meisten Hochzeitsfeiern verlaufen nach einem ähnlichen Muster. Die Liebesbeziehung wird gefeiert.

Und Worte (angefangen mit dem so bedeutsamen „Ja" am Anfang) spielen hierbei eine große Rolle. Denn in ihnen können Gefühle ausgedrückt werden: überschwängliche Freude, zärtliche Liebe, Vaterliebe, Mutterstolz ... Menschen zeigen ihre Präsenz, ihre Persönlichkeit, etwas von ihren Gefühlen, wenn sie auf einer solchen Feier sprechen. Ähnliches lässt sich sagen für Beerdigungen, Kindertaufen, sogar für Kindergeburtstage, runde Geburtstage, Abschiedsfeiern. Es gibt hier keinen vorgegebenen Text-Teppich wie in der Liturgie. Doch das gesprochene Wort gehört dazu, in Form gebracht, persönlich und gefühlvoll. Oft werden Gedichte vorgetragen, es wird nach Worten gesucht, um Gefühle, die tief und einzigartig erscheinen, ins Wort zu bringen.

## 2.2 Annäherungen an Poesie

tage der subversion, im seitenprofil. weiß nicht,
wo gräser wurzeln schlagen. ruhepause meiner biographie:
in abgelaufenen zeitungen blättern, im zustand der selbstreflexion.
schönheit ist eine frage des lichts.

mein aktuelles projekt: eine papierblume, beinahe blau.
am boden ein zerschnittener mond.
als wären wir einmal woanders gewesen.
als wären wir heute hier.

(Martina Weber)[6]

---

6   Aus: Martina Weber: Erinnerungen an einen Rohstoff. Gedichte. Leipzig 2014, S. 24.

Ein Gedicht, das sind zunächst Worte in der Anordnung von Versen. Aber das ist nicht das Entscheidende. Wenn Sie das obenstehende Gedicht gelesen haben, vielleicht sogar laut, was ich empfehle, dann haben Sie es gemerkt: Selbst bei dieser Autorin, die nicht verdächtig ist, Gefühl und Pathos zu übertreiben, schwingt etwas mit, was kaum zu greifen ist.

Durch die gewählten Worte (Biographie, Wurzeln, Selbstreflexion, Schönheit) werden die Leser in eine Bewegung hineingenommen, die sich auf sich selbst bezieht. Und in der zweiten Strophe klärt sich das dann ein Stück (das Projekt, die Papierblume), und bleibt doch offen (der zerschnittene Mond, als wären wir …). Wir bleiben nach diesen Worten ein wenig ratlos zurück, und vielleicht ist es nur das, was weiterklingt. Vielleicht bleibt uns aber auch das Bild des Ruhepunktes der eigenen Biographie oder die beinahe blaue Papierblume im Herzen hängen und wirkt nach.

Auch wenn offensichtlich nur wenige Menschen regelmäßig Gedichte lesen (wobei die anderen auf jeden Fall alle etwas verpassen), so sehen doch die meisten in ihnen die geeignete Form, etwas Großes auszudrücken. Etwas, was uns leben lässt. Und kämpfen und trauern und lieben. Und träumen. Etwas Großes, vielleicht können wir es Transzendenz nennen, muss aber nicht. Etwas Großes klingt in Poesie an, das meint, dass etwas hinter allem Sichtbaren liegt, dass es etwas Allumfassendes geben könnte, dass es Sinn geben könnte, den Sinn, der uns dazu bringt, unser Leben auf eine bestimmte Weise zu gestalten.

Etwas Großes, große Worte wie Liebe, Freiheit, Gerechtigkeit, können in Gedichten ausgedrückt werden. Damit sind wir nah am Pathos, das ist klar, und am Gefühl. Dabei ist es zeitgenössischer Poesie eigen, eben auch einfach nur zu sagen, was ist. Und damit aber ein Gefühl, ein Detail, eine Nuance einzufangen, in einen Rahmen zu setzen und idealerweise im Leser zum Klingen zu bringen. Gedichte sind häufig mehrdeutig, bildhaft, anregend, rätselhaft.

Während Alltagssprache zu einem bestimmten Zweck verwendet und benutzt wird, ist Sprache in der Dichtung ganz und gar sie selbst, unnütz, konzentriert sich auf sich selbst, vernachlässigt Zwecke und ist herausgelöst aus Nutzzusammenhängen. Poesie ist „gehobene" Sprache, so wie der Tanz eine gehobene Art ist, sich zu bewegen. Poesie ist festliche Sprache.

Aber ist Poesie Luxus? Ich meine, sie gehört zum Menschsein dazu. Der israelische Schriftsteller David Grossmann, der 2010 den Friedenspreis des deutschen Buchhandels erhielt, beschreibt Literatur als die Kraft, die dem Leben eine Bedeutung verleiht. Einzelne Menschen, einzelne Gefühle, Details und

Schicksale werden ins Wort gebracht, beschrieben, bezeichnet. Dies ist Leidenschaft für das Leben. Die auch für die Poesie gilt. Paul Celan beschreibt die Wirkweise eines Gedichtes auf folgende Weise:

> „Das Gedicht kann, da es eine Erscheinungsform der Sprache und damit seinem Wesen nach dialogisch ist, eine Flaschenpost sein, aufgegeben in dem – gewiss nicht immer hoffnungsstarken – Glauben, sie könne irgendwo und irgendwann an Land gespült werden, an Herzland vielleicht. Gedichte sind auch in dieser Weise unterwegs; sie halten auf etwas zu. Worauf? Auf etwas Offenstehendes, Besetzbares, auf ein ansprechbares Du vielleicht, auf eine ansprechbare Wirklichkeit."[7]

Poesie arbeitet mit den Mitteln der Verknappung, Verfremdung, Kontrastierung und Brechung. Sie ist Sprachkomposition, malt Bilder. Und nicht zuletzt: Poesie ist Sprache im Fragment. Sie weiß nichts und ist immer nur ein Teil von. Und sie birgt in sich die Stille, die Pause, die Lücke zwischen den Versen, das bewusste Setzen von Worten, dass das Nicht-Setzen einschließt.

Auf der Buchmesse 2017 in Leipzig las die junge portugiesische Dichterin Raquel Nobre Guerra. Sie schreibt Gedichte, „um Angst in eine Form zu bringen" und war überzeugt von der Kraft der poetischen Sprache, die vielleicht sogar magisch sein kann. Mit ihr las der Portugiese Miguel Cardoso, und sprach über die Macht der Worte und darüber, dass Poesie manchmal das Leben retten kann. „Irgendwo anhalten / sehen ob es irgendwo etwas Licht gibt / spucken auf die Königreiche der Erde", so lauteten einige Verse übersetzt.[8]

Hier scheint die Frage nach etwas Größerem in den Texten wieder anzuklingen, von der der Theologe Terry Wright annahm, sie sei eine Frage der Moderne, während nun in der Postmoderne eher die reine Beschäftigung mit „Textualität" üblich sei. Aber implizit führt auch er in seinen Kategorien und in seinen Fragen nach Kohärenz und Differenz, nach Identität und Instabilität, nach Ort und Geschichte sowie dem religiös Furchtbaren in Spannung zum religiös Bestätigenden die ganz großen Fragen an, die im Dialog von Literatur und Theologie eine Rolle spielen können.[9]

---

7 Paul Celan: Ansprache anlässlich der Entgegennahme des Literaturpreises der Freien Hansestadt Bremen (1958). In: Paul Celan: Gesammelte Werke. Hrsg. von Beda Allemann und Stefan Reichert. Bd. 3. Frankfurt a. M. 1986, S. 185f.

8 Zitiert nach eigener Mitschrift.

9 Vgl. Terry Wright: Von der Moderne zur Postmoderne. In: Erich Garhammer; Georg Langenhorst (Hrsg.): Schreiben ist Totenerweckung. Theologie und Literatur. Würzburg 2005, S. 70–98.

## 3. Untersuchungen – Resonanzen – Zwischenräume

Kommen wir nun zu dem schwierigen Unterfangen, die beiden Begriffe Poesie und Liturgie aufeinander zu beziehen. Früher sprach man von einem Dialog, von diesem Begriff hat man aber mittlerweile Abstand genommen. Denn wie auch in diesem Fall ist das Interesse häufig durchaus einseitig und von einem Gespräch weit entfernt.[10] Betrachten wir also nun als theologisch denkende Menschen die poetische Dimension in unserem liturgischen Geschehen etwas genauer. Einzelne Aspekte werden herangezogen, die keinen Anspruch auf Vollständigkeit haben. Aus Platzgründen wurde so unter Anderem (leider) der Aspekt der Zeitlichkeit ausgespart.

### 3.1 Der Leib und die Leidenschaft

*Falten und Fallen*

Leute mit besseren Nerven als jedes Tier, flüchtiger, unbewußter
Waren sie's endlich gewohnt, den Tag zu zerlegen. Die Pizza
Aus Stunden aßen sie häppchenweise, meist kühl, und nebenbei
Hörten sie plappernd CDs oder fönten das Meerschwein,
Schrieben noch Briefe und gingen am Bildschirm auf Virusjagd.
Zwischen Stapeln Papier auf dem Schreibtisch, Verträgen, Kopien
Baute der Origami-Kranich sein Nest, eine raschelnde Falle,
Jeder Tag brachte, am Abend berechnet, ein anderes Diagramm
Fraktaler Gelassenheit, später in traumlosem Kurzschlaf gelöscht.
Sah man genauer hin, mit der aus Filmen bekannten Engelsgeduld,
Waren es Farben, verteilt wie die Hoch- und Tiefdruckzonen
Über Europas Kartentisch. Sie glichen dem Fell des Geparden
Im Säugetier-Lexikon, den Blättern fixierten Graphitstaubs
Mit Fingerabdrücken in der Kartei für Gewalttäter. Deutlich
War diese Spur von Vergessen in allen Hirnen, Falten, Gesichtern
Flüsternd bis auf den Lippen das dünne Apfelhäutchen zerriß.

(Durs Grünbein)[11]

---

10  Vgl. Georg Langenhorst: Ertrag und Perspektiven. In: Garhammer/Langenhorst (wie Anm. 9), S. 175–190.
11  Textauszug aus: Durs Grünbein, Falten und Fallen. Gedichte. ©Suhrkamp Verlag Frankfurt am Main, 1994.

Beginnen wir hier. Als Menschen begegnen wir einander im (analogen) Leben an analogen Orten mit unserem Leib. Dazu gehören der Körper als Ganzes, die Stimme, die Gestik und Mimik, unsere Sinne, mit denen wir hören, Vibrationen wahrnehmen, Musik empfinden und spüren, Orte nicht nur visuell in ihrer Ästhetik wahrnehmen, uns körperlich in ihnen verhalten (Kreuzzeichen schlagen, niederknien, aufstehen ...). Als leibliche Wesen begegnen wir anderen Menschen, aber auch die Gottesbeziehung ist eine leibliche, alles gerade Genannte gilt auch für die Inszenierung der Gottesbeziehung in der Liturgie.

Die unterschiedlichen Rollen in der Liturgie lassen dann auch differente Leiberfahrungen zu: Wer als Leitende/r am Altar und Ambo steht, erfährt sich völlig anders als die häufig tiefer sitzenden zum „Volk" Gehörenden. Die Leitung ist stimmlich anders involviert und in ihrer Authentizität gefragt und im Auftreten bis hin zu einer sorgsamen Kleidung und Frisur. Das Volk kann auch ungewaschen unauffällig in der letzten Reihe verschwinden und muss nichts mitsprechen, wenn die persönliche Situation das gerade nicht hergibt.

Denn es ist aufgehoben in der sogenannten Gottesdienstgemeinschaft, die allein dadurch entsteht, dass die einzelnen Menschen in ihren Körpern gemeinsam da sind in dieser Stunde, an diesem Morgen oder Abend, zu einem gemeinsamen Zweck. Diese auch leibliche Gemeinschaftserfahrung kann diejenigen tragen und mitnehmen, die sich nicht gut und passend fühlen, kann aber auch ausschließend wirken. In jedem Fall wirkt sie.

Die Spannung zwischen dem Einzelnen und der „Gemeinschaft" besteht vielleicht in der heutigen Zeit mehr als je zuvor, wer kann das beurteilen? Jedenfalls schreitet die Individualisierung fort und meint eine gewisse persönliche Freiheit, was Meinungen, Vorlieben, Verbindlichkeiten und auch Glaubenswege angeht. Die Geschichte mit Gott, um die es in der Liturgie geht, schließt das Individuum nicht aus, aber sie hält eben auch die Kategorie der Gemeinschaft aufrecht, als eine Weise, Mensch zu sein, die christlicher Überzeugung entspricht. Füreinander da zu sein, im Anderen man selbst zu werden, in der Liebe zu wachsen. Dass niemand nur für sich selbst lebt, dass es eine Verantwortung füreinander gibt und eine Fürsorgegemeinschaft, wie kommt dies in der Liturgie zum Ausdruck? In den Fürbitten? In der Bereitung der Gaben? Mir scheint, die Liturgie hat hier ein bleibendes Desiderat, über dessen Lösung weiter nachgedacht werden muss.

Kann die Poesie, die völlig individualisiert erscheint, auf diesem Weg vom „Ich" zum „Wir" einen Beitrag leisten? Meine Erfahrung zeigt mir die Solidarität, die entsteht, wenn Menschen etwas von sich offenbaren und eigene Worte und Texte vorlesen und miteinander teilen. Dadurch entsteht eine Gemeinschaft, die man nicht unterschätzen sollte.

In der Liturgie ist Sprache immer gesprochene (oder gesungene), in jedem Fall hörbare Sprache. Es geschieht so gut wie nie, dass Menschen gemeinsam still etwas lesen. Sprache wird hörbar, wird durch die Stimme von einem oder mehreren oder gar allen zum Ausdruck gebracht. Die Schönheit der Stimme, der je eigene Klang und Dialekt, wirken auf die anderen, genauso wie der persönliche Ausdruck. Wenn jemand sehr von sich eingenommen ist, spüren die anderen das an dem, wie er spricht, selbst, wenn er vorgegebene Texte vorträgt. Wenn jemand krank ist, ist die Schwäche ebenfalls zu spüren. Auch die nur in Gemeinschaft Sprechenden oder Singenden spüren in ihrer eigenen Stimme etwas von dem, wer sie sind.

Das heißt, der Leib mit seinem „Auftritt" und der hörbaren Stimme ist abhängig von der dazugehörigen Person, und umgekehrt ist die Person nicht ohne diesen je eigenen Leib zu denken.

Für das Hörbarmachen von Poesie in Liturgie könnten diese Gedanken bedeuten, dass Menschen, die mit Poesie nichts anfangen können, diese auch nicht zu Gehör bringen sollten. Dass die je eigene Beziehung zu Poesie geklärt werden sollte, bevor es darum geht, sie einzubringen.

Desweiteren halten wir die leibliche Wirkung eben auch von Poesie fest. Der besondere Vortrag, die Stimme, der Klang der Worte, noch unabhängig vom Inhalt, die stillen Pausen zwischen Versen und Worten, dies alles wirkt sehr stark auch körperlich auf die Anwesenden und löst möglicherweise Gefühle aus, die wiederum körperlich empfunden werden. Der Vortrag von poetischen Texten innerhalb des Text-Teppichs der Liturgie passt insofern zur Organisationsform des Gottesdienstes und ist in seiner leiblich-personellen Dimension durchaus erwünscht.

> „Die ‚Sakramentalität des Wortes' ist jedoch kein magisch funktionierender Automatismus, sondern beruht auf der personalen Freiheit der Sprechenden wie der Hörenden. Auch das göttliche Wort ist durch Menschen vermittelt, deren Verkündigungsdienst im Sinne des persönlich verbürgten Zeugnisses für das Gelingen des gott-menschlichen Dialogs unumgänglich ist. Die persönliche Glaubwürdigkeit der handelnden Personen und die rhetorische Angemessenheit des Verkündigungsaktes nehmen jedoch unter heutigen Bedingungen einen neuen Stellenwert ein, so dass der menschlichen Vermittlung im Akt der gläubigen Annahme eine ungleich größere Bedeutung zuzumessen ist als in früheren Zeiten. Der primäre Modus der Vermittlung ist die Wort-Sprache, zu der freilich weitere ‚Sprachen' (Körpersprache, Symbole, Klang und Raum) hinzutreten."[12]

---

12   Gerhards: Liturgische Sprache (wie Anm. 4), S. 126.

Zur leiblichen Dimension gehören dabei natürlich auch Lust und Erotik. Wer Worte liebt, weiß, wie eine Lesung von Gedichten (ohne dass sie explizit erotischen Inhalts sein müssen) lustvoll wirken kann, Wohlbefinden erzeugen, das gesamte Leben anregen und in Schwung versetzen kann als säße man auf einer Schaukel und genösse die Schwingung der Luft.

Mitunter gelingt dies auch in der Liturgie, es gibt einzelne Sätze (wie der Klassiker „aber sprich nur ein Wort …", der viele in innere Schwingungen versetzt) oder auch Lieder und Predigten, die eine gewisse Leidenschaft erkennen lassen oder hervorrufen. „Denn das Christentum ist – gerade weil es keine Religion, sondern Glaube ist, wie es Dietrich Bonhoeffer sagte, ein neues Leben – vor allem als das Schreiten auf aufgewühlter Hochsee gedacht. Es sollte das Leidenschaftlichste, Erotischste, Risikoreichste unter dem Firmament sein."[13], so zitiert aus dem lesenswerten und überaus leidenschaftlichen Text des Theologen Alen Kristic.

In dieser Hinsicht kann die zur Aufführung gebrachte Poesie sicherlich sinnvoll zu einer mit Lust gesprochenen, in Leidenschaft und an und über Grenzen hinaus gehenden Sprache beitragen.

### 3.2 Der Resonanz-„Raum"

Wo Gottesdienst gefeiert wird, darüber wird selten nachgedacht. In der Kirche natürlich. Da, wo die Kirche noch im Dorf bleibt und finanziert werden kann. Das macht Sinn, denn dazu ist sie ja gebaut worden. Dennoch könnte man neu darüber nachdenken, was einen stimmigen und sinnvollen Gottesdienstort auszeichnet. Kirchen sind klassischerweise nach außen hin abgeschottet, sie haben keine Schaufenster aus Glas und die Fenster lassen nur Licht von außen nach innen herein, sehen soll man dadurch nichts. Insofern ist es in ihnen relativ dunkel, was die Ausstattung mit und Wirkung von brennenden Kerzen begünstigt.

Die Verortung der Menschen in diesem Raum während des Gottesdienstes wird durch Sitzgelegenheiten vorgegeben und häufig wird die Leitung samt Mitwirkung in ein Gegenüber zum Volk gebracht. Der Kirchenraum ist mehr oder weniger kunstvoll gestaltet, von Bildern und Figuren geprägt, meistens aus einer länger zurückliegenden Vergangenheit. Ohne an dieser Stelle auf die umfangreichen Forschungen zum Kirchenraum eingehen zu können, halten wir für unsere Fragestellung fest: Es ist sinnvoll, einen eige-

---

13 Vgl. Alen Kristic: Das Christentum als Beruhigungspille. In: www.feinschwarz.net, 23. März 2017 (abgerufen am: 23.7.17).

nen, ruhigen, dem Alltag enthobenen Ort für den Gottesdienst auszuwählen. Es kann zusätzlich helfen, mit Bildern und Zeichen das gottesdienstliche Geschehen zu umrahmen.

Für poetische Inszenierungen sieht es ähnlich aus: Lesungen an einem Stand in der Messehalle oder in der U-Bahn-Station haben einen anderen Charakter als solche in Kulturkellern und Kneipenhinterzimmern. In letzteren kann man eine Stecknadel fallen hören, während der Stille zwischen den Versen, und jedes einzelne Wort fällt wie ein kleiner Tropfen ins Wasser und kann Kreise ziehen. An öffentlichen Orten Literatur zu lesen, kann jedoch auch spannend sein und hat einen besonderen Charakter. Es braucht also einen geeigneten Ort für beides, die Liturgie und die Poesie, die dem Zweck der Aufführung oder Feier entgegenkommt.

Eine Spannung zum Raum entsteht dennoch immer in der Liturgie durch die Verwiesenheit auf einen anderen Ort: Die Versammlung der Gemeinde, ihre gemeinsame Feier fokussieren auf die Aktualisierung der Gottesbeziehung und viele beziehen sich innerlich dabei auf einen anderen Ort, den sogenannten „Himmel", den Ort, an dem man sich Gott vorstellt.

Dies muss jedoch immer in der Spannung zum realen Ort ausgehalten werden, denn das Christentum ist keine Jenseits-Religion und die Liturgie keine Flucht in eine heile Gegenwelt, die mit der realen Welt nichts zu tun hat. Insofern plädiere ich dafür, sich von den Experimenten der Poesie-Szene anstecken zu lassen und Gottesdienste auch im öffentlichen Raum verstärkt zu probieren. Ich denke dabei weniger an die großen Katholikentagsgottesdienste, die ja funktionieren, als fänden sie in einer Kirche statt. In phantasievoller Orts-Auswahl und Modul-Kombination steckt noch ein großes nicht ausgeschöpftes Potenzial. Man denke nur an gottesdienstliche Feiern in ehemaligen Wohngebäuden kurz vor dem Abriss, bei denen nur passende Bibeltexte rezitiert werden und die Namen derjenigen verlesen werden, die hier geboren und gestorben sind. Oder an Bahnhöfen die Ausgabe eines Tagessegens. Die bereits in Wuppertal realisierten „Aschenkreuz-to-go"-Gottesdienste in der Fußgängerzone. Die Straßenexerzitien, die in radikaler Weise die Straße zum Ort des Gottesdienstes machen. Gedenkfeiern in ehemaligen Werkshallen oder politische Lesungen vor dem Rathaus. Und einiges mehr wäre denkbar: Flughäfen, Waldlichtungen, Schlösser, historisch bedeutsame Orte, der Strand, an Bord eines Flugzeugs, in der U-Bahn oder auf dem Dach eines Hochhauses. Der neue Ort könnte den Mut zur Verwendung neuer, anderer Texte aus dem Bereich der Poesie befördern.

## 3.3 Die Aufführung als Resonanzrahmen der großen gewaltigen Geschichte mit Gott

Der Leib ist bedacht, ebenso der Raum, in dem der Leib aufgehoben ist. Werfen wir nun einen Blick auf die Inszenierung.[14] In der Liturgie wird Begegnung inszeniert, und zwar begegnen sich Menschen untereinander und aber auch in ihrer Gottessuche, ihrem Glauben.

Begegnung mit Gott und untereinander werden durch einen deutlichen Anfang und ein besonderes Ende, durch das Verlesen heiliger Texte, die Verortung im Raum, die Musik und unendlich vieles mehr professionell inszeniert. Die Geschichte Gottes mit seinen Menschen wird dabei aus der Vergangenheit und den biblischen Erfahrungen, vor allem aber dem Leben Jesu erschlossen. Wie aber gelingt der Anschluss an die heutige Geschichte der Menschen mit Gott, zwar ruhend auf dem Fundament, aber eben auch aktualisiert an die heutigen Erfahrungen?

Vielleicht mehr als früher legen viele Menschen heute Wert sowohl auf ästhetische Hochwertigkeit und Stimmigkeit als auch auf Authentizität. Interessant wäre, darüber nachzudenken, inwieweit die eigenen Gottesbilder hier grundlegend sind. Wer in der katholischen Jugendarbeit der 80er Jahre seinen Glauben begründete, findet vielleicht eine Runde am Lagerfeuer (oder reduziert: der Stuhlkreis im Altarraum), in jedem Fall die Gitarre und die eher improvisierte Verkündigung sinnvoll und stimmig.

Wie könnte aber darüber hinaus ein Gottesdienst inszeniert werden, dem der Zweifel oder gar der Nichtglauben[15] zugrunde liegt? Müsste hier nicht über reduziertere Formen nachgedacht werden, andere Inszenierungen, weil einfach eine andere Geschichte erzählt werden muss?[16] Kann die Poesie hier inspirierend wirken, da sie vielleicht eine größere prophetische Sprengkraft hat, mehr aushalten kann oder zumindest von der Erfahrungswelt der Menschen heute ausgeht und diese ins Wort bringt? Man stelle sich einen Gottesdienst vor, bei dem diese individuellen und doch allgemeingültigen Erfahrungen heutiger

---

14 Vgl. Karl-Josef Kuschel: Literatur und Theologie als gegenseitige Herausforderung. In: Erich Garhammer; Georg Langenhorst (Hrsg.): Schreiben ist Totenerweckung. Theologie und Literatur. Würzburg 2005, S. 19–42.

15 Hans-Joachim Höhn: „Vor und mit Gott leben wir ohne Gott". Negative Theologie als theologische Hermeneutik der Moderne. In: Günter Riße; Heino Sonnemanns; Burkhard Theß (Hrsg.): Wege der Theologie: an der Schwelle zum dritten Jahrtausend. Festschrift für Hans Waldenfels. Paderborn 1996, S. 97–110. Hier heißt es unter anderem (S. 100): „Die religiöse Grunderfahrung vieler Zeitgenossen ist, keine Erfahrung des Unbedingten, der Transzendenz mehr zu machen."

16 Interessante Gedanken zur Charakterisierung der Gegenwart finden sich bei Kim de Wildt: Unser heutiges Zeitalter: ein liminales Zeitalter? In: Tà katoptrizómena, das Magazin für Kunst, Kultur, Theologie und Ästhetik. H. 90 (2014), https://www.theomag.de/90/kdw1.htm (abgerufen am: 23.7.17).

Menschen, ins Wort gebracht durch zeitgenössische Dichterinnen und Dichter, zu Wort kommen und in einen behutsam zusammengesteckten Rahmen christlicher Deutungen eingebracht werden, mit einem offenen Ende und dem Segen für die, die es wünschen.

### 3.4 Die erstickende Enge und die unendliche Weite – das Ritual

*Auf den Knien, Kindheit*

Auf den Knien, Kindheit,
an Kirchenschiffe gekettet
und schmale Kost, wo,
im Heiligkeitshunger, wo war
das Gnadenbrot, die Pforte
zum verheißenen Paradies?

In den Adern ahnte Leben
den Tod, flehte Scheren an,
Stricke, Schals, Tollkirschen.
Kroch zu Kreuze, treu
Tabernakeln statt seinem Traum.

Der Heilige Geist offenbarte
im Astloch einer Badehütte
das Geschlecht, den Abgrund
der Einbildungskraft, wiegte
fortan an Schlaflosigkeit
seinen unreinen Toren.

Welt, immer anderswo, war
mit Geschichte beschäftigt
und ähnlichen Skandalen –,
verurteilte den Sängerknaben
aus Wurzach in Abwesenheit
zu unstillbarem Verlangen

auf Lebenszeit.

(Peter Hamm)[17]

---

17 Aus: Michael Braun; Michael Buselmeier: Der gelbe Akrobat. 100 deutsche Gedichte der Gegenwart, kommentiert. Leipzig 2005, S. 13.

Die Inszenierung im Gottesdienst verläuft weitgehend ritualisiert. Dies klang bereits an. Auch dieses Feld ist mittlerweile breit erforscht worden und soll hier nur kurz vorkommen – und zwar in der Betrachtung, der in ihr liegenden Spannung. Man kann sich in ritualisierten Formen einrichten: Sie tragen und stützen und entlasten von einer Überforderung der wöchentlich oder noch häufigeren neugeschaffenen authentischen Aufführung und natürlich sichern sie die Kontinuität und Rechtmäßigkeit des Glaubens. Doch sie sind unbestritten auch ein Hort der geistigen Enge und die Frage nach Weiterentwicklung und Anpassung und Öffnung bleibt virulent.

Poetische Sprache bietet hier das Gegenteil: Alles ist möglich, nichts ist ritualisiert. Es gibt natürlich auch hier Vorbilder, literarische Prägungen und Richtungen. In der ganzen Fülle der poetischen Literatur geschieht zwar eine Kanonisierung (in Sammelbänden und in der Rückschau, durch die Verlage und Lektoren), aber dennoch bleibt die Poesie frei, da sie sich weder einer Form noch einem Inhalt verpflichtet weiß.

Sollte der Liturgie-Vorbereitende nun neidvoll auf das poetische Feld schauen? Ja und nein. Denn die Aktualisierung gottesdienstlichen Rituals auf den je heutigen Tag hin erfordert freiheitliches Denken und kreatives Probieren an den Punkten, an denen es möglich ist. Und es erfordert die sorgsame Auswahl oder gar Kreation von Texten in ihrem nicht geringen Anspruch, von der Lebenswirklichkeit der Menschen zu künden und eine Öffnung auf die Größe und Liebe Gottes hin zu schaffen.

### 3.5 Die ewige Heimat und die bleibende Fremde

Findet der Mensch in der Liturgie seine Heimat? Viele streben das an und es gibt auch immer noch einige, die das so erleben können. Aber ist nicht gerade der Stachel der Fremde das, was uns die Bibel in vielen Texten mitteilt? Geht es nicht um den Aufbruch, wie bei Abraham, um Provisorien, wie es der Psalm 23 zeigt, ist das nicht der Lauf des Lebens, statt Sesshaftigkeit und Beschaulichkeit? Darüber hinaus: Was ist mit der Fremdheit Gottes? Wird er nicht im Gottesdienst viel zu sehr als vertrauter naher Freund verkündet, was ist mit seiner dunklen Seite, die die Bibel nun wahrlich nicht ausspart. Was ist mit der Theodizee-Frage?

„Unser Streben geht vermutlich dahin, alles auszusprechen, was sagbar ist; die Sprache ist wie ein Meissel, der alles weghaut, was nicht Geheimnis ist und alles Sagen bedeutet ein Entfernen. Es dürfte uns insofern nicht erschrecken, dass alles, was einmal zu Wort wird, einer gewissen Leere anheim fällt. Man sagt, was nicht das Leben ist. Man sagt es um des Lebens willen. Wie der Bildhauer, wenn er den Meissel führt, arbeitet die Sprache, indem sie die Leere, das Sagbare vorantreibt gegen das Geheimnis, gegen das Lebendige. Immer besteht die Gefahr, dass man das Geheimnis zerschlägt, und ebenso die andere Gefahr, dass man vorzeitig aufhört, dass man es einen Klumpen sein lässt, dass man das Geheimnis nicht stellt, nicht fasst, nicht befreit von allem, was immer noch sagbar wäre, kurzum, dass man nicht vordringt zu seiner letzten Oberfläche."[18]

Hier berührt Max Frisch die Grenzen dessen, was Sprache vermag. Sagen bedeutet Entfernen. Der fremde geheimnisvolle Gott kann in einer Sprache bezeugt werden, die an ihre Grenzen kommt. Wie kann das geschehen? Auch hier ist vorstellbar, wie die Dichterinnen und Dichter, die sich mit Gottesferne gut auskennen, einen Beitrag leisten können. Und prophetisch reden, in ihrer ganzen Sprachkraft.

---

18 Textauszug aus: Max Frisch: Schwarzes Quadrat. Zwei Poetikvorlesungen. © Suhrkamp Verlag Frankfurt am Main 2008.
Gefunden in dem sehr lesenswerten Artikel von Gunda Brüske: „Das Weisse zwischen den Worten" (Max Frisch). Die andere Seite der liturgischen Sprache. In: feinschwarz.net, 14.3.2017 (abgerufen am: 23.7.17).

## 4. Schluss – „dort will ich ein Alphabet erfinden / von tätigen Buchstaben" (Hilde Domin)

*Brief*

Gestern abend ging ich – bitte
frag nicht: warum? – in die Kirche
im Dorf, hockte mich bibbernd
zwischen die alten Leute
in eine der engen Bänke
und bewegte die Lippen, als hätte ich
mitzureden. Es war ganz leicht.
Schon nach dem ersten Gebet – wir
beteten auch für dich – wuchs mir
die Maske des Guten übers Gesicht.
Vorne pickte der alte Pfarrer,
ohne eine Lösung zu fordern,
wie ein schwarzer Vogel lustlos
im Evangelium, schien aber nichts
zu finden, uns zu verführen.
Kein Leitfaden, kein Trost.
Nach einer Stunde war alles vorbei.
Draußen lag ein unerwartet helles Licht
über dem See, und ein Wind kam auf,
der mich die Unterseite der Blätter
sehen ließ.

(Michael Krüger)[19]

Gehen wir davon aus, es sei Aufgabe der Kirche, für einen Rahmen zu sorgen, in dem der heutige Mensch Gott suchen und nach Gott fragen kann. Ganz konkret. Und nicht nur als Individuum, sondern auch als Gemeinschaftsprojekt einer fairen und friedlichen Welt. Zu dieser Beziehung gehören ja nicht einfach nur Gott und der einzelne Mensch, sondern durch den Heiligen Geist auch die Kirche, und durch ihre Vermittlung in der Liturgie erlebt der Mensch, nicht nur einzeln sondern in der Gemeinschaft, seine Gottesbeziehung. Vor unmittelbaren Gotteserfahrungen wird man somit weitgehend geschützt, man erfährt eine Lenkung und Prägung und lernt die angemessene Kommunikation von klein auf, idealerweise.

---

19  Michael Krüger, Brief nach Hause. Gedichte © 1991 Residenz Verlag GmbH Salzburg – Wien.

Vielleicht muss man kommunikativ von einem Dreieck ausgehen. Der einzelne Mensch, die Gemeinschaft der Versammelten, die Kirche kommunizieren miteinander und gegeneinander und über ihren Glauben. Für die Kirche stellvertretend steht meist der Leitende der Liturgie. Derjenige, mit dem die Beziehung aktualisiert wird, ist jedoch stumm. Nur vermittelt wird über ihn berichtet, von ihm gezeigt, wie er handelt, wie man ihn sich wünscht, was man von ihm wünscht und erbittet, was man von ihm glaubt. Den Menschen wird hierbei eine Gottesbeziehung vorgeschlagen, zu der sie sich verhalten können, auf deren Gestaltung sie jedoch wenig Einfluss haben, noch nicht einmal wenn sie im Liturgiekreis mitarbeiten und die eine oder andere Fürbitte schreiben. Der und die Einzelne sind gezwungen, sich gegenüber der Gemeinschaft zu definieren (Knie ich auch oder bleibe ich stehen? Kann ich das wirklich noch mitsingen? Lehne ich die Theologie des Vorstehers ab, möchte ich seiner Predigt widersprechen?) und auch gegenüber der Kirche, die die Vorgaben macht.

Wer nun wirklich Gott sucht, also sich in einer Beziehung zu Gott befindet, könnte sehr davon profitieren, wenn der Text-Teppich der Liturgie um poetische Sprache bereichert wird. Als inhaltlich sehr offene Sprache kann sie die Einzelnen einladen, ohne sie festzulegen. Als formal gehobene Sprache weist sie den Weg zu einem Sprechen mit Gott und über Gott, das den Wert des Bezugsgeschehens deutlich macht: Es ist kostbar, von und zu Gott zu sprechen, natürlich darf dies nicht banal und lieblos geschehen.

Aber ich meine, es muss auch inhaltlich und formal – und auch hier bietet sich die Poesie an – möglich sein, heutzutage an Gott zu zweifeln, sich fern von „ihm" zu fühlen, neue Bilder und Geschichten zu ersehen, prophetisch und anklagend an ihn heranzutreten, in allergrößter Distanz, ohne dabei verzweifelt zu sein, denn das sind die meisten Menschen nicht mehr. Ich meine, der inhaltliche Rahmen, der bestehenden liturgischen Form, passt auf viele Menschen heute nicht mehr. Wie wäre es, diesen Rahmen neu zu denken?

> „Ich bezweifle, dass es dem Glauben dient, wenn man von den Gläubigen verlangt, sie sollten vollziehen, was sie nicht verstehen. Im Neuen Testament und in der christlichen Tradition wird das Gegenteil betont. Paulus warnt davor, den Glauben ‚unüberlegt' anzunehmen und plädiert für einen ‚vernünftigen Gottesdienst' (Röm 12,1)."[20]

Bei Menschen, die auch ohne Gott gut leben, aber dennoch interessiert sind an der Gottesfrage, müsste man nicht darauf warten, dass sie endlich in eine verzweifelte Situation (jemand stirbt, ein Unglück passiert etc.) kommen, um

---

20 Hans-Joachim Höhn: Geheimniskrämer. Standpunkt. 4.4.2017. In: www.katholisch.de/aktuelles/standpunkt/geheimniskramer (abgerufen am: 23.7.17).

an die Liturgie andocken zu können. Man könnte bei ihnen ansetzen und sich von der Poesie inspirieren lassen und selbstbewusst den zentralen christlichen Gedanken weitergeben: die Geschichte eines Gottes mit seinen Menschen, der will, dass jeder einzelne gut und in Frieden und Gerechtigkeit sein Leben so leben will, wie es ihm und ihr vom Wesen her entspricht.

Mit den Gedanken der Stärkung der je eigenen Persönlichkeit und der ebenso selbstverständlichen Sorge um das Gemeinwohl kann man unmittelbarer da anschließen, wo heutige Menschen sind. Man kann in ästhetischer Sprache von einem Leben träumen und dieses anklingen lassen, in dem dies alles schon erreicht ist, vielleicht in Ansätzen sogar in Gemeinden vor Ort. Man könnte liturgische Feiern veranstalten, die Visionen zum Ziel haben: aus dem konkreten Leben heraus zu träumen von einem ganz anderen, besseren.

Man könnte politischer sein und sich Worte leihen von Dichterinnen und Dichtern heute, die Umweltzerstörung und Kriege anprangern. Nicht umsonst haben Revolution und Poesie einiges gemeinsam und sind viele große Schreibende Teil einer gesellschaftlichen Umbruchsbewegung gewesen. Man könnte solidarischer sein, viel solidarischer, und ehrlicher in der eigenen Sprache, man könnte einladender sein.

Man könnte das wöchentliche Feiern der ganz großen Frage nach Tod und dem Sinn des Lebens herunterbrechen auf kleinere, aber ebenso existenzielle Fragen. Und die Menschen dazu einladen, ihre Gottesbeziehung zu entdecken und vielleicht auch zu formulieren. Man könnte die Beteiligungsmöglichkeiten drastisch erhöhen – durch die digitale Technik ist das leicht möglich, miteinander zu kommunizieren –, aber man müsste sich in der Tat trennen von dem festen Gebilde, aus dem Liturgie konstruiert ist.

Möglicherweise will das niemand, weil man sich selbst gut daran festhalten kann, ohne sich selbst Rechenschaft über die eigene Gottesbeziehung ablegen zu müssen und weil man Sorge hätte, alles bräche zusammen. Das könnte sein. Aber was wäre es für ein Glaube, wenn man denken würde, man sei dann am Ende?

**Plädoyer für ein poetisch inszeniertes Rütteln am Liturgie-Konstrukt**

Mit dem, was ich unter Poesie verstehe, musste sich die Liturgie kritische Anfragen gefallen lassen. In den Text-Teppich Liturgie können im Anschluss an die erfolgten Überlegungen poetische Fragmente durchaus eingebaut werden. Ich schlage vor, Zwischenräume zu eröffnen, mitten im festgebauten Konstrukt und Schema des Gottesdienstes. Zwischen-Räume, die wie Luftlöcher funktionieren: mit anderer Sprache, fremden Worten, mit Versuchsballons gefüllt. Luftlöcher, in denen das Raum haben kann, was ansonsten nicht oder nur verklausuliert oder marginalisiert vorkommt: der Zweifel vielleicht, die Wut. Bestimmte Gruppen von Menschen, die ausgeschlossen sind im System Kirche. Fragmentarisches, Zerbrochenes. In Zwischenräumen, in denen das ganz Andere des Menschseins Platz haben kann, einbrechen kann. Und da eignet sich möglicherweise die poetische Sprache der Gegenwart ganz wunderbar, dies zu platzieren. Vielleicht aber vor allem auch die Stille, mehr Stille. Mehr – dazwischen – Raum – lassen. Das und sonst nichts.

*Ausbruch von hier*

    (Für Paul Celan, Peter Szondi, Jean Améry,
    die nicht weiterleben wollten)

Das Seil
nach Häftlingsart aus Bettüchern geknüpft
die Bettücher auf denen ich geweint habe
ich winde es um mich
Taucherseil
um meinen Leib
ich springe ab
ich tauche
weg vom Tag
hindurch
tauche ich auf
auf der andern Seite der Erde
Dort will ich
freier atmen
dort will ich ein Alphabet erfinden
von tätigen Buchstaben

(Hilde Domin)[21]

---

21 Hilde Domin, Ausbruch von hier. Aus: dies., Sämtliche Gedichte. © S.Fischer Verlag GmbH, Frankfurt am Main 2009.

# DIE SPRACHE DER BIBEL. DIE REVISION DER EINHEITSÜBERSETZUNG

Christina Kumpmann

Das Christentum ist als „Buchreligion" immer auf die Bibel als seine Grundschrift verwiesen. Auch die kirchliche Praxis steht in einem vielschichtigen Verhältnis zum „Buch der Bücher" – es ist als „Gotteswort" zugleich Basis, Erbauung, Korrektiv, Impulsgeber. Dabei ist von grundlegender Bedeutung, in welcher Form das Wort Gottes dem einzelnen und der Gemeinschaft der Glaubenden entgegentritt und wie es von Außenstehenden wahrgenommen wird: Es kann Zugänge schaffen und verhindern, für Verständigung sorgen oder unverständlich sein und bleiben. Als Glaubensgrundlage ist es von großer Bedeutung für das Selbstverständnis der Glaubensgemeinschaften und damit Gegenstand von Verständigungen und Regelungen durch die jeweiligen Autoritäten. Übersetzungen dieser Schrift stehen damit in vielfachen Anforderungen und Loyalitäten.

Im November 2016 wurde nach zehn Jahre dauernder Arbeit von der deutschen katholischen Bischofskonferenz die revidierte „Einheitsübersetzung der heiligen Schrift" vorgestellt. Praktisch zeitgleich legte die evangelische Kirche in Deutschland die neue Lutherbibel, „Lutherbibel revidiert 2017", vor. Keine Bibelübersetzung hat eine so prägende Bedeutung gehabt wie die Lutherbibel; so sind der neuen Lutherbibel sowohl Lust an als auch Last dieser Tradition nachzuweisen.[1]

Bei der Arbeit an der ersten Einheitsübersetzung (EÜ 1980) im Nachgang des II. Vatikanischen Konzils war eine der Hoffnungen, die einheitliche Bibelübersetzung zur Verwendung in Liturgie, Verkündigung und Katechese würde eine identitätsstiftende Größe. So problematisierte etwa Heinrich Schlier in der Vorbereitung der EÜ 1980, dass das „Wort, vom dem der Mensch lebt, ihn in fortwährend neuem und höchstens einander ähnlichen Wortlaut anspricht", wodurch erschwert werde, „so etwas wie ein gemeinsames ausdrückliches Heilsgedächtnis auszubilden".[2]

---

[1] Siehe z. B. die kritische Würdigung von Jürgen Ebach: Mehr Bibel oder mehr Luther? Beobachtungen und Impressionen zur neuen Revision der Lutherbibel. 2016; abrufbar unter https://www.bibel-in-gerechter-sprache.de/wp-content/uploads/Luther-2017-Ebach.pdf, abgerufen am: 24.5.17.

[2] Heinrich Schlier: Erwägungen zu einer deutschen Einheitsübersetzung der Heiligen Schrift. In: Ders.: Besinnung auf das Neue Testament. Exegetische Aufsätze und Vorträge II. Freiburg i. Br. 1967, S. 63–82, hier S. 64; zitiert nach Michael Theobald: Für Gottesdienst und Schule. Die „Einheitsübersetzung" und ihre Revision. In: Bibel und Kirche 69 (2014) 1, S. 20–24, hier S. 20f.

Ob die Einheitsübersetzung dies tatsächlich leistet bzw. geleistet hat, wird sich wohl erst zeigen, wenn die Lektionare eingeführt sind und damit die revidierte Fassung noch einmal anders in der Praxis ankommt. Spannend wird, ob die Überarbeitung wahrgenommen wird, irritiert, auf Widerstand stößt. Bei der „Einheitsübersetzung" wird immerhin schon im Titel bzw. im „Rufnamen" deutlich, dass es sich eben um eine Übersetzung handelt – im Unterschied zum Beispiel zur „Lutherbibel". Diese komme, so Jürgen Ebach, „daher, als sei sie die Bibel selbst" und er attestiert „nicht wenigen" seiner Konfessions-Kollegen, sie glaubten, dass Luther die Bibel geschrieben hat.[3] Damit weist die Einheitsübersetzung schon im Namen auf das Spannungsfeld „Übersetzung" hin. Und damit ist automatisch eine Relativierung des Buches und seines Wortlautes vorangestellt: „Übersetzung" ist nicht das Original, kann nicht mit dem Original verwechselt werden.

Übersetzungen im Allgemeinen und Bibelübersetzung im Besonderen haben bestimmte Prinzipien und sind Autoritäten verpflichtet. Auch die 2016 vorgelegte Revision der Einheitsübersetzung hat bestimmte Anliegen, nicht nur im Rahmen einer Übersetzung, sondern im besonderen Maße als ausgewiesene „Revision" einer schon vorliegenden Übersetzung. Anhand einiger Beispiele können Übersetzungsprinzipien und bestimmte Charakeristika der Revision nachgezeichnet und eingeordnet werden.

## 1. Übersetzungarbeit – üb' Ersetzen!

Übersetzungen sind nicht das Original, sondern ein Ersatz (vgl. das Wortspiel von Jürgen Ebach: „Übersetzen – üb' Ersetzen!"). Die spannende Frage ist allerdings je, worin die Unterschiede liegen. Auf der einen Seite handelt es sich um einen vielgestaltigen Verlust: Verlust von Bedeutungen oder Bedeutungsnuancen, Sprachspielen u. v. m. „Drastisch formulierte Martin Luther in seinen ‚Tischreden' den Verlust: ‚Die Ebräer trinken aus der Bornquelle; die Griechen aber aus den Wässerlin, die aus der Quelle fließen; die Lateinischen aber aus den Pfützen.' Und woraus trinkt, möchte man weiter fragen, wer die Lutherbibel liest – oder eine andere deutsche Übersetzung?"[4]

Auf der anderen Seite ist es eben kein reiner Verlust, sondern eher ein Preis, der zu zahlen ist, um den Text überhaupt zugänglich zu machen: „So gilt ein Zwei-

---

3   Jürgen Ebach: Die Bibel in gerechter Sprache. Zur Einführung (Vortrag zu Beginn des Fakultätstags an der Ruhr-Universität Bochum, 28.11.2007). Abrufbar unter https://www.bibel-in-gerechter-sprache. de/wp-content/uploads/Fakultaetstag-RUB_Nov07_Ebach.pdf, abgerufen am: 24.5.17.

4   Jürgen Ebach: „Übersetzen – üb' Ersetzen!" Von der Last und Lust des Übersetzens. In: Bibel und Kirche 69 (2014) 1, S. 2–5, hier S. 2.

faches: Eine Übersetzung ist auf der einen Seite eine unverzichtbare Bedeutungsschöpfung, um überhaupt einen fremdsprachigen Text verstehen zu können. Auf der anderen Seite, und das ist das Paradoxe, verhindert sie im selben Vorgang eine Unmenge alternativer Bedeutungsmöglichkeiten, weil sie gleichzeitig ihre ungenutzten Möglichkeiten unterdrückt oder verschleiert. Jede Übersetzung zahlt, indem sie Bedeutung herstellt, zugleich den Preis der Bedeutungsreduktion."[5]

Gerade für das Buch, dem Bedeutung für Heil und Erlösung der ganzen Welt beigemessen wird, gibt es schlicht keine Alternative zur Übersetzung. Allerdings liegt die Spannung auf der Hand, wenn genau dieser Text gleichzeitig „Gottes Wort" mit Autorität und von Heilsbedeutung sein soll.

**1.1 Bibelübersetzungen**

Von dieser Spannung zeugt schon die sogenannte Septuaginta aus dem dritten Jahrhundert vor Christus, die Übersetzung des hebräischen Textes ins Griechische.

Den Anstoß zur griechischen Übersetzung der wichtigsten jüdischen Schriften hat wohl das Bedürfnis der alexandrinischen Juden gegeben, sie in ihrer Sprache zu lesen und ihre Traditionen mit ihrer Umwelt diskutieren zu können – sollen doch nach Dtn 6,4 „alle Völker" die Tora kennen lernen.[6] Die Übersetzung war demnach auch theologisch geboten.

Dass der Vorgang der Übersetzung aber durchaus kritisch bewertet wurde, zeigt indirekt der sogenannte „Aristeasbrief", in dem der Vorgang der Übersetzung mit einem Wunder legitimiert wird: Die Übersetzung wird auf einen sicher unhistorischen Auftrag des Königs Ptolemaios II. Philadelphos (285–246 v. Chr.) zurückgeführt, der zu diesem Zweck eigens 72 Übersetzer aus Jerusalem engagierte, die innerhalb von 70 (griechisch Septuaginta, daher der Name) Tagen unabhängig voneinander exakt gleichlautende Übersetzungen der Tora/des Pentateuchs (Genesis, Exodus, Levitikus, Numeri und Deuteronomium) anfertigten. Der Anspruch, der mit dieser Wundererzählung einhergeht, ist insofern eingelöst worden, als dass die Übersetzung auch im traditionsbewussten Jerusalem als inspiriert und damit autorisiert akzeptiert und später vom Pentateuch auf die ganze Septuaginta ausgeweitet wurde.[7]

---

5  Ottmar Fuchs: Bibelübersetzungen als „Unruheherd". Eine pastorale Chance. In: Bibel und Kirche 69 (2014) 1, S. 45–51, S. 47.

6  Vgl. Heinz-Josef Fabry: Die erste Bibel der Kirche. Die Septuaginta und ihre deutsche Übersetzung. In: Bibel und Kirche 69 (2014) 1, S. 8–13, hier S. 8.

7  Vgl. ebd.

Schon in vorchristlicher Zeit wurden Unterschiede zwischen dem hebräischen und griechischen Text bemängelt, denn schon die Septuaginta ist eine Übersetzung mit Programm und Tendenz, wenn etwa Mose in Auseinandersetzung mit Platon als Philosoph inszeniert wird oder Jes 7,14 möglicherweise als Kontraposition zum ägyptischen Isis-Kult das hebräische „junge Frau" (*alma*) als „Jungfrau" (*parthénos*) übersetzt.[8] Auch die lateinische Vulgata aus dem vierten Jahrhundert nach Christus, die bis ins ausgehende Mittelalter maßgebliche Bibelversion, spiegelt theologische Entscheidungen bzw. persönliche Akzentsetzungen des Übersetzers Hieronymus.[9]

Die Gründe für Bibelübersetzungen sind heute die gleichen wie für die erste Übersetzung ins Griechische: das Bedürfnis, die Texte in der eigenen Sprache lesen zu können und sie so auch der Umwelt zugänglich zu machen. Aber auch die Frage zum Verhältnis von Ausgangs- und übersetztem Text (Zieltext) unter dem Vorzeichen, dass es sich um das Wort Gottes mit großer Autorität handelt, ist geblieben.

Eine Übersetzung steht immer in der Spannung zwischen dem Ausgangs- und dem Zieltext. In der Frage, wie Übersetzungen mit dieser Spannung umgehen, werden verschiedene Übersetzungstypen beschrieben. Auf der einen Seite des Spektrums stehen Interlinearübersetzungen, die diese Spannung im Grunde zum Ausgangstext hin auflösen und Grammatik und Syntaktik der Zielsprache mehr oder weniger ignorieren, weshalb sie in der Zielsprache praktisch unlesbar sind. Der philologische Übersetzungstyp ist ebenfalls stark der Ausgangssprache verpflichtet, bietet aber dennoch einen les- und verstehbaren Text in der Zielsprache, wenn auch mit gewissen Einschränkungen um der Treue zum Ausgangstext willen. Auf der anderen Seite des Spektrums stehen Übersetzungen, die vornehmlich der Verständlichkeit in der Zielsprache verpflichtet sind. Während Übersetzungen des kommunikativen Typs die genannte Spannung halten, wenn sie auch stärker der Zielsprache verpflichtet sind, lösen Bibelparaphrasen die Spannung auf und geben den Text ohne größere Rücksicht auf die Ausgangssprache dem Sinne nach wieder.

Alle Übersetzungstypen haben ihre eigene Berechtigung im jeweiligen Kontext – Interlinearübersetzungen etwa im Bibelstudium ohne Kenntnis der biblischen Sprachen, Bibelparaphrasen zum Beispiel als Kinderbibeln. Von den gängigen Bibelübersetzungen ist etwa die *Gute Nachricht Bibel* als kommunikative, die *Elberfelder Bibel* als philologische Übersetzung, die *Einheitsüber-*

---

8   Diese und weitere Beispiele bei Heinz-Josef Fabry (ebd., S. 10).
9   Vgl. Elisabeth Birnbaum: Wenn ein Heiliger übersetzt. Hieronymus und die Vulgata. In: Bibel und Kirche 69 (2014), S. 14–19, hier S. 18.

*setzung* und die *Lutherbibel* als Vermittlung zwischen kommunikativer und philologischer Übersetzung einzuschätzen.[10]

Zusätzlich gibt es das Anliegen der konkordanten Übersetzung, also, dass alle Belege eines Begriffes aus der Ausgangssprache mit immer dem gleichen Begriff in der Zielsprache übersetzt werden. Das Anliegen ist vor allem für intertextuelle Bezüge von großer Bedeutung, kann aber auf Kosten der Verständlichkeit in der Zielsprache gehen.

Diese sprachlichen Überlegungen sind allerdings nur eine Ebene, die die Übersetzung beeinflussen. Gerade in Bezug auf die Einheitsübersetzung ist die Frage nach weiteren Ansprüchen, die an den Text gestellt werden, von gewisser Brisanz. Zum einen geht es um „theologische" Vorgaben – das wohl bekannteste Beispiel für diese Frage ist wohl die „Jungfrau" im Buch Jesaja (s. u.). Zum anderen geht es um die Frage, wer entscheidet, welchem Übersetzungsprinzip oder welcher Möglichkeit der Vorrang zu geben ist. Diese Frage hat in der Geschichte der Einheitsübersetzung – und zwar sowohl der von 1980 wie auch der Revision – in der ökumenischen Zusammenarbeit zu Schwierigkeiten geführt.

Jede Übersetzung ist kontextuell. Sie verbindet nicht nur Ausgangs- und Zielsprache, sondern auch die bereits vorliegenden Traditionen – sowohl in sprachlicher Hinsicht als auch in weiteren Dimensionen, wie im Falle von Bibelübersetzungen mehr als zweitausend Jahre theologischen Denkens. Mit Rücksicht auf diese großen Kontexte sind Bibelübersetzungen konzentrierte Theologie. Der Revisor des Jesajabuches, Ulrich Berges, beschrieb Freud und Leid der Revisionsarbeit einmal ungefähr so: Während die wissenschaftliche Beschäftigung mit den Bibeltexten erfordere und ermögliche, über Übersetzungsmöglichkeiten und -entscheidung ausführlich Auskunft zu geben, und diese in zeitgeschichtliche Hintergründe, in die Wirkungsgeschichte usw. einzuordnen, biete die Einheitsübersetzung dazu keinen Raum. Das gewählte Wort, der eine Begriff, hinter dem sich ganze Bedeutungsräume verbergen, stehe für sich – und in den allermeisten Fällen ohne Fußnote oder sonstige Erklärung. Und als Übersetzer des Jesaja müsse man damit rechnen, über Jahrzehnte etwa mit der selbst mitverantworteten Version des „Gottesknechtsliedes" (Jes 53) jedes Jahr in der Karfreitagsliturgie konfrontiert zu werden.

---

10 Bibelzitate entnommen aus: Elberfelder Bibel, erneut durchgesehene Ausgabe der revidierten Elberfelder Bibel unter Berücksichtigung der neuen Rechtschreibung. Wuppertal, Dillenburg 2006; Die Bibel. Einheitsübersetzung Altes und Neues Testament. Freiburg i. Br. [15]1999; Die Bibel. Einheitsübersetzung, Stuttgart 2017.

## 1.2 Die Einheitsübersetzung

Die Einführung der muttersprachlichen Liturgie in der Folge des II. Vatikanischen Konzils führte dazu, dass auch Bibelübersetzungen in den jeweiligen Sprachen benötigt wurden. Eine weitere Neuerung war die Vorgabe aus *Dei Verbum*, dass die Ausgangssprache nun die hebräischen und griechischen Urtexte sein sollten, nicht die lateinische Vulgata, die bis dahin einen Vorrang genoss. Zwar gab es auch zuvor schon – auch im katholischen Raum verbreitete – deutsche Übersetzungen, doch war die Einheitsübersetzung die erste kirchenamtliche Übersetzung.

Dass diese Übersetzung aber nicht nur in der Liturgie, sondern auch ansonsten zur einheitlichen Grundlage werden, gleichzeitig aber auch exakt am Urtext arbeiten sollte, machte die Übersetzungsaufgabe ungleich komplexer. So kann es kaum verwundern, dass die Arbeiten knapp 20 Jahre dauerten – von 1962 bis 1980.

Sprachlich wurde ein gehobenes, anspruchsvolles Gegenwartsdeutsch angestrebt, das der Verwendung in Liturgie, Verkündigung, Katechese etc. angemessen sein, aber auch interessierten Menschen außerhalb der Kirche einen Zugang ermöglichen sollte. Die Sprache sollte weder zu feierlich noch zu alltäglich sein.[11] Vor all diesen Erwartungen und Ansprüchen wird deutlich, dass die Einheitsübersetzung ein Kompromiss sein musste – zwischen Urtextnähe und Verständlichkeit, zwischen sprachlicher Niederschwelligkeit und Liturgietauglichkeit. Kompromisse sind immer angreifbar und so blieb auch Kritik an der Einheitsübersetzung nicht aus. Dass dann ab 2006 an einer Revision gearbeitet wurde, hat mehrere Gründe.

Erstens gibt es gut begründete Kritik an Übersetzungsentscheidungen. Das Anliegen, dass der Text verständlich sein solle, hatte nicht nur zu Glättungen geführt, sondern auch zu überraschend vielen Einfügungen und ähnlichen Eingriffen. Die Einheitsübersetzung 1980 geht trotz ihrer Verpflichtung auf exakte Arbeit am Urtext in ihrem Anliegen, einen verständlichen Text zu bieten, häufig sehr weit und wird dabei teilweise geradezu tendenziös deutend (vgl. das Beispiel „strafen", s. u.).

Zweitens ist die Textgrundlage, die übersetzt wurde, der „Urtext", deutlich überprüft worden. Die Textgrundlage im Alten Testament ist eine komplexe Angelegenheit. Während die Einheitsübersetzung 1980 nach Einzelfallentscheidungen verschiedene Quelltexte für die Erstellung der Textgrundlage herangezogen hat, ist die Revision stärker durchgehenden Quelltexten gefolgt. Das entspricht insofern dem Forschungsfortgang, als dass inzwischen dem

---

11  Vgl. Theobald: Für Gottesdienst und Schule (wie Anm. 2), S. 22.

eigenen Profil der verschiedenen hebräischen, aramäischen und griechischen Handschriften mehr Rechnung getragen wird – was ja nicht zuletzt damit zu tun hat, dass es sich auch bei ihnen um Übersetzungen mit eigenen Anliegen und Eigenheiten handelt.

Drittens ist auch die Einheitsübersetzung 1980 selbstverständlich sprachlich ein Kind ihrer Zeit; Sprachmoden fallen häufig erst im zeitlichen Abstand auf und sind entsprechend je zu entstauben.

In Anerkennung der in den 70er Jahren geleisteten Arbeit an der Einheitsübersetzung sollte es also eine Revision geben. Dabei sind die Anforderungen an die neue Einheitsübersetzung nicht geringer geworden als an die erste Version; in diesem Sinne ist stattdessen sogar noch eine weitere Textgrundlage (nämlich die EÜ von 1980) als Teil der Tradition einzubeziehen. Am Begriff „Revision" ist festgehalten worden, obwohl die Arbeit weitergehend war, als zunächst gedacht.

## 2. „Biblischere" Sprache

Dass die Revision der EÜ anders klingen würde, war schon wegen der Veränderung der Sprache insgesamt anzunehmen. Bei der Präsentation der revidierten Einheitsübersetzung 2016 beschrieb der Erfurter Altbischof Joachim Wanke, langjähriger Vorsitzender des Leitungsgremiums für die Revision, aber außerdem, die Revision sei näher am Urtext und ihre Sprache wirke „biblischer".[12] Doch was ist das – „biblischere" Sprache? Wie klingt sie? Anhand einiger Beispiele und auch Vergleichen zwischen alter und neuer Einheitsübersetzung soll dieser Frage im Folgenden nachgegangen werden.

### 2.1 Biblische Sprache ist fremdsprachlich

Gegenüber der Einheitsübersetzung von 1980 war ein Anliegen der Revisionsarbeit, die Spannung zwischen Ausgangs- und Zieltext weniger in Richtung des Zieltextes aufzulösen, sondern die Übersetzung „moderat" dem Ausgangstext anzunähern.[13] Diese Entscheidung hat zunächst insofern Folgen für den „Klang", als dass sie Auswirkungen auf den Sprachstil hat. Stilistische Eigenheiten der biblischen Sprache können in Übersetzungen sichtbar oder verdeckt werden, was allerdings Folgen für die weitere (Be-)Deutung haben kann.

---

12 Zitiert nach einem Online-Pressebericht vom 21. September 2016 von katholisch.de, abrufbar unter http://www.katholisch.de/aktuelles/aktuelle-artikel/jahwe-heit-jetzt-herr (abgerufen am: 3.8.17).

13 Theobald: Für Gottesdienst und Schule (wie Anm. 2), S. 22.

*Beispiel: „Und"-Reihen*

Hebräisch-Schüler genauso wie Griechisch-Schüler, die etwa das Markusevangelium übersetzen, kennen die vielen mit „und" beginnenden Sätze. Als Übersetzer hat man insofern mit diesen Und-Reihen seine Not, als dass sie im Deutschen nicht flüssig klingen, wie das Beispiel aus der Josefsgeschichte (Gen 40,4–5; Kontext ist Josefs Aufenthalt im Gefängnis und seine Deutung der Träume der Diener des Pharao) zeigt.

| Elberfelder Bibel | EÜ 2016 |
|---|---|
| **Und** der Oberste der Leibwächter gab ihnen Josef bei, **und** er bediente sie; und sie waren eine Zeit lang in Gewahrsam. | Der Oberste der Leibwache betraute Josef mit ihrer Bedienung. Als sie einige Zeit in Haft waren, |
| **Und** sie hatten beide einen Traum, jeder seinen Traum in einer Nacht, jeder mit einer (besonderen) Deutung seines Traumes, der Mundschenk und der Bäcker des Königs von Ägypten, die im Gefängnis gefangen lagen. | hatte jeder von ihnen in derselben Nacht einen Traum mit je eigener Bedeutung, der Mundschenk und der Bäcker des Königs von Ägypten, die im Kerker gefangen gehalten wurden. |

Im Deutschen werden diese Und-Sätze gewöhnlich in Haupt- bzw. unterschiedliche Nebensätze übersetzt. Allerdings bewirken die Satzanfänge mit „und" auch, dass der biblische Erzählstil unbestimmter und offener ist, während die deutschen Nebensätze eine Ordnung hineinbringen. Es spricht also etwas dafür, diese Offenheit zu bewahren. Denn: „Wissen wir denn so genau, ob etwas auf etwas anderes folgte, *während* jenes, *indem* es, *nachdem* es, *weil* es, *obwohl* es oder *damit* es war?"[14]

*Beispiel: Leitworte*

Ein weiteres Stilmittel in der hebräischen Sprache ist die Arbeit mit Leitworten, das heißt vielfältigen Variationen und Wiederholungen eines Wortstammes in einem Text. Im Deutschen hingegen wird dann eher mit Synonymen gearbeitet, um Wiederholungen gerade zu vermeiden. Während die EÜ 1980 in dieser Frage tendenziell dem Stil der deutschen Sprache folgte, versucht die EÜ 2016, das Stilmittel des Hebräischen aufzugreifen und konkordanter zu

---

14  Ebach: „Übersetzen – üb' Ersetzen!" (wie Anm. 4), S. 4.

übersetzen.[15] Als Beispiel dienen im folgenden einige Verse aus der u. a. als Lesung in der Osternacht bekannten „Bindung Isaaks" (so die sachlich korrektere und der jüdischen Tradition entsprechende Titel des häufig „Opferung Isaaks" genannten Textes Gen 22 – hier die Verse 4.8.13.14).

| EÜ 1980 | EÜ 2016 |
| --- | --- |
| Als Abraham am dritten Tag aufblickte, **sah** er den Ort von weitem. [...] | Als Abraham am dritten Tag die Augen erhob, **sah** er den Ort von Weitem. [...] |
| Abraham entgegnete: Gott wird sich das Opferlamm **aussuchen**, mein Sohn. [...] | Abraham sagte: Gott wird sich das Lamm für das Brandopfer **ausersehen**, mein Sohn. [...] |
| Als Abraham aufschaute, **sah** er: Ein Widder hatte sich hinter ihm mit seinen Hörnern im Gestrüpp verfangen. [...] | Abraham erhob seine Augen, **sah** hin und siehe, ein Widder hatte sich hinter ihm mit seinen Hörnern im Gestrüpp verfangen. [...] |
| Abraham nannte jenen Ort Jahwe-Jire (Der Herr **sieht**), wie man noch heute sagt: Auf dem Berg läßt sich der HERR **sehen**. | Abraham gab jenem Ort den Namen Der HERR **sieht**, wie man noch heute sagt: Auf dem Berg lässt sich der HERR **sehen**. |

Im Beispiel hat die EÜ 1980 in Gen 22,8 das Verb variiert („aussuchen" statt „ausersehen", wie in EÜ 2016). In dem theologisch schweren Text, bei dem Gott von Abraham die Opferung seines Sohnes Isaak fordert, ihn aber dann doch abhält und stattdessen einen Widder als Opfertier präsentiert, hat „sehen" Leitwortfunktion. Als Leitwort stellt „sehen" nicht nur eine Verbindung zwischen Abrahams Sehen des Ortes der Opferung seines Sohnes (v.4) und des Widders, der als Opferersatz dienen wird (v.13), her, sondern auch zur Benennung des Ortes mit der doppelten Deutung als „Der Herr sieht" und „lässt sich sehen" (v.14). Durch die Variation des Verbs in Vers 8 der EÜ 1980 („aussuchen") wird allerdings die Verbindung zwischen der Ortsbenennung „der Herr sieht" und der Wahl des Opfers („ausersehen") unsichtbar. Eine Auslegungsspur etwa könnte in der Beziehung liegen zwischen dem Lob Gottes als dem, der sich darin zeigt (sehen lässt), dass er sieht (wahrnimmt, versteht), und seinem Ausersehen (Wahl) des Opfers – also, welches Opfer er wählt. Auch der Anklang zwischen Gottes Ausersehen des Opfers (v.8) und Abrahams Sehen des Widders (also des eigentlichen Opfers in v.13) ist mit der Variation des Verbs in v.8 nicht mehr sichtbar.

---

15 Vgl. Christoph Dohmen: Ein Wieder-Sehen mit der Bibel. Die Revision der Einheitsübersetzung kann Text und Leser neu zusammenführen. In: Bibel und Kirche 72 (2017) 2, S. 84–92, hier S. 86f.

Die Einheitsübersetzung von 1980 wird mit ihren Glättungen und ihrem Nachgeben des „starken Sogs" des Zieltextes, als eine „wohltemperierte" Übersetzung beschrieben.[16] Bei einer solchen Charakterisierung müssten in Bezug auf eine Bibelübersetzung Zweifel aufkommen – „wohltemperiert" klingt nach Behaglichkeit, Gemütlichkeit; der Verdacht liegt nahe, dass „wohltemperiert" im Grunde für „lauwarm" steht und damit „Harmlosigkeit" signalisiert. Fremdheit von Sprache kann in dieser Hinsicht hilfreich sein, auch die „inhaltliche Fremdsprachigkeit"[17] (Gerhard Ebeling) zu erkennen. „Daraus ergibt sich für die Übersetzungsaufgabe die Warnung, das berechtigte Streben nach Verständlichkeit nicht etwa auf die Weise zu befriedigen, daß man den Text seiner Schärfe beraubt, seiner anstößigen, zum Umdenken nötigenden Gegenläufigkeit."[18]

### 2.2 Biblische Sprache ist spannungsvoll

Die Bibel ist voll von Spannungen, und zwar in praktisch allen Themen. Das ist angesichts der mehrhundertjährigen Entstehungszeit kaum verwunderlich. Die Vielfalt etwa des Gottesbildes entspricht den Erfahrungen der biblischen Autoren in aller Unterschiedlichkeit.

Die Spannungen in der Darstellung dieser Erfahrungen sind eine Herausforderung, nicht zuletzt in der Verkündigung. Das sich offenbar unerschütterlich haltende „ewige Klischee", wonach Gott im Alten Testament gewalttätig, im Neuen Testament dagegen liebend sei, ist letztlich ein Weg, diese Spannung (vermeintlich) aufzulösen. Dass das gegen den Textbefund geschieht, ist die eine Sache. Auch die Folgen für die Praxis, für die Verkündigung, für die Pastoral sind von großer Tragweite. Wer etwa die in der Bibel artikulierten Erfahrungen der Unberechenbarkeit, der Unverfügbarkeit Gottes abschneidet, versagt auch anderen die Möglichkeit, vergleichbare eigene Erfahrungen in die Gottesbeziehung zu integrieren. Gegen die reiche Tradition wird so etwas wie Zensur betrieben. Es begünstigt zum Beispiel die Ansicht, der Mensch habe Gott gegenüber kein Recht zur Klage

---

16 Vgl. Theobald: Für Gottesdienst und Schule (wie Anm. 2), S. 21f., der aber auch davor warnt, dieses Urteil zu generalisieren.

17 Gerhard Ebeling: Wiederentdeckung der Bibel in der Reformation – Verlust der Bibel heute? In: Eberhard Jüngel (Hrsg.): Das Neue Testament heute. Zur Frage der Revidierbarkeit von Luthers Übersetzung. Beihefte zur Zeitschrift für Theologie und Kirche Bd. 5, Tübingen 1981, S. 1–19, hier S. 15, zitiert nach Ulrich H. J. Körtner: Im Anfang war die Übersetzung. Kanon, Bibelübersetzungen und konfessionelle Identitäten im Christentum. In: Marianne Grohmann; Ursula Ragacs (Hrsg.): Religion übersetzen. Übersetzung und Textrezeption als Transformationsphänomene von Religion. Göttingen 2012, S. 179–202, hier S. 189.

18 Ulrich H. J. Körtner: Im Anfang war die Übersetzung (wie Anm. 17), S. 190.

– während genau die Klage in der biblischen Gebetstradition einen hohen Stellenwert hat.

Insofern ist es mehr als eine stilistische Frage, ob die Einheitsübersetzung diesem Klischee Vorschub leistet. Das gilt vor allem für die Psalmen, die zentrale Texte für die Gebetstradition sind. Zwei Beispiele zeigen aber im Folgenden, dass genau dem Klischee auch durch Übersetzungen Vorschub geleistet und wie weitgehend damit das Gottesbild beeinflusst werden kann.

*Beispiel: Gottes Liebe*

Das hebräische Wort *chäsäd* ist ein für das biblische Gottesbild zentraler Begriff, der allein in den Psalmen 129 Mal belegt ist. Die Frage nach seiner Übersetzung ist insofern keine Marginalie, allerdings auch keine einfache. Geläufige Übersetzungen sind „Gnade", „Gunst" und „Güte". Geeignete Übersetzungen sind auch „Liebe" oder „Zuwendung". Für die Übersetzung mit „Gnade" und „Gunst" spricht, dass es sich stets um eine Beziehung von einem Höher- zu einem Niedrigergestellten handelt. Für eine Übersetzung mit „Liebe" spricht, dass damit keine Herablassung gemeint ist, wie „Gnade" oder „Gunst" konnotieren können. Die EÜ 1980 übersetzt *chäsäd* konsequent mit „Huld". Von allen genannten Möglichkeiten erscheint diese Übersetzungsentscheidung denkbar ungünstig, wird doch „Huld" heute „gehoben veraltend, noch ironisch" gebraucht und ist in der Bedeutung „mit einer gewissen Herablassung" verbunden.[19] Eine deutlich bessere Übersetzung wäre „Zuneigung", was allerdings in den poetischen Psalmen wegen des Wortrhythmus her nicht geeignet erschien. So ist zumindest an „wenigen besonderen Stellen, an denen der Aspekt der emotionalen Zuwendung Gottes besonders stark ist" mit „Liebe" übersetzt worden.[20] Ein Beispiel für die deutliche Veränderung im Klang ist Ps 36,6.8.11 (in Vers 6 zeigt sich übrigens, dass auch in der EÜ 1980 *chäsäd* nicht völlig konkordant mit „Huld" übersetzt wurde):

---

19 Vgl. „Huld" auf www.duden.de, abgerufen am: 23.5.17.
20 Egbert Ballhorn: Die Revision des Psalters der Einheitsübersetzung. In: Bibel und Kirche 72 (2017) 2, S. 124–131, hier S. 128.

| EÜ 1980 | EÜ 2016 |
|---|---|
| Herr, deine **Güte** reicht, so weit der Himmel ist, / deine Treue, soweit die Wolken ziehn. | Herr, deine **Liebe** reicht, so weit der Himmel ist, * <br><br> deine Treue bis zu den Wolken. |
| Gott, wie köstlich ist deine **Huld**! <br><br> Die Menschen bergen sich im Schatten deiner Flügel, / | Wie köstlich ist deine **Liebe**, Gott! * <br><br> Menschen bergen sich im Schatten deiner Flügel. |
| Erhalte denen, die dich kennen, deine **Huld** / und deine Gerechtigkeit den Menschen mit redlichem Herzen! | Erhalte denen, die dich kennen, deine **Liebe** * <br><br> und deine Gerechtigkeit den Menschen mit redlichem Herzen! |

*Beispiel: Strafe*

Ein zweites Beispiel für den Bereich des Gottesbildes ist die Verwendung des Verbs „strafen", das Substantiv „Strafe" bzw. zusammengesetzte Wörter mit „Straf-" (wie z. B. Strafgericht).

Friedrich V. Reiterer hat aufgezeigt, wie sehr sich die deutschen Übersetzungen in der Verwendung dieser Worte bzw. Wortbestandteile unterscheiden. (Weil die Übersetzungen nicht ganz den gleichen Umfang haben, die Elberfelderbibel enthält die sieben sog. Deuterokanonischen Bücher[21] nicht, sind diese herausgerechnet.) Angesichts des Befundes, dass die EÜ 1980 die Varianten von straf* 207 Mal im allen gemeinsamen Textumfang, die Lutherbibel 39 Mal, die Elberfelderbibel 58 Mal belegen, kommt Reiterer zu der Einschätzung, es mache „ja schon fast den Eindruck, als ob den Übersetzungen nicht der gleiche Text zugrunde läge."[22] Reiterer zeigt außerdem, dass kein hebräisches Wort so recht dem Deutschen „strafen" entspricht, es allerdings Begriffe gibt, die eine solche Übersetzung ermöglichen. Darüber hinaus weist er aber auf Stellen hin, an denen mit „strafen" übersetzt wird, ohne dass es eine Vokabel in der textlichen Vorlage gibt, die diesem entsprechen würde. Diese „freie Deutung" ist in der Lutherbibel in einem Fall (Ri 11,10), in der EÜ 1980 an 15 Stellen gegeben. Für das Neue Testament gibt es eine dem Alten Testament

---

21 Es handelt sich um die sieben von Luther nicht berücksichtigten Bücher, die nicht im maßgeblichen jüdischen Textbestand, dem Masoretischen Text, enthalten sind: Judit, Tobit, Baruch, Jesus Sirach, Weisheit Salomos, 1 und 2 Makkabäer.

22 Friedrich V. Reiterer: Strafe in der Bibel – Erfindung der Übersetzer? Beobachtungen zum interpretatorischen Charakter von Übersetzungen. In: Franz Sedlmeier (Hrsg.): Gottes Wege suchend. Beiträge zum Verständnis der Bibel und ihrer Botschaft. Würzburg 2003, S. 467–496, hier S. 479.

vergleichbare Tendenz, Begriffe in Richtung strafen/Strafe zu interpretieren, doch sei hier „der heftige Drang wie im Rahmen des Alten Testaments, von strafen/Strafe zu reden und möglichst viele Termini so zu interpretieren, nicht gegeben."[23] Diese häufig nicht begründbare Verwendung von strafen/Strafe leiste ungerechtfertigten Vorurteilen der Bibel, speziell dem Alten Testament gegenüber, Vorschub.[24]

Die nötigen Hilfsmittel (in diesem Fall: eine Konkordanz) zu einer umfassenden Vergleichsarbeit zwischen der Revision von 2016 und der EÜ von 1980 fehlen noch. Beim Durchgang durch die von Reiterer notierten Stellen, bei denen die EÜ 1980 mit freier Deutung strafen/Strafe einsetzt, ist immerhin festzustellen, dass acht der 15 Stellen nun ohne strafen/Strafe übersetzt sind.

*Das Beispiel Ps 39,14 zeigt den Unterschied:*

| EÜ 1980 | EÜ 2016 |
| --- | --- |
| Wende dein **strafendes** Auge ab von mir, / so daß ich heiter blicken kann, / bevor ich dahinfahre und nicht mehr da bin. | Blick weg von mir, / sodass ich heiter blicken kann, * bevor ich dahinfahre und nicht mehr da bin! |

Der Blick Gottes ist in den Psalmen zwar prüfend, aber nicht unbedingt strafend. Strafe ist zwar eine mögliche Folge der Prüfung, wird hier aber nicht genannt.[25] Die Übersetzung in der EÜ 1980 ist insofern eine festlegende Deutung, die keinen Anlass im Text hat. Die Offenheit der EÜ 2016 ist begrüßenswert und sie nimmt der klagenden Bitte nichts von ihrer theologischen Brisanz.

**2.3 Biblische Sprache ist uneindeutig**

Vereindeutigungen sind auch in anderen Beziehungen in der EÜ 1980 zu beobachten und zwar durch Einfügungen, die keinen Anhalt im Ausgangstext haben. Diese Einfügungen stehen im Kontrast zur Verpflichtung auf den Urtext. Zudem vereindeutigen sie den Text, wo er an sich deutungsoffen ist, und nehmen ihm dadurch seine Weite und schränken Zugänge ein.

---

23 Ebd., S. 494.
24 Ebd., S. 496.
25 Vgl. Christina Kumpmann: Schöpfen, Schlagen, Schützen. Eine semantische, thematische und theologische Untersuchung des Handelns Gottes in den Psalmen. Göttingen 2016, S. 352.

Mit Gen 4,8 und Ps 6,4 folgen zwei Beispiele für Einfügungen:

*Beispiel: Gen 4,8*

| EÜ 1980 | EÜ 2016 |
|---|---|
| Hierauf sagte Kain zu seinem Bruder Abel: **Gehen wir aufs Feld!** Als sie auf dem Feld waren, griff Kain seinen Bruder Abel an und erschlug ihn. | Da redete Kain mit Abel, seinem Bruder. Als sie auf dem Feld waren, erhob sich Kain gegen Abel, seinen Bruder, und tötete ihn. |

Die Einfügung der wörtlichen Rede Kains lässt die Tötung Abels so wirken, als habe Kain ihn in die Falle auf das Feld gelockt. Der hebräische Text und die EÜ 2016 sind hier offener, uneindeutiger und lassen viel mehr Raum für Spekulation über das Verhältnis der beiden Brüder zueinander und Kains Charakter. Zudem ist „Kains wortlos bleibendes Reden zu Abel […] im Textverlauf zugleich ein Schweigen auf die unmittelbar zuvor an ihn ergehenden warnenden Worte Gottes."[26] Belege von so „beredtem Schweigen"[27] gibt es viele in der Bibel, so dass diese Leerstelle als Stilmittel wahrzunehmen und gegen die Tendenz, hier eine Festlegung einzufügen, für Deutungen offenzuhalten ist.

*Beispiel: Ps 6,4*

| EÜ 1980 | EÜ 2016 |
|---|---|
| Meine Seele ist tief verstört. / Du aber, Herr, wie lange **säumst du** noch? | Meine Seele ist tief erschrocken. * Du aber, Herr – wie lange noch? |

Auch in Ps 6,4 hat die EÜ 1980 eine Leerstelle deutend ausgefüllt, die der hebräische Text offen lässt und nicht klar benennt, was der Beter beklagt: Dass Gott ihm nicht hilft? Dass er ihn gar aktiv schädigt? „Nur die Hülse der vorwurfsvollen Frage bleibt. […] Eine Leerstelle, die den Hörer engagiert, provoziert, sie konkretisierend auszufüllen […]."[28] Die Einfügung in der EÜ 1980 nimmt diese Möglichkeiten.

---

26 Jürgen Ebach: Beredtes Schweigen. Exegetisch-literarische Beobachtungen zu einer Kommunikationsform in biblischen Texten. Gütersloh 2014, S. 23.
27 Vgl. ebd. (insgesamt).
28 Walter Groß: Die Einheitsübersetzung – eine Bibelparaphrase? In: Theologische Quartalschrift 162 (1981), S. 168–170, hier S. 168.

## 2.4 Biblische Sprache ist vielstimmig

Die Bibel klingt vielstimmig – kein Wunder angesichts der unzähligen Autoren. Das steht in Spannung dazu, dass diese vielen Stimmen nun in dem einen Buch versammelt sind. Etwa in Bezug auf das Ideal der konkordanten Übersetzung, das heißt einer möglichst gleichen Übersetzung in die Zielsprache der Belege eines Begriffs in der Ausgangssprache, ergeben sich gewisse Herausforderungen bzw. Unmöglichkeiten (s. o. das Beispiel *chäsäd*).

Daneben ist allerdings auch ein wichtiges Anliegen, dass die Charakteristika der biblischen Bücher erhalten bleiben. Stattdessen, so kritisiert etwa Michael Theobald, habe bei der EÜ 1980 „die Zielsprache [...] einen so starken Sog aus(geübt), dass viele Bücher (etwa die vier Evangelien, obwohl im Griechischen auf unterschiedlichem Sprachniveau angesiedelt) im Ergebnis oft gleich klingen."[29]

Abgesehen vom sprachlichen Niveau und stilistischen Fragen ist die Konkordanz-Frage auch im Verhältnis vom Alten zum Neuen Testament von theologischer Relevanz.

*Beispiel: „Jungfrau"*

Das bekannteste Beispiel dafür ist sicher die „Jungfrau" aus Jes 7,14 bzw. Mt 1,23 (vgl. die Überschrift in der „tageszeitung" am 6. Dezember 2016: „Ohne Jungfrau geht es nicht").

| EÜ 1980 | EÜ 2016 |
|---|---|
| Jes 7,14: | Jes 7,14: |
| Seht, die Jungfrau **wird** ein Kind empfangen, sie **wird** einen Sohn **gebären**, und sie wird ihm den Namen Immanuel (Gott mit uns) geben. | Siehe: Die Jungfrau **hat** empfangen, sie **gebiert** einen Sohn und wird ihm den Namen Immanuel geben. |
| Mt 1,23: | Mt 1,23: |
| Seht, die Jungfrau wird ein Kind empfangen, /einen Sohn wird sie gebären, / und man wird ihm den Namen Immanuel geben, / das heißt: Gott ist mit uns. | Siehe: Die Jungfrau wird empfangen / und einen Sohn gebären / und sie werden ihm den Namen Immanuel geben, / das heißt übersetzt: Gott mit uns. |

---
29 Theobald: Für Gottesdienst und Schule (wie Anm. 2), S. 21f.

In beiden Versionen der Einheitsübersetzung gibt es eine Fußnote zu Jes 7,14. In der EÜ 1980 erfährt man, die Übersetzung „Jungfrau" richte sich nach der griechischen Septuaginta und Mt 1,23; das hebräische Wort *alma* „wird auch als ‚junge Frau' gedeutet". Die Fußnote von Jes 7,14 in der EÜ 2016 ist die vielleicht bisher meistbeachtete Fußnote der Revision. Abgesehen davon, dass nicht durchsetzbar war, in diesem Fall dem hebräischen Grundtext zu folgen und „junge Frau" zu übersetzen, sondern die griechische Septuaginta maßgebend war, ist zumindest die Fußnote eine Nuance deutlicher als die der EÜ 1980 („wird auch als ‚junge Frau' gedeutet"), wird doch in der EÜ 2016 erklärt, das hebräische *alma* „bedeutet eigentlich junge Frau". Ein Argument für die Übersetzung mit „Jungfrau" kann das Anliegen sein, damit den Bezug zwischen dem Matthäusevangelium und dem Jesajabuch sichtbar zu machen. Diese ist aber durch den Tempusunterschied („hat empfangen" in Jes vs. „wird empfangen" in Mt) in der EÜ 2016 ohnehin nicht mehr gegeben. In diesem Falle einer dogmatischen Vorgabe ist sichtbar, dass die Übersetzung noch mehr Verpflichtungen hat als Ausgangs- oder Zieltext.

Die Bibel klingt vielstimmig; während im Beispiel zu Gottes Liebe und der Übersetzung mit „Strafe" unterschiedliche Klänge von Altem und Neuem Testament erst konstruiert oder verstärkt werden, wird an anderen Stellen ein Gleichklang hergestellt, der dem Ursprungstext auch nicht entspricht. Das Verhältnis von Altem und Neuem Testament ist von daher immer von besonderer Brisanz, weil es damit immer auch um das Verhältnis zwischen Juden- und Christentum geht. Und diesbezüglich spielt die genannte Jesaja-Stelle durchaus eine exemplarische Rolle, denn: „Vollends fatal wird es, jüdischen Menschen jene Stelle in ihrer griechischen Fassung vorzulegen und ihnen vorzuwerfen, sie verstünden ihre eigenen Texte nicht, wenn sie nicht an Jesus als den Messias glaubten. Hier zeigt sich die ideologiekritische Aufgabe des Übersetzens. Es geht um das Recht des Textes der Hebräischen Bibel und seiner jüdischen Hörer und Leserinnen gegen die christliche Rezeptionsgeschichte."[30] Die Anerkennung der biblischen Vielstimmigkeit kann hier einen Ausweg bieten.

## 3. Die Pluralität der Übersetzungen

Bibelübersetzungen sind in eine Vielzahl von Kontexten eingebunden und müssen einer Vielzahl von Ansprüchen genügen; wie alle Übersetzungen muss es sich um Kompromissdokumente handeln. Die Bibel steht seit jeher – denn

---

30 Ebach: „Übersetzen – üb' Ersetzen!" (wie Anm. 4), S. 4.

als zum Beispiel die Septuaginta entstand, lag noch kein abgeschlossener biblischer „Urtext" vor – in dem Dilemma, aus missionarischen Gründen verständlich sein zu müssen und andererseits als autoritative Offenbarung Gottes der Beliebigkeit entzogen zu sein.

Die Revision der Einheitsübersetzung hat Bischof Wanke dafür gelobt, dass die Sprache „biblischer wirke". Tatsächlich treten im Vergleich zur EÜ 1980 einige Charakteristika biblischer Sprache in der EÜ 2016 hervor, in anderen Hinsichten wäre noch mehr Nähe zum Ausgangstext möglich gewesen. Begrüßenswert erscheint vor allem der Mut zu Unbestimmtheiten, die auch dem biblischen Text entsprechen: Solche Unbestimmtheiten wertet etwa Ottmar Fuchs als „Unruheherde", die auch pastoral genutzt werden können.[31] Auch liegt in der zu deutlichen Glättung biblischer Texte mittels ihrer Übersetzung eine Versuchung, sich ihrer Widerständigkeit zu entledigen. Vielmehr gilt, dass es „keinen Rabatt aufs Verstehen [gibt]. Wenn die Bibel schwierig ist, dann ist es auch die Übersetzung."[32]

Abgesehen von dem Anspruch, eine gute Übersetzung zu nutzen und dem kirchlichen Leben zugrundezulegen, eröffnet die Pluralität von Übersetzungen und Wiedergaben der Bibel je neue Deutungsmöglichkeiten, ist also nicht als „Offenbarungsdefizit" zu werten, sondern als „ein integraler Bestandteil der ereignis- und begegnungsbasierten Offenbarungszeugnisse selbst."[33] Darum gilt auch mit Blick auf die revidierte Einheitsübersetzung, dass sie nur eine unter vielen Übersetzungen mit je eigener Wertigkeit für den jeweiligen Kontext ist. Das bedeutet, dass weiterhin auf die Frage, welche Bibelübersetzung zum Gebrauch zu empfehlen ist, die Antwort von Jürgen Ebach gilt: „Jedenfalls mehr als nur *eine*."[34]

---

31 Fuchs: Bibelübersetzungen als „Unruheherd" (wie Anm. 5), S. 45f.
32 Thomas Söding: Die Bibel für alle. Kurze Einführung in die neue Einheitsübersetzung. Freiburg i. Br. 2017, S. 45.
33 Fuchs: Bibelübersetzungen als „Unruheherd" (wie Anm. 5), S. 48.
34 Ebach: „Übersetzen – üb' Ersetzen!" (wie Anm. 4), S. 7.

# ORDNEN – SPRACHE VON LEHRAMT UND KIRCHENRECHT

Martin Zumbült

## 1. Einführung: Einige Grundsätze zum Recht in der Kirche

Auch die Kirche bedient sich auf verschiedenen Feldern der Rechtsprache. Die Rechtlichkeit in der Kirche ist eine logische Folge aus der Dauer ihrer Existenz und aus ihrer Größe. Der Schritt von „Das haben wir schon immer so gemacht!" bis hin zu „Das muss so!" ist ein kleiner; und Gewohnheit wie auch Gewohnheitsrecht sind entlastende Momente in einer jeden Institution. Ausgehend von dem römisch-rechtlichen Grundsatz „*Ubi societas, ibi ius*"[1] – da wo Gemeinschaft ist, dort (ist) auch Recht – ordnet sich die Kirche als Gemeinschaft von Gläubigen. Sie erstellt Regeln für das gemeinsame (Glaubens-)Leben: Es werden Zuständigkeiten verteilt, Verhaltensmuster geformt, Rituale gebildet. Das, was sich bewährt hat, was erfahrungsgemäß funktioniert, wird auf diese Weise perpetuiert. (Lebens-)Erfahrung ist die Voraussetzung für jedes Regelungsbedürfnis.

Im kirchlichen Kontext sind das Recht und das Gerichtsverfahren von großer theologischer Bedeutung. Das Bild von Gott als dem Weltenrichter, die Rede vom Jüngsten Gericht (Offb 14,6–20,15), die Aufgabe Gottes, das Recht über Israel aufzurichten, sein Volk zu richten, ist im Alten Testament allgegenwärtig.[2]
Die Befolgung der göttlichen Normen war für das Volk Israel identitätsstiftend. Im Neuen Testament wird diese Rechtsordnung nicht aufgehoben: „Denkt nicht, ich sei gekommen, um das Gesetz und die Propheten aufzuheben. Ich bin nicht gekommen, um aufzuheben, sondern um zu erfüllen." (Mt 5,17) In der Offenbarung taucht Christus als der Weltenrichter auf und gemäß Glaubensbekenntnis wird „er kommen, zu richten die Lebenden und die Toten." Dies korrespondiert zum Verbot des Richtens (Lk 6,37–42; Mt 7,1–5), denn das Richteramt ist Gottes Amt, ihm allein kommt es zu, Recht zu sprechen und Recht zu schaffen. Schließlich umschreibt Paulus das Verhältnis von Recht, Gesetz, Glauben und Gerechtigkeit neu.[3] Die metaphori-

---

1 Wahrscheinlich ist dieser Rechtsgrundsatz von Heinrich von Cocceij (1644–1719) in seinem Kommentar zu Hugo Grotius' (1583–1645) Schrift *De iure belli ac pacis* (Paris, 1625) auf aristotelische Philosophie aufbauend hergeleitet worden: Ubi homo, ibi societas. Ubi societas, ibi ius. Ubi ius, ibi remedium.
2 Statt vieler: Gen 15,14; Ex 18,22; 1 Sam 2,10; 1 Chr 16,33; 2 Chr 20,12; Ps 7,9; Ps 72,1.
3 Statt vieler: Röm 9,30–33.

sche Konstruktion der universellen Heilsgemeinschaft Gottes als Rechts- bzw. Gerichtsverfahren bleibt nicht ohne Auswirkungen auf die konkret verfasste Glaubensgemeinschaft.

### a) Das Streben nach der Norm – aus dem Glauben

Erst aus einem Regelungsbedürfnis entsteht eine Norm. Versprachlichtes bzw. verschriftlichtes Recht und schließlich Gesetze entstehen nur dann, wenn eine bestimmte Erfahrung eine Regelung erforderlich macht. Das gilt für lehramtliches Sprechen ebenso wie für das Kirchenrecht, und das schon seit der Urkirche. Für Paulus war es beispielsweise selbstverständlich, dass er bei seiner Mission Heiden auch ohne deren vorherige Beschneidung taufen dürfte – für die gläubig gewordenen Pharisäer war das Grund für eine große Aufregung (Apg 15,1–7). Es musste also eine Entscheidung hierüber getroffen werden. Die Apostel kamen zusammen und fällten eine Entscheidung im Sinne des Paulus, verschriftlichten diese (Apg 15,23–29) und sandten Barsabbas und Silas mit Paulus und Barnabas nach Antiochia, um die Entscheidung zu verkünden und deren Umsetzung zu überprüfen. Eine „Verfahrensordnung" für dieses Konzil war nicht erforderlich, da die Zuständigkeit der Apostel in Jerusalem für diese Form der Schlichtung von niemandem angezweifelt wurde. Insofern bestand kein Regelungsbedarf. Auch in der frühen Kirche wurde rechtliches Sprechen erst dann erforderlich, wenn Streitfragen aufkamen. Die Formulierung der Zweinaturenlehre Christi in den frühen Konzilien bspw. ist das Ergebnis aufgekommener Uneinigkeit. Die Formulierung der Lehrsätze ist eine reine Re-aktion auf Zweifelsfragen, kein pro-aktives Handeln. Etwas anderes geschah erstmals bei der Verkündigung der Dogmen der unbefleckten Empfängnis Mariens und der leiblichen Aufnahme Mariens in den Himmel, welche auch ohne dass deren Inhalt zuvor in Zweifel gezogen worden war, „zur größeren Ehre Gottes" geschah.

Lehramtliches Sprechen hat zuerst die Funktion der Herstellung von Einigkeit und Einheit und ist daher immer wieder von Kompromissen gekennzeichnet. Gleichwohl ist es Rechtssprache, weil sie einen hohen Grad an Verbindlichkeit für sich beansprucht und letztlich festlegt, was gilt.

Eine zunehmende Verrechtlichung in einem Sozialgefüge – und sei es die Kirche – ist somit ein ganz normaler und notwendiger Vorgang, weil dauerhaftes Zusammenleben nach einer gewissen Routine oder Gewohnheit strebt, die dann auch zunehmend Normativität für sich beansprucht: *Ubi ius ibi remedium*. (s. Anm. 1). Man bedenke nur, welch stark normative Kraft die Tradition in der Kirche hat.

## b) Liebe und Recht

„Das Gegenteil der Rechts-Kirche ist nicht die Liebeskirche, sondern die Unrechts-Kirche." Dieses Verdikt wird von Kirchenrechtler/innen denen entgegengehalten, die eine Unvereinbarkeit von Kirche und Recht behaupten. Häufig wird versucht, zwischen einem liebenden Gott und einer Rechtskirche zu unterscheiden, Recht und Liebe, Recht und Glauben, Recht und Charisma gegeneinander auszuspielen. Dabei sei das Recht immer das, hinter dem man sich zu verschanzen versuche, um dem Hl. Geist den Garaus zu machen. Doch das Gegensatzpaar ist nicht Recht – Liebe, sondern Recht – Unrecht. Papst Benedikt XVI. hat diesen vermeintlichen Gegensatz so aufzulösen versucht: „Es ist jedoch unbedingt zu vermeiden, dass die pastorale Sorge als Gegenposition zum Recht missdeutet wird. Man sollte vielmehr von der Voraussetzung ausgehen, dass der grundlegende Berührungspunkt zwischen Recht und Pastoral die Liebe zur Wahrheit ist: Diese ist nämlich niemals abstrakt, sondern fügt sich in den menschlichen und christlichen Weg jedes Gläubigen ein."[4]

Das kanonistische Verdikt von der (Un)rechtskirche kann andererseits nicht zu einer völligen Verrechtlichung der Kirche missbraucht werden. Ebenso wenig wie ein Glauben sich mit Dogmatismus begnügen kann, kann eine Rechtsgemeinschaft sich ausschließlich in der Befolgung von Gesetzen ergehen. Jeder Rechtsraum braucht einen Freiraum. Der sogenannte „Gesetzesrahmen" stellt bildlich lediglich die Außengrenzen dieses Freiraums dar. Dabei ist das Wortpaar „Recht und Gesetz" keinesfalls eine Tautologie[5] oder ein Pleonasmus[6], sondern allenfalls ein Hendiadyoin[7]: Das Recht geht dem Gesetz voraus, ist ihm unter Umständen sogar übergeordnet. Gesetze sind so anzuwenden, dass sie Recht schaffen. Auch eine gesetzlose Gesellschaft kann rechtmäßig sein – ebenso wie eine rechtlose Gesellschaft – etwa ein totalitäres System – gesetzeskonform sein kann, wenn Gesetze das Unrecht zur Norm machen. Das Gesetz ist nur eine Ausdrucksform des Rechts. Eine Gesellschaft und erst recht eine Kirche, die nur noch in gesetzlichen Kategorien, Anspruchsgrundlagen oder rechtlichen Pflichten gedacht wird, ist an ihr Ende gekommen, weil Geist und Freiheit dadurch erstickt werden. Erfolgt eine Handlung nur noch motiviert durch eine Rechtspflicht, ist das eigene Wollen des Guten aus dem Blick geraten. Eine solche Handlung ist im besten Falle unethisch, weil der/die Handlende nicht das Gute tun, sondern dem Gesetz ge-

---

4 Benedikt XVI.: Sacramentum Caritatis, Nachsynodales Apostolisches Schreiben über die Eucharistie. Quelle und Höhepunkt von Leben und Sendung der Kirche. Rom: 22. Februar 2007, Nr. 29.
5 Sachverhalt, in dem eine Aussage doppelt vorhanden ist; z. B. „immer und ewig".
6 (Überflüssige) Häufung sinngleicher Ausdrücke; z. B. „weißer Schimmel".
7 Ausdrucksverstärkung durch Verwendung von zwei sinnverwandten Wörtern; z. B. für etwas „Feuer und Flamme" sein.

nügen will. Gesetzesbefolgung ist nur dann mittelbar ethisch gut, wenn man sie erstens als solche um des Gemeinwohls willen für gut erachtet und zweitens die tatsächliche konkrete Handlungsanweisung des Gesetzes mit seinem Gewissen vereinbaren kann. Der entstehende Spannungsbogen liegt einerseits zwischen der Norm, die dem Leben folgt, was der Tatsache geschuldet ist, dass sie (nur) dort entsteht, wo sie gebraucht wird, und andererseits darin, dass das Leben dem Gesetz folgen muss, dass jeder und jede Einzelne dazu verpflichtet ist, rechtstreu zum Wohle des Ganzen zu leben. Die Rechtsbefolgung hat nur dann stabilisierenden Charakter für ein Sozialgefüge und entfaltet ihre pazifizierende Wirkung, wo sie aus der inneren Überzeugung heraus erfolgt, dass so das Zusammenleben wenn nicht gar ermöglicht, so doch wenigstens erleichtert wird: *ubi ius, ibi remedium*. Gerade ein Rechtssystem wie das kirchliche ist wegen der kaum vorhandenen Möglichkeiten zur Rechtsdurchsetzung auf freiwillige Gefolgschaft angewiesen. Der Kirche und ihrem Rechtssystem kann man sich durch Nichtbeachtung entziehen. Ein kluger Gesetzgeber wird sich daher bezüglich seiner Regelungsdichte zurückhalten, um den Freiheitsraum der Einzelnen nicht zu sehr zu beschränken nach dem Grundsatz: So wenig Gesetze wie möglich und so viele Gesetze wie nötig.

Leben ist mehr als nur Gesetzesbefolgung und Rechtsunterworfenheit. Die Forderung nach einem dem Recht gemäßen Leben wird durch den Rechtsgrundsatz *summum in ius, summa iniuria*[8] (das meiste an Recht führt zum größten Unrecht) in seine Schranken gewiesen. Gerade im kirchlichen Kontext, in einer theologisch motivierten Rechtsordnung kann weder die Gnade rechtlos noch das Recht gnadenlos sein. Das Recht als Norm steht immer unter dem Anspruch der Gerechtigkeit, die sich im Letzten dem Anspruch der Gerechtigkeit Gottes stellen können muss. Die Herstellung von Gerechtigkeit ist das Ziel einer jeden Rechtsregelung. Dabei lässt sich Gerechtigkeit selbst nicht in eine Norm gießen: *Iustitia est constans et perpetua voluntas ius suum cuique tribuendi.*[9] (Gerechtigkeit ist der beständige und dauerhafte Wille, jedem sein Recht zukommen zu lassen.) Dieser Grundsatz beschreibt einen Prozess, einen dauerhaften Vorgang und keine Norm. Was aber eines/r jeden Recht ist, kann nicht abschließend in Normen gefasst werden, zu vielfältig sind die Lebenssachverhalte. Die Bestimmung des suum cuique ist ein vorrechtliches Geschehen, in dessen Anschluss das Recht die Funktion hat, den Weg festzulegen, auf dem das so Bestimmte dem/der Einzelnen zugesprochen wird. Insofern erfährt die Norm durch den Anspruch der Gerechtigkeit immer wieder eine Korrektur. Das Ziel der Herstellung einer Einzelfallgerechtigkeit ist im Leben wie im Recht nur durch das Wechselspiel von

---

8   Vgl. Cicero, de offic. I, 10, 33.
9   Ulpian, Corpus Iuris Civilis, Digesten 1, 1, 10.

Gleichbehandlungsgrundsatz und individueller Persönlichkeitsrechte erreichbar.

Die wortgetreue Anwendung einer Rechtsnorm führt nicht in jedem Falle zu einem gerechten Ergebnis, so dass unter dem Anspruch der Gerechtigkeit im kirchlichen Kontext dem „Heil der Seelen"[10] durchaus Normabweichungen geboten sein können. Doch hierzu muss feststehen, wem es zukommt, eine Norm weit auszulegen oder gar von deren Anwendung abzusehen. Hieran schließen sich die Regelungen des Gerichtswesens und des Prozessrechts an.

## 2. Theologisches Recht oder verrechtlichte Theologie?

Die Frage nach dem Recht in der Kirche hat freilich immer zwei Möglichkeiten zur Gewichtung: Ist es rechtliches Sprechen in einem theologischen Raum, oder geht es mehr um die Übersetzung einer theologischen Sprache in ein Rechtssystem? Beide Aspekte spielen immer eine Rolle. Umstritten ist, ob letzteres möglich ist. Aus der Frage der Schwerpunktsetzung ergibt sich freilich ein je unterschiedlicher Ansatz. Theologische Sprache ist in vielen Bereichen „Handeln durch das Wort". In der dogmatischen Theologie ist es nicht selten, dass auch lehrende Rede mit Rechtsfolgen versehen wird, durch die Zusätze „… ist zu glauben" oder „… ist zu halten". Letztlich ergeht hier ein Rechtsbefehl. Oder ist es ein theologischer Imperativ ohne Rechtsfolgen? Denn diese Rechtsfolgen sind zunächst äußerst mittelbar. Welche Rechtsfolgen aus dem Verstoß gegen diesen Befehl resultieren, wird erst durch ein eigenes Gesetz geregelt (can. 750 f. CIC): „… ist Häretiker". Diese als Legaldefinition daherkommende Rechtsfolge hat dann eine weitere: „…ist exkommuniziert" (can. 1364 CIC). Was eine Exkommunikation für Folgen hat, findet sich wiederum in can. 1331 CIC: „… ihm ist es verboten …". Der Ansatz über das Strafrecht veranschaulicht sicherlich das meiste, ist aber kaum von praktischer Relevanz.

Schon in dem Satz „Ich glaube" ist eine Sprachhandlung mit Rechtsfolgen gegeben, ebenso sind der Zuspruch von Trost und Beistand wie auch sakramentale Handlungen immer und zuerst vom Wort her gekennzeichnet. Selbst Gottes Schöpfungsakt geschah durch das Wort. „Im Anfang war das Wort" (Joh 1,1) – was Goethe seinen Dr. Faust übersetzen lässt mit „Im Anfang war die Tat!"[11] Beides ist richtig, denn das Wort ist Tat, insbesondere im Recht.

---

10 Vgl. can. 1752 CIC, der allerletzte Canon des kirchlichen Gesetzbuchs mahnt, dass man stets das Heil der Seelen vor Augen haben muss, das in der Kirche das oberste Gesetz sein muss. Daraus entwickelte sich der kanonistische Grundsatz: Salus animarum suprema lex. Das Heil der Seelen ist das oberste Gesetz (in der Kirche).

11 Johann Wolfgang von Goethe: Faust. Eine Tragödie. In: Goethes Werke. Bd. III. Dramatische Dichtungen I. Textkritisch durchgesehen und kommentiert von Erich Trunz [Hamburger Ausgabe]. München [16]1996, S. 44.

### a) Die kanonistische Sprache als kirchliches Tun

Die (kirchen)rechtliche Sprache wird immer zuerst von ihrer Funktion als performative Sprache, ordnend und strukturierend zu wirken, zu verstehen sein. Die kirchliche Rechtssprache hat die Aufgabe, Personen und Dinge in ein bestimmtes, ekklesiologisches Verhältnis zueinander zu setzen. Allein durch den Vorgang des Recht-Sprechens oder auch des Recht-Schreibens entsteht eine Zuordnung von Personen: Der, der das Recht setzt, unterscheidet sich von den Normadressaten und legt für sie eine Anweisung fest oder nimmt eine Verhältnisbestimmung vor, bspw.: (1) Durch den Empfang der Diakonenweihe gehört jemand zur Gruppe der Kleriker (can. 1008 i. V. m. can. 207 § 1 CIC), (2) für Kleriker gelten besondere Rechte und Pflichten (cann. 273–289 CIC), (3) aus diesen Verpflichtungen resultiert die Strafbarkeit von bestimmten Taten, die im Gesetz einzeln umschrieben sind (cann. 1392–1396 CIC). Dabei müssen sowohl der Normgeber als auch der Normadressat die Bindungswirkung des Rechts akzeptieren und sich entsprechend verhalten.

Noch deutlicher wird die Annahme, dass rechtliches Sprechen immer auch ein Tun ist, im Wort „Rechtshandlung". Eine Rechtshandlung ist vom wahrnehmbaren Geschehen aus betrachtet meist nicht mehr als Aufschreiben oder Aussprechen von Worten: Eine Ernennung (zu einem Amt), der Abschluss eines Vertrages oder auch die gerichtliche Feststellung bspw. der Nichtigkeit einer Ehe sind nichts anderes als das Äußern von Wörtern. Wenn die Kirche sich rechtlich äußert, geschieht etwas Kirchliches. Wenn sie das nach ihrem Verständnis „Göttliche Recht" anwendet, geschieht etwas Theologisches v. a. etwas Soteriologisches. Der Realakt spielt freilich auch im kirchlichen Recht eine wichtige Rolle, bspw. bei der Besitzergreifung eines Diözesanbischofs (can. 382 § 3 CIC) oder die Profanierung eines Kirchengebäudes durch Abriss oder profanen Gebrauch (can. 1212 CIC). Etwas anderes gilt m. E. für Sakramente, die zwar auch Realakte sind, die durch das Wort begleitet werden. Doch diese Realakte sind nicht in erster Linie Rechtsakte. Die Spendung der Sakramente ist ein auch rechtliches Tun, denn die erste Zusage im Sakrament gilt zuerst der Zusage der Gnade Gottes an den/die Empfänger/in. Heilsvermittlung ist aber kein Rechtsakt. Erst in einem zweiten Schritt ist feststellbar, dass durch die Spendung auch Rechtsfolgen eingetreten sind, v. a. durch Taufe, Buße, Eheschließung und Weihe. Welche Rechtsfolgen werden durch die Eucharistie, Krankensalbung und die Firmung gezeitigt? Die handelnde Wortäußerung ist bei Sakramenten ein Tun, das den Sprechakt als Rechtsakt bei weitem überschreitet.

## b) Kirchliche Rechtssprache als theologische Fachsprache

Kirchenrechtliche Sprache ist wie jede Rechtssprache immer geprägte Fachsprache. Bei ihrem Anspruch, allgemeingültig zu sein und beinahe jeden kirchlich relevanten Lebenssachverhalt erfassen zu müssen, muss sie zugleich den Transfer vom theologisch begründeten Rechtsgutsgedanken, vom theologischen Überbau hin auf das konkrete Leben leisten. Die Rechtssprache hat nicht nur im Deutschen auf diese Weise einen eigenen „Dialekt" entwickelt. Als Behördensprache sind viele Formulierungen sofort identifizierbar. Das gilt für alle Rechtssysteme.

„In der linguistischen Fachsprachenforschung besteht mittlerweile weitgehende Übereinstimmung darüber, daß eine fachsprachliche Wortschatzvermittlung immer nur zugleich mit der Vermittlung von Fachwissen selbst erfolgen kann. Dies gilt für alle Fachsprachen; das Problem stellt sich aber vielleicht bei der Rechtssprache weitaus schärfer, weil hier die Erlernung der fachsprachlichen Semantik letztlich die Erlernung eines vollständigen Deutungssystems, einer eigenen, rechtlich konstituierten Wirklichkeitsform voraussetzt."[12] Die kirchenrechtliche Sprache steht darüber hinaus immer in einem mehrfachen Deutungshorizont: Sie ist zum einen rechtliche Fachsprache, die aber nur dann verstanden werden kann, wenn man zugleich auch den theologischen und den kirchlichen Horizont kennt, aus dem heraus und in den hinein sie spricht. Ein wesentlicher Teil dieses theologischen Deutungshorizontes ist zudem ein Verständnis für die Wirklichkeit der Kirche als Institution, in ihrer theologisch-ekklesiologischen Struktur einerseits und in ihrer tatsächlich sozialen Form andererseits. Dietrich Busse hat diesen Deutungs- bzw. Verstehenshorizont von normativer Sprache als „Wissensrahmen" bezeichnet, der zu berücksichtigen ist bzw. der zu kennen ist, will man den Gehalt eines rechtlichen Textes, v. a. eines Gesetzes erfassen.[13] Hier ist Sprachverständnis ohne Fachwissen schließlich nicht mehr möglich. Der Rechtsbeistand wird so zum Sprachbeistand, zum Dolmetscher der Rechtssprache in die Alltagssprache.

Während im gesellschaftlichen, säkularen Kontext zwischen der Alltagssprache und der juristischen Fachsprache eine große Wechselwirkung besteht, da beide Sprachwelten sich in der Geschichte wesentlich beeinflusst haben und

---

[12] Dietrich Busse: Rechtssprache als Problem der Bedeutungsbeschreibung. Semantische Aspekte einer institutionellen Fachsprache. In: Sprache und Literatur in Wissenschaft und Unterricht 29 (1998) H. 81, S. 24–47, hier S. 44.

[13] Dietrich Busse: Textinterpretation. Sprachtheoretische Grundlagen einer explikativen Semantik. Opladen 1991, S. 88ff.

auch heute noch beeinflussen,[14] ist für das kanonische Recht das Lateinische nach wie vor maßgeblich, so dass hier eine Fremdsprache zur Fachsprache wird. Die Übersetzungen sind insofern freilich nur Interpretationen, aber nicht der authentische Normwortlaut, „nichtsdestoweniger lebt die kirchliche Rechtspraxis aus der jeweils sprachlichen Vermittlung der normativen Texte in einzelsprachliche Kontexte und von einer sich in diesen nationalen und sprachlichen Kulturen entfaltenden kirchlichen Rechtspraxis und Rechtssprache."[15] Da diese Rechtssprache sich im Kontext von Kirche entfaltet, ist von ihr zu erwarten, dass sie sich sowohl im juristischen als auch im theologischen Wissensrahmen bewegen kann und sich ebenso den Herausforderungen stellt, juristisch wie theologisch korrekt zu sein und sich aus beiden Wissensrahmen heraus zu vermitteln. An dieser Stelle darf keine Einschränkung hinsichtlich der Fachlichkeit vorgenommen werden, die einen „nur juristischen" oder einen „nur theologischen" Verstehens- und Deutungshorizont annimmt.[16] Die kirchliche Rechtssprache muss ihr Regelungsobjekt voll erfassen und aus ihm heraus geprägt sein. Somit befindet sich die Sprache des Kirchenrechts in mehreren Wissensrahmen: im Rahmen von Kirche als realer, verfasster Gemeinschaft (ecclesia manifesta), im Rahmen ihrer dem zugrunde liegenden Ekklesiologie, die sich wiederum nur im Rahmen der Theologie verstehen lässt. Darüber hinaus steht sie im Rahmen der Rechtswissenschaften, um ordnend wirken zu können.

Grafik 1: Wissensrahmen

| Rechtswissenschaft | Theologie |
| | Ekklesiologie |
| | Ecclesia manifesta |
| | Kirchenrecht |

---

14 Vgl. Judith Hahn: Recht verstehen. Die Kirchrechtssprache als Fachsprach: rechtslinguistische Probleme und theologische Herausforderung. In: Thomas Schüller; Martin Zumbült (Hrsg.): Iustitia est constans et perpetua voluntas ius suum quique tribuendi. Festschrift für Klaus Lüdicke zum 70. Geburtstag, Essen 2014, S. 163–198, hier vor allem S. 168f.
15 Ebd., S. 176.
16 Anderer Ansicht ist: Hahn: Recht verstehen (wie Anm. 14), S. 183f.

## c) Rechtssprache als Funktionssprache

In Ansehung des Wissensrahmens um die Sprache des Rechts und um das Rechtssystem selbst wird deutlich, dass rechtliche Sprache eine ganz bestimmte Funktion hat. Sie soll dazu beitragen, das Leben zu ordnen. Um dieser Ordnung willen kann sie nicht anders als zu kategorisieren und sprachlich zu vereinfachen. Dinge werden einander zugeordnet, in Fallgruppen gegliedert und in Rechtsbereiche unterteilt. Damit wird die unübersehbare Zahl von Lebenssachverhalten dem Recht erst zugänglich gemacht. Kein Fall ist gleich, aber die Rechtsfolgen gleichen sich in ähnlichen Fällen. Das Recht und die Rechtssprache haben also zuerst die Funktion, Ähnliches zu erkennen und zuzuordnen. Das führt häufig dazu, dass die Rechtssprache immer wieder zu denselben Wörtern greifen muss. Dazu muss aus dem Lebenssachverhalt immer erst das Vergleichbare, das *Tertium comparationis* herausgetrennt werden, um es der Rechtsfolge zuordnen zu können. Dies geschieht mit den Mitteln einer Sprachlogik. Es werden „Sprachgleichungen" aufgestellt, die i. d. R. eine Unbekannte haben, nach denen hin diese Gleichung aufgelöst werden muss. Die Schritte der Definition und Subsumtion machen auf diese Weise einen Sachverhalt rechtlich handhabbar. In diesen Schritten wirkt juristische Sprache spröde und ungelenk. Sie kann es aber anders nicht fassen, wenn sie ihre Aufgabe erfüllen soll.

## 3. Der Zwang zur Eindeutigkeit

Rechtssprache ist zuerst um Eindeutigkeit bemüht. Aus fachlicher Sicht aber lässt sich „die Rechtssprache" gar nicht isolieren. Rechtliches Sprechen muss schon im Vorfeld wissen, woran es gerichtet ist: Rechtliches Sprechen im Kontext der Rechtswissenschaften kann sich andere Formulierungen erlauben als rechtliches Sprechen mit einer Außenwirkung, also sprechen auf einen Nicht-Fachmann hin, der mit dem juristischen Sprachspiel nicht vertraut ist. Viele Normen sind direkt an die Rechtsunterworfenen gerichtet, so dass eigentlich jede/r eine Norm verstehen können muss. Vor allem im Strafrecht muss sie so verständlich und eindeutig sein, dass jede/r dem Gesetz entnehmen kann, was er/sie darf und was nicht, ob ein Verhalten und ggfs. mit welcher Strafe es bedroht ist. Schon beim Ansatz rechtlichen Sprechens im Gesetz sind die Rechtsbereiche zu unterscheiden: Während es im öffentlichen Recht und auch in vielen Bereichen des Zivilrechts auslegungsbedürftiges und auslegungsfähiges Sprechen auf den/die Einzelne/n hin gibt, ist in den Bereich des Strafrechts und der Verwaltung Eindeutigkeit verlangt. Das öffentliche und das zivile Recht wählt bewusst offene Formulierungen, die einer Vielzahl von

Sachverhalten zugänglich sind. Nicht selten werden v. a. in staatlichen Gesetzen Regelbeispiele aufgeführt, die dann um eine auffangende Generalklausel ergänzt werden. Diese offenen Tatbestände sind dann von der Rechtsprechung zu füllen. Im Bereich des Strafrechts muss der/die Normadressat/in wissen, welches konkrete Verhalten strafbewehrt ist und im Bereich der Verwaltung muss er/sie dem Verwaltungsbefehl (can. 49) entnehmen können, was zu tun ist. Rechtliche Sprache hat verschiedene Sprachfelder. Die Ausrichtung des Rechtstextes auf die jeweiligen Adressaten und auf die jeweilige Situation mit ihrer Regelungsmaterie führt zu unterschiedlichen Sprechweisen. An den drei Hauptformen rechtlichen Ausdrucks soll dies erläutert werden.

**a) Gesetzessprache**

Die erste Form der Rechtssprache ist das Gesetz. Im Gesetz erfolgt die Zuordnung eines unbestimmten, aber möglichst bestimmbaren Lebenssachverhalts zu einer Rechtsfolge. Zum einen sind im Gesetz Legaldefinitionen möglich, die die Rechtsbegriffe näher bestimmen, bspw.: „Eigentum ist das Recht, im Rahmen der Gesetze mit einer Sache nach Belieben zu verfahren." Eigentum beschreibt also nicht den Gegenstand, sondern das Verhältnis einer Person zu ihm. Schon hier fallen Alltags- und Rechtssprache häufig auseinander. Das bekannteste Beispiel hierfür ist im staatlichen Recht der Unterschied zwischen Besitz (tatsächliche Sachherrschaft) und Eigentum (s. o.), was im Alltag sprachlich meist nicht unterschieden wird. Im kanonischen Recht ließe sich der Begriff „Laie" (can. 207 § 1 CIC) nennen. Was im Alltag einen Nicht-Fachmann bezeichnet, meint im kanonischen Recht und in der Theologie aber den Nicht-Kleriker, auch den, der Theologie studiert hat und diesbezüglich Fachmann ist. Ferner unterscheidet der Codex in can. 96 begrifflich zwischen Mensch (*homo*) und Person (*persona*), was ebenfalls keine alltagssprachliche Entsprechung hat und theologisch-anthropologisch nur mit Blick auf den Empfang Taufe verständlich ist: Gleichwürdig aufgrund ihrer Geschöpflichkeit sind alle Menschen, getauft oder ungetauft, nur durch die Taufe kommen bestimmte Rechte und Pflichten mit der Kirchenmitgliedschaft hinzu.

Die meisten Gesetze hingegen nehmen eine abstrakt-generelle Regelung vor, die zwar mögliche, aber noch nicht eingetretene Sachverhalte erfassen sollen. Unter diese Regelung muss der konkrete Sachverhalt, das tatsächliche Lebensereignis erst noch subsumiert werden. Das Gesetz fungiert also prospektiv: Es versucht, aus einem Erfahrungswissen heraus auf Zukunft hin Lebenssachverhalte zu ordnen und ggfs. einen Verstoß gegen diese Ordnung zu sanktionieren. Das führt dazu, dass die Sprache des Gesetzes so technisch und wenig anschaulich klingt. Mit Alltagssprache hat das meist wenig zu tun.

„Aufgrund dieser Interferenzen zwischen fachsprachlicher und alltagssprachlicher Bedeutung vieler Rechtsbegriffe muß eine semantische Beschreibung der Rechtsprache zusätzlich zur Darstellung der häufig uneindeutigen rechtssprachlichen Bedeutungselemente eine Abgrenzung zu den alltagssprachlichen Bedeutungen derselben Wortformen vornehmen. Dabei muß besonders herausgestellt werden, daß die rechtssprachliche Bedeutung auf semantischen Merkmalen beruht, die ohne die Berücksichtigung komplexer juristischer Wissensrahmen (etwa der Rechtsdogmatik und Gesetzesauslegung) nicht verstanden werden können."[17] Die Sprache des Gesetzes kann es sich in bestimmten Fällen erlauben, reine Fachsprache zu sein, die von Rechtsanwendern erst übersetzt werden muss.

Dabei spannt sich das Sprachfeld der Gesetze an zwei Polen aus: Auf der einen Seite will die Norm selbst möglichst viele (unbekannte) Lebenssachverhalte auch auf Zukunft hin erfassen und ist als abstrakt-generelle Regelung formuliert. „Gerade bei Gesetzesbegriffen ist es anschaulich, daß es dem Gesetzgeber gar nicht darauf ankommen kann, die Begriffe möglichst eindeutig zu verwenden, sondern daß es ein sinnvolles strategisches Ziel ist, eine möglichst große Offenheit oder Ausfüllungsbedürftigkeit zu erzielen, damit der Gesetzestext auch bei einer Veränderung der Lebenswirklichkeit noch auf eine Vielfalt von Sachverhalten bezogen werden kann und so seine Regelungsfunktion behält."[18] Daher finden sich in vielen Normen unbestimmte Rechtsbegriffe, die entweder erst noch definiert werden müssen oder aber so offen sind, dass sie durch Wertungen gefüllt werden können, wie etwa „gerechter Grund" (cann. 56, 72, 90 CIC u. ö.) auf der Tatbestandsseite oder auch „gerechte Strafe" auf der Rechtsfolgenseite (cann. 1328, 1341 CIC u. ö.).[19] Auf der anderen Seite muss in der Rechtsanwendung ein konkret-individueller Sachverhalt geregelt werden: Der konkrete Lebenssachverhalt wird unter die abstrakt-generelle Norm subsumiert und mündet (meist) in einer Handlungsanweisung. „[D]ie spezifische Semantik und Institutionalität der R[echtssprache] und v. a. G[esetzessprache] muß daher darin gesehen werden, daß sie die zwei auf den ersten Blick widersprüchlichen Ziele der konkreten Offenhaltung von (Be)deutungsspielräumen bei gleichzeitiger grundsätzlicher Festlegung in-

---

17 Busse: Rechtssprache als Problem der Bedeutungsbeschreibung (wie Anm. 12), S. 36.
18 Ebd., S. 28.
19 Vgl. Hahn: Recht verstehen (wie Anm. 14), S. 178.

nerhalb bestimmter Grenzen zugleich verwirklicht."[20] Der Anspruch der/des Rechtsunterworfenen ist zudem der, eindeutig zu wissen, was für sie/ihn gilt, was sie/er tun soll/darf/kann, und was nicht, welche Handlungsanweisungen sich für sie/ihn aus einer Norm ergeben bzw. welche Rechtsfolgen für sie/ihn aus einem Tun oder Unterlassen resultieren.

Da das Strafrecht die Handlungsfreiheit des/der Einzelnen stark einschränkt, und Strafe immer die ultima ratio ist, ist es eng auszulegen. Der Gesetzgeber wird bei der Formulierung des Gesetzestextes von vornherein um größtmögliche Eindeutigkeit bemüht sein. Bei aller Unzulänglichkeit, die auch hier noch bestehen kann, gilt die so genannte „Wortlautgrenze" als die Auslegungsgrenze. Doch auch die für Strafnormen vorgeschriebene „enge Auslegung" (can. 18 CIC) ist die Herstellung einer Textvarianz, die sich darum bemüht, ein Tatbestandsmerkmal so genau wie möglich für den Einzelfall zu fassen. Die Frage, welche Auslegung dann „weit" und welche „eng" ist, ist im Ergebnis eine Form der Wertung, die nicht selten im Wege der Rechtsfolgenabschätzung erfolgt, also ergebnisorientiert ist.

Das beste Beispiel aus dem kanonischen Recht ist ein „Verstoß gegen das sechste Gebot", der in can. 1395 §§ 1 und 2 CIC für Kleriker mit Strafe bedroht ist. „Du sollst nicht die Ehe brechen!" heißt es im Wortlaut des sechsten Gebots, Ex 20,14. Bei einer wortgetreuen Auslegung führte dies dazu, dass diese Straftat nur von oder mit wenigstens einem Verheirateten begangen werden kann. Eine Ehe, die gebrochen wird, setzt begrifflich Ehepartner voraus. Die sexualisierte Gewalt an Minderjährigen durch einen Priester wäre demnach nicht strafbar, weil weder der Priester noch der/die Minderjährige i. d. R. verheiratet sind. Bei wortgenauer Anwendung könnte die Straftat allenfalls von einem ständigen Diakon begangen werden, nur dieser kann i. d. R. Ehemann *und* Kleriker sein. Indes kann diese Norm nur dann (die intendierte) Wirkung entfalten, wenn der Tatbestand „gegen das sechste Gebot" entgegen dem Wortlaut auf alle Bereiche des (außer- oder unehelichen) Sexuellen ausgedehnt wird. Die nächste Schwierigkeit taucht bei der Bestimmung dessen auf, was zum Bereich des Sexuellen gehört und was nicht, wo die Grenzen des Strafbaren erreicht werden. Hier hat sich der oberste Gesetzgeber in einen Sprachgebrauch zurückgezogen, der zwar mit der Tradition begründbar ist, der aber dem Sprachverständnis, das einer engen Auslegung zugänglich wäre, nicht entspricht. Möglicherweise ist es gar Ausdruck einer

---

20 Dietrich Busse: Die juristische Fachsprach als Institutionensprache am Beispiel von Gesetzen und ihrer Auslegung. In: Lothar Hoffmann; Hartwig Kalverkämper; Herbert Ernst Wiegand (Hrsg.): Fachsprachen. Ein internationales Handbuch zur Fachsprachenforschung und Terminologiewissenschaft. Berlin, New York 2000, S. 1382–1390, hier S. 1384. Ergänzungen durch mich.

gewissen Schamhaftigkeit, die sich nicht traut, die strafbaren Tathandlungen genauer zu benennen. „Gegen das sechste Gebot" ist also zu einem Fachterminus geworden, der erst noch übersetzt werden muss. Die Wortlautgrenze kann bei dieser Form der Normierung nur eingehalten werden, wenn „gegen das sechste Gebot" als geprägter Fachbegriff jede nichteheliche sexuelle Handlungen in jeder Form umfasst. In Ansehung der Worte Jesu aus Mt 5,28[21] kann diese Auslegung zu einer unüberschaubaren Fülle von Straftaten führen, auch wenn die fehlende Wahrnehmbarkeit dieser Delikte eine Strafverfolgung ausschließt. Als Wissensrahmen für ein zutreffendes Verständnis der Gesetzessprache ist hier also zusätzlich die biblische Hermeneutik von Bedeutung. Diese „semantische Abstraktion" hat zwar zur Folge, dass eine Vielzahl noch unbekannter Delikte mit der Norm erfasst werden können, so kann auch der Besitz oder das Verbreiten kinderpornografischer Bilder hierunter subsumiert werden, andererseits muss der Rechtsanwender, v. a. das kirchliche Gericht aber die „semantische Offenheit" bzw. „Ausfüllungsbedürftigkeit" dieses unbestimmten Tatbestandes an der Wortlautgrenze füllen.[22] Gerade im Strafrecht muss herausgestellt werden, dass der Adressat eines Gesetzes nicht allein der Jurist sein kann, der die Norm mit ihren Rechtsfolgen anwendet, sondern dass auch der/die Einzelne, dem Wortlaut entnehmen können muss, welches Verhalten sozial so destruktiv ist, dass die *ultima ratio* des Strafens greift.[23] Als Normadressat muss jeder Kleriker wissen, was mit einem „Verstoß gegen das sechste Gebot" gemeint ist, um sich rechtskonform verhalten zu können. Auch ohne Urteilsspruch muss ein/e Gläubige/r wissen, welche Rechte und Pflichten er/sie hat, unter welchen Umständen er/sie welches Sakrament empfangen kann, einen Verein gründen kann, Mitspracherechte hat usw. Die Oberen müssen wissen, unter welchen Umständen sie welches Recht einschränken dürfen. Dies öffnet den Bereich des Verwaltungsrechts.

---

21 „Ich aber sage euch: Wer eine Frau auch nur lüstern ansieht, hat in seinem Herzen schon Ehebruch mit ihr begangen."

22 Zu den Begriffen vgl. Busse: Die juristische Fachsprache als Institutionensprache (wie Anm. 20), S. 1388.

23 Anderer Ansicht ist: Dietrich Busse: Textsorten des Bereichs Rechtswesen und Justiz. In: Gerd Antos; Klaus Brinker; Wolfgang Heinemann u. a. (Hrsg.): Text- und Gesprächslinguistik. Ein internationales Handbuch zeitgenössischer Forschung. Berlin, New York 2000, S. 658–675, hier S. 660: Es müsse festgestellt werden, „primäre Adressaten von Gesetzestexten sind Juristen, nämlich v. a. die Richter, die aus diesen Texten bestimmte Handlungsanweisungen (Strafbarkeit und Strafmaß im Strafrecht; Kenntnisse über Rechtsverhältnisse als Entscheidungsgründe für Streitfälle im Zivilrecht) beziehen, wie sie einen anliegenden Rechtsfall zu entscheiden haben."

**b) Behördensprache**

In der zweiten Form rechtlichen Sprechens erfolgt eine konkrete rechtliche Anordnung in einem Über- und Unterordnungsverhältnis. Hier ist das große Feld des Öffentlichen Rechts und des Verwaltungsrechts angesprochen. Im Verwaltungsakt wird auf der Grundlage einer gesetzlichen Ermächtigung vom Rechtsunterworfenen ein (vom Gesetz gedecktes) Tun oder Unterlassen gefordert oder genehmigt. Der Begriff des staatlichen Verwaltungsaktes umfasst hierbei „jede Verfügung, Entscheidung oder andere hoheitliche Maßnahme, die eine Behörde zur Regelung eines Einzelfalls auf dem Gebiet des öffentlichen Rechts trifft und die auf unmittelbare Rechtswirkung nach außen gerichtet ist." (§ 35, Satz 1 VwVfG) Er wird von der Allgemeinverfügung unterschieden (ebd. Satz 2). Das kanonische Recht unterscheidet zwischen Verwaltungsakt (*actus administrativus*) als einer Entscheidung oder Verleihung für den Einzelfall, auch ohne dass ein Antrag hierfür gestellt wurde (can. 48 CIC) und dem Verwaltungsbefehl (*praescriptum singulare*), mit dem ein Tun oder Unterlassen auferlegt wird (can. 49 CIC). Die hierfür zu verwendende Sprache steckt in dem Dilemma, dass sie einerseits rechtlich eindeutig und korrekt das Gewollte formulieren muss und andererseits für den Adressaten ebenso eindeutig und verständlich sein muss. Auf diesem Feld ist der juristische Dialekt besonders ausgeprägt, denn viele Behörden haben sich in ihrem Sprachgebrauch eingerichtet, indem sie bestimmte Begriffe als Fachbegriffe mit einer eindeutigen Bedeutung belegt haben. So kann bspw. ein Verwaltungsschreiben eine gesetzlich geforderte „Anhörung" sein und mit einer „Rechtsbehelfsbelehrung" ausgestattet werden, Vokabeln, die gelegentlich auf Unverständnis stoßen, weil sie in der Alltagssprache nicht vorkommen. Moderne Behörden sind hier um „Abhilfe" bemüht. Im kirchlichen Prozess erfolgt die „Ladung", womit meist nicht mehr gemeint ist, als die andere Seite eines Prozesses darüber zu informieren, dass das Verfahren begonnen wurde und nunmehr die Gelegenheit besteht, sich dazu zu äußern.

Im kirchlichen Alltag sind Verwaltungsakte von großer Bedeutung. Sie können in der Ernennung eines Pfarrers oder in dessen Versetzung, in der Zuweisung von Haushaltsmitteln oder Zuschüssen, in der Erteilung von Firmvollmachten oder der Erlaubnis zur Erwachsenentaufe bestehen ebenso wie in der Profanierung von Kirchen oder der Fusion von Pfarreien. Für all diese Maßnahmen gibt es entweder eine normative Grundlage oder es liegt ein entsprechender Antrag vor. Verwaltungsrechtliche Sprache ist immer gegenwartsbezogen: Hier und jetzt ist ein Vorgang zu klären, ein unmittelbar bevorstehendes oder gar gegenwärtiges Ereignis soll rechtskonform gestaltet werden.

Im staatlichen Recht gilt die Maxime des Minimaleingriffs, d. h. dass der Staat seinen Bürger/innen gegenüber möglichst wenig Handlungsanweisungen oder -einschränkungen erlassen soll, da der Grundsatz der allgemeinen Handlungsfreiheit gilt. Ohne Rechtsgrundlage darf der Staat seine Bürger in ihren Rechten nicht einschränken. In der hierarchisch verfassten Gemeinschaft der Kirche gilt dieser Grundsatz der allgemeinen Handlungsfreiheit indes nicht. Der Gesetzgeber bestimmt, was dem/der Einzelnen zukommt und welche Rechte er/sie hat. Eine strenge „Grundrechtsbindung" der Autoritäten ist nur rudimentär ausgebildet, die Ermessensspielräume der Verwaltung sind sehr viel größer, ohne dass es eine dem staatlichen Recht vergleichbare ausgeprägte Ermessenslehre oder Verwaltungsgerichtsbarkeit gibt.

Im kirchlichen Rechtskontext gibt es neben Verwaltungsakten und Verwaltungsbefehlen, die eine Rechtsbindung voraussetzen, auch Dispensen. Eine Dispens ist etwas anderes als eine Genehmigung: Im staatlichen Recht ist eine Genehmigung zu erteilen, wenn die Voraussetzungen hierfür erfüllt sind. Insofern ist die Genehmigung eine gebundene Entscheidung. Bei einer Dispens (Befreiung von einem rein kirchlichen Gesetz im Einzelfall, can. 85 CIC) hingegen handelt es sich um einen Gnadenakt, auf den kein Rechtsanspruch besteht. Das Gesetz (cann. 85–93 CIC) bestimmt lediglich, wer dispensieren darf und wovon dispensiert werden darf. Dabei muss aber immer ein „gerechter und vernünftiger Grund" vorliegen (can. 90 § 1 CIC). Was das aber im konkreten Fall ist, hat der zu entscheiden, der die Dispens erteilt. Das kirchliche Gesetz geht sogar so weit, dass im Zweifel über das Genügen des Dispensgrundes die Gültigkeit und Erlaubtheit einer Dispens anzunehmen ist (can. 90 § 2 CIC). Die Dispens kann begehrt oder beantragt werden. Wenn sie gewährt wird, hat sie gleichwohl eine andere Rechtsfolge als eine Genehmigung: Sie macht aus einem rechtswidrigen Tun ein rechtmäßiges Tun, weil für diesen Einzelfall die Rechtswidrigkeit außer Kraft gesetzt wurde.

Auf dem Hintergrund dieses Wissensrahmens erklärt es sich auch, warum kirchenrechtliches Sprechen häufig so fremd, einerseits so unkirchlich und untheologisch klingt und andererseits mit der Sprache des Rechtsstaates kaum vergleichbar ist. Es muss zum einen technische Fachsprache sein, die deutlich macht, dass bei dem rechtlichen Sprechen, also dem rechtlichen Sprechakt, die Zuständigkeiten gewahrt wurden, die Rechtsgrundlagen beachtet wurden und nur die zulässigen Rechtsfolgen gesetzt wurden, zum anderen muss es der Kirche als hierarchisch verfasste Gemeinschaft genügen. Gemeinsam mit einem staatlichen Verwaltungsakt ist aber das Ziel, dass der/die Empfänger/in des öffentlich-rechtlichen Aktes sich auf den „Bescheid", die „Genehmigung" oder auch die „Dispens" verlassen können muss und (Rechts-)Sicherheit entsteht, so dass er/sie nicht rechtswidrig handelt.

## c) Urteilssprache

In der dritten Hauptform der Rechtssprache erfolgt das, was rechtliches Sprechen am deutlichsten wahrnehmbar macht, nämlich die Rechtsprechung. Im Urteil wird ein bestimmtes Rechtsverhältnis zwischen zwei Beteiligten gestaltet oder festgestellt. Dies ist ein vergangenheitsbezogenes Tun, denn das Urteil kann nur einen in der Vergangenheit liegenden Sachverhalt behandeln. Zur Feststellung des Rechtsverhältnisses genügt in aller Regel ein einziger Satz, der im Urteilstenor zu finden ist: „A wird verurteilt, an B den Betrag Z zu zahlen." Ein solcher Tenor schafft Klarheit darüber, wer wem was woraus zu leisten hat: Die Personen werden namentlich benannt, der Geldbetrag wird der Höhe nach genannt und es wird gesagt, was mit diesem Betrag zu geschehen hat. Mehr muss der Urteilsempfänger eigentlich nicht wissen. Das Urteil muss in seiner Begründung aber freilich auch die rechtlichen Grundlagen und Gründe nennen, warum diese Zahlung zu erfolgen hat. Auch wenn die Richter um Verständlichkeit bemüht sein werden, werden sie im Zweifel der rechtlichen Korrektheit und Eindeutigkeit den Vorzug geben, so dass Urteilsbegründungen nicht selten für den Laien schwer verständlich sind. Der Richter muss die im Gesetz vorgefundenen, teils unbestimmten Rechtsgriffe füllen. Gerichte sind mehr, als nur „Rechtsanwendungsautomaten", in die man Sachverhalt und Gesetz hinein tut und am Ende ein Urteil herauskommt. Das Gericht wertet auch. „Durch die konkretisierende und also nicht bloß reproduktive Funktion der rechtsanwendenden Organe im Bereich der Applikation von Generalklauseln und wertausfüllungsbedürftigen Rechtsbegriffen muss sich, wie bereits schon angesichts der nomopoietischen Dimension der Rechtsfindung im Lückenbereich, der axiomatischen [sic!] Angelpunkt dieses Methodenkonzepts in seiner Reduktion der Rechtsgewinnung auf die Aktualisierung der im Willen des Gesetzgebers bereits vorgebildeten Falllösung als Fiktion erweisen."[24] Dieses Zitat selbst macht die Schwierigkeit bei der Vermittlung rechtlicher Inhalte selbst innerhalb der Wissenschaften sehr anschaulich – um wie viel mehr bei der Vermittlung nach außen hin, etwa in einem Urteil.

Das Leistungsurteil enthält eine Handlungsanweisung. Anderes gilt für das Feststellungsurteil. Diese Urteilsform, die v. a. bei kirchlichen Eheverfahren anzutreffen ist, trifft, wie der Name sagt, eine rechtliche Feststellung: „Es steht fest, dass Ehe zwischen A und B, die am ... in ... geschlossen wurde, nichtig ist, weil ..." Was das aber für die Beteiligten nun bedeutet, kann erst in einem zweiten Schritt erfasst werden: dass die Parteien an die verfahrensgegenständliche

---

24 Gerhard Neudecker: Ius sequitur vitam – Der Dienst der Kirchengerichte an der Lebendigkeit des Rechts. Zugleich ein Beitrag zur Vergleichung des kanonischen und staatlichen Rechtssystems. Berlin 2013, S. 612.

Ehe nicht gebunden und frei zu einer neuen kirchlichen Eheschließung sind, weil die erste Ehe nicht wirksam lebenslang gebunden hat.

Für die Kirchenrechtssprache, insbesondere die gerichtliche, stellt die Rede von der Nichtigkeit der Ehe ein großes Problem in der Kommunikation zwischen Fachsprache und Alltagssprach dar. Die Nichtigerklärung einer Ehe bedeutet im Alltagsverständnis vieler Menschen, dass die Feststellung getroffen werde, es sei nichts gewesen, die Ehe sei nicht existent gewesen. Mit der Feststellung der Nichtigkeit einer Ehe werde also etwas ungeschehen zu machen versucht, was aber tatsächlich stattgefunden hat. Es kommt in der Formulierung nicht ausreichend zum Ausdruck, dass in der Zeit bis zur Annullierung die Ehe tatsächlich gelebt wurde, auch wenn schon zum Zeitpunkt der Eheschließung nicht alle Voraussetzungen erfüllt waren, die für eine lebenslange Bindung der Partner erforderlich gewesen wären. „Für eine solche Ehe, ein nichtiges Rechtsinstitut, das jedoch gelebt wurde, also soziale Realität war – und dem bis zum Beweis des Gegenteils die Gültigkeitsvermutung anhaftet, hat der Gesetzgeber eine Rechtsfigur entwickelt, die das Phänomen von rechtlicher Nichtigkeit bei gleichzeitiger sozialer Wirklichkeit in Worte fasst: die Putativehe. Hierunter versteht er die nichtige in kanonischer Eheschließungsform geschlossene Ehe, in Bezug auf die mindestens einer der Partner der Auffassung ist, dass sie gültig sei (vgl. c. 1061 § 3 CIC) [...] So steht mit der Putativehe eine rechtsfigürliche Lösung bereit, die das Problem zu bewältigen hilft, dass Menschen nach kirchlichem Verständnis nur in der Ehe sittlich erlaubt miteinander sexuell aktiv werden dürfen und die zugleich einen Ansatzpunkt bietet, um die Ehelichkeit der Kinder zu besagen, die in einer solchen Verbindung gezeugt oder geboren wurden (vgl. c. 1137 CIC/1983)."[25]

Die Rechtsordnung selbst hat also erkannt, dass eine Annullierung einer Ehe in letzter Konsequenz Folgen hat, die sie selbst nicht will. Bei genauerem Hinsehen muss man dann aber zugeben, dass jede Ehe eine Putativehe ist, solange ihre Nichtigkeit nicht festgestellt wurde. Die bis zur Feststellung der Nichtigkeit gelebte und dann gescheiterte Ehe kann nicht beseitigt werden, sie ist bleibende Wirklichkeit, auch wenn ihr mit der Nichtigkeitsfeststellung „die Geschäftsgrundlage" entzogen und sie so zu einer „rechtsgrundlosen Ehe" wird. Wollte man auf die zivilrechtliche Dimension ausweichen, müsste man sagen: Das rechtliche Verpflichtungsgeschäft ist beseitigt worden, das darauf ruhende Verfügungsgeschäft nicht, es ist auch nicht rückabwicklungsfähig, weil gemeinsam er- und gelebte Zeit nicht rückabgewickelt werden kann. Auch das Verfügungsgeschäft ist ein Rechtsgeschäft, dessen Folgen vom Verpflichtungs-

---

25  Hahn: Recht verstehen (wie Anm. 14), S. 189.

geschäft zunächst abstrakt sind und wirksam bleiben, bis ein Rückabwicklungsschuldverhältnis entsteht, so dass empfangene Leistungen zurückzuerstatten sind. Sind die Leistungen verbraucht, können sie nicht rückabgewickelt werden, es ist allenfalls Ersatz zu leisten. An diesen Formulierungen wird deutlich, dass eine ausschließlich juristische Sprechweise im Blick auf die Ehe wenig angemessen ist und beinahe schon zynisch wirkt. Gleichwohl war diese Sprache vom früheren rechtlichen Konstrukt der Ehe als schuldrechtlichem Austauschvertrag (Synallagma) gedeckt. Die Ehe wurde einer Rechtsform gleichgestaltet, die dem heutigen Verständnis und der heutigen Bedeutung von Lebens- und Schicksalsgemeinschaft nicht entspricht. Vergleichbar wäre diese Vertragskonstruktion mit dem in Vollzug gesetzten – im Blick auf die Ehe unkündbaren – Dauerschuldverhältnis, das durch einen Anfangskonsens der Vertragsparteien begründet wird und auf das regelmäßig geleistet wird, wie etwa ein Zeitungsabo oder ein sonstiger Dauerlieferungsvertrag.

Die sprachliche und rechtliche Trennung von Verpflichtungs- und Verfügungsgeschäft ist im Blick auf das Sakrament der Ehe heute zutiefst unangemessen und theologisch nicht haltbar, da sich der Ehebegriff im II. Vatikanischen Konzil verändert hat, was die Rechtsordnung aber nur unzureichend abbildet. Im CIC von 1917 war die Ehe als synallagmatisches Schuldrechtsverhältnis über das Recht am Körper des anderen ausgestaltet. Dieses Synallagma ist aus der Ehetheologie verschwunden. Das kanonische Recht hat es nicht geschafft, sich konsequent von der schuldrechtlichen Konstruktion der Ehe zu verabschieden, was im Blick auf die Eheprozesse und die Annullierung von Ehen auf sprachliches Unverständnis stößt.

## 4. Das Beharrungsvermögen des Rechts gegenüber Neuem

Hier, wie an vielen anderen Stellen auch, zeigt sich, dass die Rechtssprache gegenüber Neuerungen und Entwicklungen ein großes Beharrungsvermögen besitzt. Das ist zum einen der Tatsache geschuldet, dass Gesetzesänderungen in der Kirche i. d. R. eine sehr lange Vorlaufzeit hatten. Papst Franziskus ist der Gesetzesänderung gegenüber zwar aufgeschlossener und änderungsfreudiger[26], doch grundsätzlich versucht ein Rechtssystem immer zuerst, neuere Entwicklungen im Rahmen des bestehenden Normgefüges zu behandeln. Mit

---

26 In seinem bisherigen Pontifikat hat er bereits zweimal den Codex geändert (Stand Juli 2017): Durch *Mitis Iudex Dominus Iesus* hat er das Eheprozessrecht reformiert und durch *Concordia inter Codices* einige Angleichungen des Lateinischen CIC an den für die katholischen Ostkirchen geltenden CCEO vorgenommen. Die von ihm begonnene Kurienreform ist noch nicht abgeschlossen. Die Reform des kanonischen Strafrechts wurde schon unter seinem Vorgänger begonnen und ist ebenfalls noch nicht abgeschlossen.

dem Anspruch, auf Zukunft hin alles geregelt zu haben, ist das Gesetz schließlich auch erlassen worden. Erst wenn deutlich geworden ist, dass sich eine Neuerung gar nicht mehr mit dem vorhandenen Gesetzesmaterial fassen lässt, entsteht der Druck zur Gesetzesänderung. Bis dahin aber wird immer wieder versucht, alles mit dem vorhandenen Instrumentarium zu bewältigen.

Von der Herausforderung her, alle Sachverhalte in das bestehende Normgefüge einpassen zu müssen, ist dann auch der Hang der Rechtssprache zu Wortungeheuern zu erklären, im Deutschen häufig durch die Substantivierung und die Bildung von Kettenwörtern gekennzeichnet. Daneben besitzt die staatliche deutsche Rechtssprache eine Abneigung gegen Fremdwörter. Dies steht in gewisser Spannung zum Hang der Kanonistik, stets die lateinische Sprache zu bemühen. Das ist einerseits korrekt, andererseits aber unverständlich und bei der Rückübersetzung fehleranfällig. Z. B. hat man versucht, das deutsche und damit lokal sehr begrenzte Phänomen des Kirchenaustritts mit dem (mittlerweile aus dem Codex gestrichenen) Tatbestand des „formalen Abfalls von der Kirche" (*actus formalis defectionis ab ecclesia*, cann. 1086, 1117, 1124 a. F. CIC) zu fassen, was aber unter Kirchenrechtlern aus rechtssystematischen Gründen sehr umstritten war. Ferner hat das kanonische Recht z. B., wie die gesamte Theologie auch, noch keinen positiv definierten Begriff für „Laien" gefunden, auch wenn nach der Theologie vom Volk Gottes aus dem II. Vatikanischen Konzil dies die Ausgangsgröße für die gesamte Kirche ist. Noch immer sind über 95 Prozent der Kirche als „Nichtkleriker" gefasst und somit ist die Kirche rein sprachlich immer noch eine (reine) Klerikerkirche – wenn man den sprachlichen Ausgangspunkt zugrunde legt und unterstellt, dass die Sprache die Wirklichkeit abbilden soll: Es gibt Kleriker, und „die übrigen heißen auch Laien." So formuliert es can. 207 § 1 CIC. Es wedelt der Schwanz mit dem Hund. Hier aber hat der theologische Wissensrahmen die Kraft, die alte Sprechweise zu überlagern, als Krücke zu entlarven und auf das sprachliche Unvermögen hinzuweisen, dass einfach noch kein besseres Wort gefunden wurde – was aber einige Kanonisten bestreiten und dem Gesetzgeber eine bewusste Setzung unterstellen.

Die kirchliche Rechtssprache ist konservativ und beharrend, weil sie als kodifiziertes Rechtssystem unter dem Anspruch geschaffen wurde, auf Zukunft hin alles geregelt zu haben. Mit dem Erfordernis, dass alles deutlich, eindeutig, rechtssicher und gerecht geregelt und geordnet wird, wirkt die Rechtssprache auch ungelenk, sperrig und im Alltag unverständlich. Das aber ist eine Notwendigkeit, die ihrer Funktion und ihrem Wissensrahmen geschuldet ist. Rechtliche Sprache muss nicht „schön" oder „modern" sein. Sie muss ihre Aufgabe erfüllen. Recht muss darüber hinaus vermittelbar sein, was voraussetzt, dass es verständlich und für jede/n nachvollziehbar ist. Es muss vernünftig sein und die Lebenswirklichkeit der Normunterworfenen treffen. Das gilt umso mehr, da sich der/die Einzelne durch Nichtbeachtung dem entziehen kann, indem er/sie der Kirche den Rücken kehrt. Die Rechtssprache bietet die Möglichkeit, klar und deutlich zu formulieren, was gilt und was nicht. Sie scheut sich daher auch davor, in pastoralen Wortwolken zu verschwinden und das Gemeinte zu vernebeln. Sie hat keinen Selbstzweck, sondern will etwas gestalten, erreichen, ordnen. Allein die Funktion, die Notwendigkeit und die Wirksamkeit des Rechts haben daher auch die Kraft, rechtliche Sprache zu verändern. „Schau' alle Wirkenskraft und Samen, / Und tu' nicht mehr in Worten kramen."[27]

---

27  Goethe: Faust (wie Anm. 11), S. 20.

# IV. AUSBLICKE

# PERSPEKTIVEN AUF EINEN VIELSTIMMIGEN CHOR

Guido Meyer

Am Ende dieser vielfältigen Zugänge zu den „Sprachen der Kirche" lässt sich nur schwerlich eine Zusammenfassung vortragen. Zu unterschiedlich waren die Sprach- und Lernorte, auf die die jeweilgen Autoren Bezug nahmen. Zu unterschiedlich auch die Blickrichtungen, so dass jedes verallgemeinernde Resümee den Intentionen und Diskussionsvorlagen der einzelnen Schreiber nicht gerecht würde. Und dennoch: Ob explizit formuliert oder implizit mitgedacht, alle Verfasser sind sich einig, dass die Kirche im Medienzeitalter an ihrer Sprache gemessen wird und dass die Zukunft der Institution Kirche – zurückhaltend formuliert – auch an ihrer Sprache hängt. Dieser Notwendigkeit einer neuen Kirchensprache zum Trotz zeigen die Beiträge auf: Eine gemeinsame Sprache der Kirche gibt es nicht; jeder Ort hat seine eigenen Anforderungen und seine eigene Sprache.

Die „Sprachen der Kirche" – so muss abschließend festgehalten werden – sind mannigfaltig. Das vorliegende Buch verzichtet aus diesem Grund weitestgehend auf pauschalisierende Rezepte. Durch die hier nur exemplarisch dargebotenen Einblicke in die unterschiedlichen Sprachformen beabsichtigte es, gängigen voreiligen Pauschalisierungen entgegenzutreten und die Reflexion weiterzutreiben. Gleichzeitig wollte es die zu Recht erhobenen Forderungen nach einer neuen und erfahrungsnahen Sprache ernst nehmen. Keinesfalls ist es die Absicht dieses Bandes, auf diese Forderungen mit dem Argument der Vielfältigkeit mit einer Immunisierungs- oder einer Verwässerungsstrategie gegen die genannten Vorwürfe zu antworten. Im Gegenteil: Durch eine seriöse Auseinandersetzung mit den zu Recht erhobenen Vorwürfen, plädieren die unterschiedlichen Aufsätze für ein detailliertes sich Befassen mit den konkreten Situationen vor Ort.

Damit allerdings wird die Vorläufigkeit des ganzen Unterfangens deutlich: Die vorgetragenen Einblicke bieten bestenfalls nur eine erste Bestandsaufnahme, der viele weitere zu folgen haben. Diese Bestandsaufnahme möchte erste Erkundungen über die Sprachspiele der Kirche in Gang bringen. Keiner der Autoren befasste sich eingehend mit einer Kommunikationsstrategie, der zufolge die Kirche so oder so im öffentlichen Raum zu artikulieren habe. Diese Übertragungsarbeit der „Sprachen der Kirche" in eine geeignete Kommunikations-

und Medienstrategie und damit verbunden nach einer passenden Sprache muss an anderer Stelle geleistet werden. Gleichwohl kann und sollte vor dem skizzierten Hintergrund dieser exemplarischen Bestandsaufnahme differenziert nachgedacht werden, welchen Beitrag der jeweilige Sprachort der Kirche zu einer erneuerten und menschennahen Sprache innerhalb des kirchlichen Spektrums beitragen kann.

Damit dies geschehen kann, müssen sich zunächst alle beteiligten Akteure einerseits der erwähnten Grundproblematik bewusst sein und andererseits sich in Dienst des zentralen Auftrags „der Kirche in der Welt" – wie es das II. Vatikanische Konzil formuliert – stellen. Andersrum und pointiert formuliert: Aufgabe der Kirche ist es nicht, ihre über Jahrhunderte gewachsene institutionelle Struktur durch die Zeit zu retten, sondern das Evangelium zu verkünden. Dass dessen Botschaft einer Sozialstruktur bedarf, steht außer Frage, hier aber geht es um die eigentliche inhaltliche Mitte der Botschaft. Und diese kreist um die Reich-Gottes-Botschaft des Nazareners und seiner Botschaft von einem menschenfreundlichen Gott als Grundlage allen Lebens. Diese Botschaft von der zuvorkommenden Liebe Gottes, die Jesus durch sein Leben und seinen Tod zur Geltung brachte, muss den inhaltlichen Kern allen kirchlichen Handelns bilden. Alle Arbeitsfelder und Lernorte der Kirche müssen einen erkennbaren Bezug zu dieser inhaltlichen Mitte haben. Geht dieser verloren oder wird dieser durch andere vermeintlich vordringlichere Anliegen verdeckt, verliert die Kirche – in moderner Managementsprache gesprochen – ihren Markenkern und verkommt zu einem verwechselbaren Anbieter auf dem unüberschaubaren gesellschaftlichen Feld weltanschaulicher Anbieter.

Der derzeitige Papst begegnet diesem Problem in geradezu idealtypischer Weise. Von seinem ersten Auftritt auf dem Balkon nach dem Konklave und dem viel kommentierten „Buona Serra" bis hin zu den zahlreichen programmatischen Reden bleibt er dieser Linie treu. Seine einfache und erfahrungsnahe Sprache, die sich ebenso von diplomatischen Verklausulierungen wie von weihvollen Resakralisierungsversuchen absetzt, verdeutlicht auf eine wohltuende Weise nicht nur den neuen Sprach- und Führungsstil, der in Rom Einzug gehalten hat, er bezeugt auf seine Weise auch, dass mit ihm eine anders gewichtete Theologie im Hintergrund steht.

Der neue, betont einfache – und dennoch nicht simplifizierende – Sprachduktus richtet sich dezidiert an alle Menschen und weicht bewusst ab von dem gewohnten binnenkirchlichen Gestus. Auf diese Weise nimmt der Papst die Forderungen der dogmatischen Konstitution *Lumen Gentium* des II. Vatikanischen Konzils bezüglich des allgemeinen Priestertums aller Getauften auf und verleiht ihr neue Konturen. Die neue Sprachform will alle Menschen erreichen und die Gläubigen in einen ständigen Diskurs mit der Welt und ihren Problemen bringen. Die großen Probleme, die der Papst immer wieder in Erinnerung ruft: der Friede, die Gerechtigkeit und der Erhalt der Schöpfung bezeugen dabei seine Orientierung an einem ethischen Universalismus, den er unverkennbar in einer christlichen Letztbegründung verankert.

Damit gibt der Papst einen Rahmen vor, den die einzelnen „Sprachen der Kirche" zwar nicht eins zu eins übernehmen sollten, der sie jedoch in einen kreativen Prozess einbindet. Denn die jeweiligen Sprachformen sind auf ihre je eigene Weise eingeladen, ihre innere Verbindung zum eigentlichen Kern ihres Auftrags schöpferisch und neu zu gestalten. Für alle „Sprachen den Kirche" gilt deshalb fortan: Nicht mehr das erbauliche und selbstreferentielle Reden ist gefordert, sondern eine Sprache, die Maß am Menschen selbst und an seinen Problemen nimmt. Eine Sprache, die alle Menschen verstehen und die auf der Grundlage verbindlicher Ideale entschieden den Austausch über die Kirchenhierarchie hinaus zu anderen gesellschaftlichen Akteuren sucht. Innerhalb dieser Sprache vernehmen wir nunmehr weniger präzise Vor- und Maßgaben aus Rom für den Rest der Welt, als eben jenen grundsätzlichen Auftrag, den das Christentum einem jeden Gläubigen überträgt und den es in je unterschiedliche Weise auf den jeweiligen Kontext zu übertragen gilt. So kündigt sich in der Sprachkultur bereits an, was in der jeweiligen inhaltlichen Übertragung noch zu leisten ist.

Mit diesem neuen Duktus fasst die Kirche Fuß in der globalisierten Welt. Das immense Medienecho, das der Papst, „den die Welt liebt" – wie es *Die Zeit* formulierte –, auslöst, liefert ein Indiz für die enorme Wirkung, die der Pontifex ohne vergleichbare politische und wirtschaftliche Macht entfaltet. Trotz diesem überaus positiven Medienbild gelingt es den westlichen Kirchen kaum, von dieser wohlwollenden Resonanz zu profitieren. Die Erfahrungen mit und in der Kirche haben über Jahre eine beachtliche Anzahl Christen aus der Kirche gedrängt. Zu weit entfernt von ihren Sorgen, Nöten und Erfahrungen erschienen ihnen die Angebote der Kirche. Aus diesem Grund müssen sich die „Sprachen der Kirche" in ihrer berechtigten bunten Vielfalt einerseits in Resonanz zu der neuen vatikanischen „Leitkultur" bringen und damit verbunden andererseits ein konturierteres eigenes Sprachverständnis entwickeln.

Die medienaffine globalisierte Welt erfordert ein ebenso plausibles wie authentisches Gesamtbild, das der derzeitige Papst überzeugend verkörpert. Gleichzeit erfordert sie eine neue und verstärkte Beheimatung und Repräsentanz vor Ort. Jede einzelne „Sprache der Kirche" stellt in diesem Sinn einen Teil des großen Ganzen dar, das sich im hochfunktionalisierten Apparat postmoderner Gesellschaften nicht nur rechtfertigen muss, sondern auch seinen Bezug zum Kern seines eigentlichen Anliegens aufweisen muss. Die Globalisierung ermöglicht auf der einen Seite eine Vernetzung mit den entlegensten Winkeln, andererseits – und geradezu komplementär dazu – drängt sie die Menschen dazu, nach einer verstärkten Beheimatung in ihrer natürlichen Umgebung zu suchen. Mit der Globalisierung einher gehen identitätszersetzenden Potenziale, die neue Bedürfnisse nach Heimat und Übersichtlichkeit wecken. Für unseren Zusammenhang bedeutet dies: Das, was der Papst im öffentlichen Raum verheißt, muss der kirchliche Vertreter vor Ort zumindest in Teilen einlösen. Auf die „Sprachen der Kirche" übertragen bedeutet dies: Ihren spezifischen und über Jahrzehnte gewachsenen Anforderungen zum Trotz muss das neu konturierte christliche Idiom im Gewand der jeweiligen Sprache nah, verständlich und authentisch durchscheinen.

Würde dies gelingen, würde der so vermeintliche Gegensatz zwischen einer religiösen und einer weltlichen Sprache gemindert. Beide Sprachen würden weniger unvermittelt einander gegenüberstehen. Identitätssuche und Identitätsfragen, die derzeit viele christliche Organisationen und Institutionen bedrängen, würden sich weniger im Modus einer Opposition zur Welt dartun.

Die „Sprachen der Kirche" sind zu vergleichen mit einem vielstimmigen Chor. Im Umgang mit diesem Chor gilt es die einzelnen Stimmen zu stärken und in ihrer Unterschiedlichkeit zu würdigen. Es gilt das Repertoire auf die Nöte und Erfahrungen der Zuhörer abzustimmen und gleichzeitig eigentliche Aufgaben des Chores nicht aus den Augen zu verlieren. Für den Chor ist nunmehr die Zeit gekommen, die Bühne zu verlassen, sich unter das Volk zu mischen und mit ihm gemeinsam die Freude am Gesang neu zu entdecken.

# VOM EINFACHEN SPRECHEN

Andreas Maier

Früher, mit sechzehn, siebzehn Jahren, war ich kein Materialist im philosophischen Sinn, ich hatte allerdings, meiner Vorstellung oder meinen Wortlauten nach, auch keinerlei Glauben in mir. Das Reden von Gott schien mir völlig sinnlos, aber eben nicht, weil ich materialistisch dagegen argumentierte, sondern grundlegender. Ich war damals ein Solipsist. Mir war der Gedanke sehr nah, daß die Welt etwas sei, von dem ich nicht wissen könne, ob sie nur meiner Vorstellung entspringe oder nicht. Im Grunde sah ich in allem nur ein möglicherweise bloß vorgestelltes Ding, von meiner eigenen Hand bis hin zu meiner eigenen Mutter, von der ich ja nicht wußte, ob sie selbst etwas sei oder nur von meiner, vielleicht vollkommen unbewußten, Vorstellungskraft in Bewegung gesetzt wurde.

Später sollte ich davon einiges bei Schopenhauer wiederfinden, wesentlich klarer gedacht. Etwa, daß ich unter dem solipsistischen Blickwinkel nur *per analogiam* darauf schließen kann, andere Menschen hätten ein Ich bzw. ein Innenleben oder eine Seele bzw. ein Bewußtsein. Was ich feststellen kann, ist: In der Welt der Erscheinungen ist ihr Äußeres mir ähnlich. Sie haben Hände und Füße wie ich. Der Analogieschluß besteht nun darin, von der äußeren Ähnlichkeit auf eine innere Ähnlichkeit zu schließen. Ein Argument gegen den Solipsismus ist das freilich nicht, bloß per Analogie in anderen ein Innenleben zu vermuten. Eher dafür.

So war die Welt ein in sich geschlossenes Etwas, in dem alles eigentlich die gleiche Wertigkeit hatte, Unterschiede zwischen den „Dingen" dort draußen wurden von mir nur aus, sagen wir, bloßer Konvention bzw. aus Faulheit gemacht. Ich will damit sagen: natürlich bin ich so aufgewachsen (hier beginnt der Solipsist bereits zu lachen), daß für mich ein Rahmschnitzel etwas anderes war als eine Folge von Urmel aus dem Eis – beides brachte mich zu einer anderen Reaktion, löste anderes in mir aus. Aber diese Unterschiede nahm ich in den dunkelsten Momenten meines Lebens nicht mehr ernst, oder waren es die triumphalsten? Es gab Zeiten, da sah ich in einem Stein, in dem Buch „Die Brüder Karamasow" oder, auch nur als Beispiel, in Fjodor Michailowitsch Dostojewskij selbst immer nur ein und dasselbe, nämlich den möglichen Trug, den ich vielleicht auch noch selbst schuf. Vorstellungsmaterial.

Deshalb interessierten mich materialistische Antigottesbegründungen nicht so sehr, weil ich ja selbst irgendwie wie Gott war, auch wenn ich es so überhaupt nicht nannte, gefangen in diesen seltsam solipsistischen Anfangsgründen meiner Person. (Ich weiß heute gar nicht mehr, wie ich darauf kam, es muß ein erster Erklärungsversuch dafür gewesen sein, daß es ein Ich und ein Außen gab. Ich habe dieses Ich nicht im Draußen verortet, was, phänomenologisch gesehen, ja auch erst einmal eine Betrachtungsweise ist, die näher liegt, als dieses Ich und das Draußen völlig vorbegrifflich und durch reinen, gewohnten Lebensvollzug stets schon zu vermengen und dadurch alles durcheinanderzubringen, als gäbe es keinerlei Unterschiede zwischen Subjekt und Objekt. Kant hat nicht gesagt: Das Wir muß alle unsere Vorstellungen begleiten können. Er hat gesagt: Das Ich muß alle meine Vorstellungen begleiten können. Dieser Satz in Wir-Form wäre eine Katastrophe gewesen und könnte in Hitlers „Mein Kampf" stehen.)

Menschen, die materialistisch gegen die Existenz Gottes argumentierten, und deren gab es viele, nahm ich also nicht so sehr ernst, weil sie für mich sozusagen in der Etappe steckengeblieben waren. Also, diese (wie ich heute sage) wohlfeilen, eigentlich nichtssagenden und erfahrungsungesättigten Sätze wie: „Wo ist denn dein Gott, zeig ihn mir!" bzw. „Ihr habt doch Gott bloß als Erfüllung eurer Wünsche konstruiert!" interessierten mich nicht sonderlich. Ebenso wenig interessierten mich Sätze von Christen, die mir tatsächlich unter erheblichem Wunschverdacht standen: „Ich möchte nicht, daß nach dem Tod alles vorbei ist, das wäre ja furchtbar." Daraus auf die Existenz eines irgendwie gearteten Himmelreichs oder eines sonstigen Nachlebens zu schließen, schien mir etwas schmalbrüstig.

Ich muß hier vielleicht sagen, daß es damals anfing, daß ich mit dem Begriff „Tod" meine Probleme bekam. Den Tod als schwarze Fläche (das übliche Klischee) konnte ich mir nur ganz kurze Zeit ausmalen. Es war aber sogar, glaube ich, weniger der Tod als das Nichts, das mir mitunter durch die Dinge durchschien. Das, was Mystiker vermutlich manchmal sehen können. Hinter allem steckt (von heute aus gesagt, meine Begriffe haben sich ja gewandelt) das göttliche Ja, aber deshalb zugleich auch die entgegensetzte Möglichkeit, nämlich daß nichts sei bzw. etwas nicht sei. Und diese Möglichkeit, das Nichtsein, kann man ja vielleicht manchmal sehen, manchmal vielleicht sogar den Dingen ansehen, dann werden sie eben durchscheinend (es gibt Leute, die mich, wenn ich so etwas sage, für entweder betrunken oder einen völligen Wirrkopf bzw. Spinner halten, andere nicht. Aber ich sah das mal eine Zeit). Wo ein Ja ist, war auch die Möglichkeit zu einem Nein gegeben.

Was diese allgemeine Vorstellung vom Tod als Gar-Nichts angeht, so habe ich damit schon sehr lang ein wiederum phänomenologisches Problem. Den Tod mir als Ruhe, als schwarze Fläche vorzustellen, das geht leider nicht auf. *Wer* soll denn diese Ruhe, diese Schwärze, dieses Nichts *genießen*? Wenn ich mich ins Bett lege, um zu schlafen, setze ich meine Person voraus. Das Ich muß alle meine Vorstellungen begleiten können. Wenn ich etwas von meinem Tod haben will (um es mal so verquer zu sagen, aber das meinen sie ja, wenn sie vom Tod als einem Nichts der kompletten Sorgenlosigkeit reden), dann muß ich ja da sein, sonst habe ich nichts davon. Nein, so geht das mit dem Tod nicht auf. Der Tod muß, glaube ich, etwas wesentlich Einfacheres sein, etwas, womit ich, sozusagen, ganz gut leben kann, wenn ich tot bin. (Es sei denn, ich komme in die Hölle, was ich gar nicht für unwahrscheinlich halte, leider.)

Der Solipsismus ist mir vielleicht nie komplett verlorengegangen, zumindest hat er sich irgendwann in eine Lebenshaltung übersetzt, hat sich abgemildert und ist dann aus meinem Blickfeld verschwunden, wobei er in seinem Verschwinden Spuren hinterlassen hat und insofern noch anwesend ist wie ein Engel, vielleicht. Denn ich war ja nie in der Welt, bevor ich in die Welt kam, sondern diese war in mir. Wenn ich heute dem lieben Gott gegenüberstehe, immer als einzelner, nicht als Teil einer wie auch immer gefaßten Gemeinde (Gott will mir ins Angesicht schauen, aber nicht einer Gruppe, in der ich bin, denn Gott ist weder ein Rhetor noch ein Gruppenpädagoge oder -führer), dann ist es immer noch der Engel des Solipsismus, der mich so einsam, dafür aber auch vollständig vor ihn stellt.

Studiert habe ich wie ein ganz normaler Mensch. Tatsächlich habe ich auch erst Anfang, Mitte zwanzig die Evangelien für mich entdeckt. Hätte ich am Beginn meines Philosophiestudiums das Matthäusevangelium gelesen, hätte ich es noch für die Rede eines Irren, die akademische Philosophie hingegen für eine recht sinnvolle und nachprüfbare und auf guten Gründen beruhende Sache gehalten. Jahre später fand ich dann die akademische Philosophie recht seltsam, und das Matthäusevangelium war eigentlich der verständlichste Text auf der Welt und der unmittelbarste Ausdruck von allem. Was war geschehen?

Was geschehen war, hatte nicht einmal etwas mit Wittgenstein zu tun, obgleich einen Wittgenstein ja zu den Worten zurückbringen kann, zumindest insofern er davon ausgeht, daß man sie benutzt und daß sie gerade darin in gewisser Weise ihren Sinn erkennbar machen.

Erstens, ganz adiskursiv, war es das Erstaunen über so etwas wie das Matthäusevangelium. Ein bloßes Verblüfftsein, ohne weitere Worte. Natürlich kannte ich gewisse Passagen der Evangelien aus den früheren Gottesdienstbesuchen.

Aber es ist schon ernüchternd, wie es damals für mich als Kind in der Kirche gewesen war, ich hatte es ja kaum ausgehalten. Schon dieser Singsang stets!: „Wort des lebendigen Gottes". Ich fand das lächerlich. Und die, die nach vorne kamen, um aus den Evangelien zu lesen: man merkte ihnen richtig an, wie sie sich vorbereitet hatten und nun gespannt waren und geradezu eine dienstmäßige Miene aufsetzten, wenn sie nach vorn gingen, und eine andachtsmäßige Haltung einzunehmen versuchten. Wie in alten Filmen der Schrankenwärter, wenn der Zug kommt, eigens seine Dienstkappe aufsetzt und erst dann die Schranke umlegt. Und dann lasen sie Fragmente, und ich verstand die ganze Aufführung nie, noch mehr: die einzelnen Passagen wurden mir dadurch kontaminiert, eigentlich verdorben, so wie mir die Beatles irgendwann verdorben waren durchs ständige Abgedudel im Radio, immer dieselben Stücke. (Das ging übrigens so lang, bis ich mir selbst, Jahrzehnte später, die späten Beatles-Alben gekauft habe, um sie am Stück, also ganz, zu hören. Nun ist jeder Song an seinem Platz, nicht vorab ausgewählt durch eine Radioredaktion in ganz anderem Zusammenhang, und nun sind die Beatles die großartige Band, die sie einfach sind.) Also war der Gottesdienst für mich immer wortlautverhindernd. Indem die Worte der Evangelien benutzt wurden, wurden sie mir entzogen. So, wie es bei Thomas Bernhard in „Minetti" heißt: Wir gehen in die klassische Literatur hinein, um von ihr verschont zu bleiben. (Im Original: „Die Menschheit flüchtet tagtäglich / in die klassische Literatur / denn in der klassischen Literatur ist sie unbehelligt".)

Vielleicht ist es hilfreich, wenn man mal eine Weile, testweise, sei es für ein zwei Tage, versucht, so wie Jesus im Matthäusevangelium zu reden. Nicht daß man sich mit ihm verwechsle, es geht nur um die Sprache, die Worte. Man lernt sie dann besser kennen, und vor allem merkt man, wie schroff sich ihre Benutzung anfühlt. Man begreift: Auf eine gewöhnliche, diskursive, lehrartige Weise begründet Jesus rein gar nichts. Man kann, würde ich sagen, nicht mit ihm reden. Es kommt einem ja auch ein sehr grober, sehr grundsätzlicher Mensch in Jesus entgegen. Familienbindungen: zählt hier nicht. Gesellschaftsordnung: Mit Jesus wäre nie Politik zu machen, nie eine Institution zu begründen (!), nie ein Vertrag zu schließen, nie eine Vereinbarung zu treffen im geschäftlichen Sinn. Ein Staat aus lauter Jesus-Gestalten würde innerhalb eines Augenblicks zu existieren aufhören, so wie das berühmte Fußballspiel bei Monty Python nicht zustandekommt (abgesehen mal vom Schluß, da fällt ja doch ein Tor). Jesus ist in unsere Welt nicht integrierbar, weil wir nicht in seine integrierbar sind, und *vice versa*.

All diese Härte wohnt Jesu Worten inne. Irgendwann begriff ich: Glaubenssprache kappt in gewisser Weise die Bindung nach außen ab, das macht sie zu dem, was sie ist. Sie ist adiskursiv. Und das ist kein Manko an ihr, sondern das Gegenteil. Ich meine damit nicht den theologischen Diskurs. Ich meine damit die ganz basalen Worte des Glaubens, die, in denen wir reden, wenn wir eben nicht gebildet reden und nicht intellektuell, nämlich daß es Gott gebe, daß er die Wahrheit sei, daß das Gute bei ihm liege und sonst nirgends etc.

Irgendwann in meinem Leben, da glaubte ich immer noch, nicht zu glauben, fiel mir auf, daß meine Sprache, natürlich auch unterstützt durch mein philosophisches Studium, ständig Umwege ging. Natürlich war ich damals noch auf der Pilatus-Seite (*quid veritas est?*). Und dennoch war das Wort von der Wahrheit ständig da, ich umschiffte es nur auf tausenderlei Weise, und so ging es mir auch mit anderen Worten, die ich aus meiner Sprache aussparte. Die größte Aussparung war natürlich das Wort Gott, das Wort, über das ich heute behaupte, daß es das einfachste, klarste und grundlegendste von allen ist. Meine sprachliche Matthäus-Evangeliums-Testphase bestand also auch darin, auch mal ein solches Wort wie Gott zu benutzen.

Es war wie bei einem chemischen Prozeß, wie bei einem Läuterwasser: Irgendwann kamen die Elemente an ihren Platz und wurden sichtbar. Meine Sprache, ich kann es nicht anders sagen, kam in Ordnung. Sie bekam dadurch natürlich auch etwas Apodiktisches. Früher hätte ich gesagt: Ich wurde dumm. Ich hörte nämlich auch ganz auf zu theoretisieren. Es war aber (natürlich dauerte der Prozeß eine Weile), wie wenn man für etwas, das man auf seinem Instrument spielt, endlich den richtigen, für einen passenden, unzweifelhaften Fingersatz findet. Man mag vorher über jedweden anderen, vielleicht auch schulbuchmäßigeren Fingersatz diskutiert haben – wenn man den richtigen gefunden hat, weiß man es sofort. Es stimmt dann einfach.

Im nachhinein kommt es mir wie eine große Wende vor, sie vollzog sich aber zum einen ganz im Kleinen – und zum anderen hat sie an meinem Leben nichts, aber auch gar nichts verändert, nur an meiner Sprache und auch der Weise, wie ich auf den Wortlaut der anderen höre und was ich darin höre, hat sich etwas geändert.

Ich beschreibe hier nicht den Beginn eines Glaubens. Es geht mir um etwas ganz anderes, nämlich um das Problem, ob sich Glauben überhaupt sprachlich vermitteln läßt (wobei ich die Frage, ob das denn wünschenswert ist, mal dahingestellt sein lasse). Ich war nun also, sagen wir, dreißig und sprach in all den Wortlauten, die ich zehn Jahre vorher ziemlich seltsam gefunden hätte. Zehn Jahre zuvor hätte ich über mich zehn Jahre später gesagt: Mann, wieder so einer, der es sich irgendwann einfach total einfach gemacht hat.

All die leeren Worthülsen, Worthülsen der *anderen*, als die mir Evangeliensätze in meinen frühen Jahren, besonders als Kind, vorgekommen waren, waren plötzlich reiche Sätze, sie trugen plötzlich das Wichtigste in sich, und es konnte auch nur auf diese Weise gesagt werden. Keinerlei Explikation durch andere, keinerlei Wortanreicherungen haben dazu geführt, daß mir diese Worte aufgingen, es lag auch nicht daran, daß ich von ganz einfachen Leuten das Exempel einer ganz einfachen, glaubhaften und überzeugenden Glaubenssprache vorgelebt bekommen hätte (obwohl ich solche Menschen natürlich kennengelernt habe), all das war es nicht.

Selbst sehr schwierige Probleme wie etwa jenes Skandalon schlechthin, die Auferstehung vom Kreuz, haben sich für mich entproblematisiert. Wenn mich Menschen fragen, ob ich an die Auferstehung Jesu glaube, sage ich ja. Wie ich dann teils angeschaut werde! Eben noch hatten sie mich für einen vernünftigen Menschen gehalten, jetzt bin ich für sie in die totale Glaubensecke abgerückt, unter die Leute, die einen spinnerten Geheimglauben haben, bei dem mit dem Unwahrscheinlichsten zu rechnen ist.

Ich pflege dann aber immer zu sagen, daß ich für das wesentlich größere Skandalon, und auch für das Unwahrscheinlichere halte, daß unsere Existenz sich in Raum und Zeit und unter gewissen naturwissenschaftlichen Regeln abspielen soll. Das kommt uns allen zwar so vor, mir auch, aber *glaube* ich daran? Ich habe nie an die Zeit geglaubt, an den Raum auch nicht. Dafür habe ich immer meinen Engel des Solipsismus an meiner Seite gehabt, um mich vor so etwas zu schützen. Ich halte, kurz gesagt, die Auferstehung Christi für das viel Einfachere als diese ganze Konstruktion aus Raum, Zeit, Linearität und Gesetzmäßigkeit, an die vielleicht ja sogar niemand im Kern seines Wesens glaubt. Wo ist also dieses Kontinuum, das Christi Auferstehung angeblich so skandalös durchbricht? Ich habe damit, kurz gesagt, keine Probleme.

Vielleicht gibt es ja gar keinen Unterschied, ob ich es mir in der Sprache schwer oder leicht mache?

Zurück zum Thema, läßt sich Glauben sprachlich vermitteln? Mir haben sich die Texte der Evangelien vermittelt, das ja, aber hauptsächlich durch sich selbst, sozusagen am Ende aller Theorie. Einmal habe ich sie in ihrer Rätselhaftigkeit (zuerst erscheinen sie ja sehr rätselhaft, bis eben dann alles andere viel eher rätselhaft erscheint) mit einer Flaschenpost verglichen, die eben durch jene Rätselhaftigkeit und Apodiktizität wenigstens unangetastet durch die Jahrhunderte kommt, unberührt vom Einspruch der Menschen.

Dennoch sage ich, in meinem Leben hat sich nichts verändert. Und das wird nun das etwas merkwürdige Fazit meines Textes über das einfache Sprechen: Mein Glauben war früher derselbe wie heute, er hat sich nur nicht so geäußert. Ich hatte eine andere Sprache, war aber doch derselbe. Denn damals war ich derselbe, der ich heute bin (wie gesagt, Raum und Zeit sind hier eher bloß akzidentiell). Kurz gesagt, nach allem was ich weiß, macht es keinen Unterschied. Das Merkwürdige und mein Fazit ist nun folgendes: Ich höre bei anderen zwar auf das, was sie sagen, aber es ist mir gleichgültig geworden, ob jemand in Glaubenssprache spricht oder nicht. Natürlich nicht völlig gleichgültig. Der Atheist hat sprachlich immer einen Vorsprung dem Glaubenssprachlichen gegenüber, so wie jedweder Skeptizismus immer einer affirmativen Philosophie einen Schritt voraus ist, das ist klassisch. Bei Skeptizisten ist für mich manchmal, wie soll ich sagen, der psychohygienische Haushalt hörbar. Das macht sie mir manchmal unangenehm. Aber grundlegend gesagt: Ob ein Mensch ein Glaubender ist, mache ich längst nicht mehr von seinen eigenen sprachlichen Zeugnissen abhängig. Ich kenne viele Christen, die Glaubenssprache benutzen, und sie sind für mich überhaupt keine Glaubenden. Ich kenne viele Menschen mit materialistischem oder skeptizistischem Vokabular, die glasklar glaubende Menschen sind, auf Gott unabweisbar bezogene Menschen, obgleich sie das nicht nur nicht wissen, sondern, eben aufgrund ihrer anderen Sprache, auch jederzeit von sich weisen würden.

Durch Sprache, glaube ich also, kann kein Mensch zum Glauben gebracht werden, höchstens zur Sprache des Glaubens. Glaube hat mit Sprache möglicherweise gar nichts zu tun. Vielleicht ist ja schon das Wort „Glauben" falsch und setzt etwas Falsches, eine Art Bekenntnis im Wort (also ein wörtliches Bekenntnis wie bei einer Vereidigung, wie bei etwas Initiationshaftem), voraus. Ich meine stattdessen stets dieses unzweifelhafte „auf Gott bezogen sein". Die einen sind es, die anderen nicht. Ich war es offenbar immer (auch wenn ich es früher nicht Gott genannt hätte), und da ich immer den Engel des Solipsismus bei mir hatte und wohl immer noch in jenem Schattenreflex per Analogie auf andere schließe, so kann ich mir eben auch bei allen anderen nur eben jene Grundbezogenheit oder das Gegenteil davon vorstellen. Wobei ich letzteres, wenn ich es mir recht überlege, eigentlich gar nicht kenne, weil es in meiner Welt nie vorkam.

*Editorische Notiz:*

Dieser Text von Andreas Maier ist in einer kürzeren Fassung zuvor unter dem Titel *Flaschenpost Evangelium* erschienen. In: Erich Garhammer (Hrsg.): Literatur im Fluss. Brücken zwischen Poesie und Religion. Regensburg: Pustet 2014. Abdruck mit freundlicher Genehmigung des Autors.

# AUTORINNEN UND AUTOREN

- Christiane **Bongartz**, Dr. theol., Pastoralreferentin, Fachstelle für Exerzitienarbeit im Bistum Aachen.

- Helmut **Dieser**, Dr. theol., Bischof von Aachen.

- Peter **Dückers**, Dr. theol., Domvikar, Referent für Liturgie und Homiletik im Bistum Aachen, Diözesanbeauftragter für den öffentlich-rechtlichen Rundfunk.

- Joachim **Frank**, Lic. theol., Chefkorrespondent der DuMont Mediengruppe, Köln, Mitglied der Chefredaktion „Kölner Stadt-Anzeiger".

- Andrea **Kett**, Referentin für das Projekt Förderung und Koordination des Ehrenamtes, zuvor für den Fachbereich Katechese und Verkündigung, Bischöfliches Generalvikariat Aachen.

- Christina **Kumpmann**, Dr. theol., Referentin für den Fachbereich Seelsorge im Sozial- und Gesundheitswesen, Bischöfliches Generalvikariat Aachen.

- Georg **Langenhorst**, Dr. theol. habil., Professor für Didaktik des katholischen Religionsunterrichts und Religionspädagogik, Katholisch-Theologische Fakultät, Universität Augsburg.

- Andreas **Maier**, Dr. phil., Schriftsteller.

- Guido **Meyer**, Dr. phil. habil., Professor für Religionspädagogik, Philosophische Fakultät, RWTH Aachen.

- Matthias **Scharer**, Dr. theol. habil., em. Professor für Katechetik und Religionspädagogik, Theologische Fakultät, Universität Innsbruck.

- Sonja **Schüller**, kath. Religionslehrerin, Lehrbeauftragte am Germanistischen Institut, Lehr- und Forschungsbereich „Fachdidaktik Deutsch", Philosophische Fakultät, RWTH Aachen.

- Norbert **Wichard**, Dr. phil., Referent für den Fachbereich Kirche in der Gesellschaft, Bischöfliches Generalvikariat Aachen.

- Martin **Zumbült**, Dr. theol., Lic. iur. can., Ass. iur., Ehebandverteidiger und Promotor Iustitiae am Bischöflichen Offizialat Aachen, Diözesanrichter am Bischöflichen Offizialat Münster.